全国职业教育旅游服务与管理专业系列规划教材

酒店服务技能与实训

贾晓龙　蔡洪胜　主编

清华大学出版社
北　京

内 容 简 介

本书根据旅游酒店运营与服务的特点、结合国际旅游酒店服务质量管理发展的新形势，依照旅游酒店业务规程和职业岗位技能要求，全面介绍酒店服务所必须具备的业务环节、操作流程、礼貌用语、职业道德、行为规范等基本知识，并通过指导学生实训、强化技能培养，达到学以致用的目的。

由于融入了旅游酒店服务最新实践教学理念，具有注重实践与就业能力的培养，因此本书既可以作为职业院校各学历层次旅游管理和酒店管理专业的教学用书，也可以作为旅游酒店服务在职从业者及管理人员的岗位培训教材，对于旅游酒店及饭店服务资格考试取证也是一本很好的辅导教材和参考手册。

本书封面贴有清华大学出版社防伪标签，无标签者不得销售。
版权所有，侵权必究。举报：010-62782989，beiqinquan@tup.tsinghua.edu.cn。

图书在版编目 CIP 数据

酒店服务技能与实训/贾晓龙，蔡洪胜主编．—北京：清华大学出版社，2012.7（2024.1重印）
（全国职业教育旅游服务与管理专业系列规划教材）
ISBN 978-7-302-28487-1

Ⅰ.①酒… Ⅱ.①贾… ②蔡… Ⅲ.①饭店—商业服务—职业教育—教材 Ⅳ.①F719.2

中国版本图书馆 CIP 数据核字（2012）第 064617 号

责任编辑：张　弛
封面设计：傅瑞学
责任校对：刘　静
责任印制：宋　林

出版发行：清华大学出版社
网　　址：https://www.tup.com.cn，https://www.wqxuetang.com
地　　址：北京清华大学学研大厦A座　　邮　编：100084
社 总 机：010-83470000　　邮　购：010-62786544
投稿与读者服务：010-62776969，c-service@tup.tsinghua.edu.cn
质 量 反 馈：010-62772015，zhiliang@tup.tsinghua.edu.cn
课 件 下 载：https://www.tup.com.cn,010-83470236

印 装 者：涿州市般润文化传播有限公司
经　　销：全国新华书店
开　　本：185mm×260mm　　印　张：13.5　　字　数：323千字
版　　次：2012年7月第1版　　印　次：2024年1月第12次印刷
定　　价：36.00元

产品编号：046079-03

编审委员会

主　　任：
牟惟仲

副 主 任：
王茹芹　吕一中　钟　晖　王　琦　赵　丽　吴海龙　沙景禄　冯玉龙
武裕生　帅志清　随维林　李　佐　刘　劲　张承军　鲁瑞清　黄大林
申海莲　吕德方　王培贤　王　松　米淑兰　宁雪娟　车亚军　李大军

委　　员：
张　兵　阎宏斌　程文军　韩　铁　邢　路　王建章　沈方民　王德顺
刘庐际　程　伟　贾晓龙　肖淑敏　时永春　何　深　李　洁　崔晓文
钟丽娟　赵立群　温　智　杨　昆　林　群　安锦兰　宋晓星　董晓霞
蔡丽伟　沙旭昆　曹景洲　徐经仪　马继兴　李　伟　蔡洪胜　童　俊
刘宏申　韩　瑞　李玥瑾　范　贞　丁玉书　李文洁　李秀霞　韩燕燕

丛书主编：
李大军

丛书副主编：
程　伟　时永春　何　深　武裕生　杨　昆　马继兴

专 家 组：
赵　丽　王　琦　钟　晖　武裕生　崔晓文　蔡洪胜

序

随着我国改革开放进程的加快和国民经济的高速发展;随着交通管理和通信技术的不断进步;随着旅游景区的开发维护和对旅游文化的深度挖掘;随着旅游服务接待设施设备的不断更新与完善;随着居民收入的大幅提高和节假日闲暇时间的增多,旅游正在日益成为现代社会人们的主要休闲方式和社会经济活动。大众化旅游时代已经到来,旅游业也在以其强劲的发展势头而成为全球经济中最具活力的绿色朝阳产业。

根据国家旅游局近年来发布的《中国旅游业统计公报》显示,2007年我国旅游业总收入首次突破1万亿元;2008年全国旅游人数达1.71亿;2009年在受到金融危机影响、全球旅游需求下滑的情况下,国内旅游业依然有11.7%的增幅,出境游也在持续回升。目前,中国继续保持着全球第四大入境旅游接待国、亚洲最大出境旅游客源国的地位。另据国家旅游协会针对旅游经济的调查统计,居民因为旅游而每花1元就可以带动相关消费5元,直接或间接地刺激行业经济,促进140多个相关产业的连带发展。

旅游作为文化创意产业的核心支柱,在国际交往、商务活动、文化交流、赈灾恢复、拉动内需、解决就业、促进经济发展、丰富社会生活、构建和谐社会、弘扬中华文化、加深世界各国人民的友谊等方面发挥着越来越大的作用,因而已经成为我国服务经济发展的重要产业,在我国经济发展中居于举足轻重的地位。近年来,随着全球旅游业的快速发展,特别是北京奥运会、上海世博会、广州亚运会陆续在我国举办,不仅使我国的国际交往更加频繁,也为我国旅游业的大发展提供了一个难能可贵的良好机遇。为此,2009年国务院常务会议讨论并通过《关于加快发展旅游业的意见》,旅游业被正式确立为国民经济的战略性支柱产业,这是党中央和我国政府的伟大战略决策。

当前,随着全球旅游业的快速发展,旅游观念、旅游产品设计开发、旅游营销模式、旅游企业的运营方式与管理手段及用人标准等都在发生着巨大的变化,对旅游操作人才的需求也提出了更高的要求。面对国际化旅游业激烈的市场竞争，旅游行业的从业人员亟须更新观念、提高服务技能、提升业务水平与道德素质，旅游行业和企业也在呼唤"懂知识、会管理、能操作"的专业性实用型人才，加强旅游经营管理模式的创新，加速旅游经营管理专业操作技能型人才的培养已成为当前亟待解决的问题。

针对我国职业教育旅游服务与管理专业知识老化、教材陈旧、重理论轻实践、缺乏实际操作技能训练等问题，为适应社会就业发展急需，满足日益增长的旅游市场需求，我们组织了北京联合大学旅游学院、北京财贸职业学院、黑龙江工商职业技术学院、佛山职业技术学院、广州市商业学校、扬州江海职业技术学院、上海建桥学院、福州职业技术学院及中国旅行社、中国环境旅行社、哈尔滨俄风行国际旅行社、青岛牵手国际旅行社、杭州西湖旅行社、青海省旅行社、北京长富宫中心、青岛红日酒店、成都顺达旅行社、江西九江飞扬旅行社、首旅集团公司培训部等全国各地区的近百余所职业院校和旅游企业，多年从事旅游职业教育教学和旅游实践活动的国内知名专家、教授与旅游企业经理共同精心编撰了本系列教材，旨在迅速提高职业教育院校学生和旅游从业者的专业素质，更好地掌握旅游服务技能，更好地为我国旅游事业作出贡献。

作为职业教育旅游服务技能培养的特色教材，本系列教材融入了旅游运营管理与实操实训的最新教学理念，坚持以科学发展观为统领，力求严谨，注重与时俱进；依照旅游活动的基本过程和规律，根据旅游业发展的新形势和新特点，全面贯彻国家新近颁布实施的旅游法律、法规和旅游业管理规定，按照旅游企业对用人的需求模式，注重解决学生就业、强化理论知识与实践应用的紧密结合，注重实践技能与岗位应用的培养训练，采取通过实证案例解析与应知应会讲解的方法，并注重教学内容和教材结构的创新。

本系列教材依据职业教育旅游服务与管理专业的教学大纲和课程设置，以旅游知识和旅游服务岗位技能实训为主线，对帮助学生尽快熟悉旅游服务各工作岗位的操作规程与业务管理，对帮助学生毕业后能够顺利走上社会就业具有特殊意义。

编委会
2010 年 7 月

前言

随着我国改革开放进程加快和社会主义市场经济体系逐步确立与完善，中国经济正处于经济发展最活跃的时期，并呈现出持续、高速增长的态势。我国经济快速发展不仅促使旅游市场逐年火暴，而且也带动了酒店业务的繁荣。酒店不只是中外游客的临时居住地，它也在传承悠久中国历史和丰富多彩的民俗风情。在高雅别致的酒店，观古画、听古筝、品尝特色美味、感受古老的中华文化，拉近与亲朋好友及友邦的距离。酒店既是现代社会交往的场所，也是开展各种商务活动的中心，酒店每天都在迎接着来自世界各个国家和不同民族的客人，酒店服务形象已成为我国对外开放的主要展示窗口。

旅游作为文化创意产业的核心支柱，酒店作为旅游业中最为重要的组成部分，在国际商务交往、丰富社会生活、拉动内需、促进就业、弘扬中华文化等方面发挥着极其重要的作用，旅游酒店业已经成为我国服务经济发展的重要产业。随着全球旅游业的快速发展，面对国际酒店与饭店业的激烈市场竞争，加强酒店经营管理模式创新，加速酒店服务专业人才技能训练已成为当前亟待解决的问题。为满足日益增长的旅游市场需求，培养社会急需的旅游酒店服务操作型人才，我们组织多年在一线从事旅游酒店服务管理教学和实践活动的专家教授，共同精心编撰此教材，旨在迅速提高广大学生和旅游酒店从业者的职业素质，更好地服务于我国旅游事业。

本教材为配合国家就业工程，加强职业教育实践实训教学而编写，严格按照教育部关于职业教育教学改革"加强职业教育，突出实践能力培养"的要求，有力地配合了职业教育教学创新和教材建设。本书作为职业教育院校旅游与酒店管理专业的特色教材，全书共分九章，以学习者应用能力培养为主线，坚持以科学发展观为统领，根据旅游酒店运营与服务的特点，结合国际旅游酒店服务质量管理发展的新形势，依照旅游酒店服务工作流程和职业岗位技能要求，全面介绍旅游酒店运营管理与服务要求所必须掌握的业务环节、操作流程、服务技能、礼貌用语、职业道德、行为规范等基本知识，并通过指导学生实训、强化技能培养,达到学以致用的目的。

由于本书融入了旅游酒店服务质量管理最新的实践教学理念,力求严谨,注重与时俱进,具有知识系统、内容翔实、案例鲜活、实用性强、注重实践与就业能力的培养,且采用新颖统一的格式化体例设计,因此本书既可以作为职业教育院校各学历层次旅游管理和酒店管理等专业的教学用书,也可以作为旅游酒店及各类饭店服务在职从业者及管理人员的岗位培训教材,对于旅游酒店及饭店服务资格考试取证也是一本很好的辅导教材和参考工具手册。

本教材由李大军进行总体方案策划并具体组织,贾晓龙和蔡洪胜主编,贾晓龙统稿,蔡丽伟为副主编;由具有丰富酒店经营服务教学与实践经验的丁玉书教授审定。具体写作人员分工:牟惟仲(序言),贾晓龙(第一章、第二章、第三章),蔡洪胜(第四章、第五章、第六章),蔡丽伟(第七章),李伟(第八章),王海文(第九章),时永春、李瑶、周鹏、马瑞奇(附录);华燕萍负责本书修改和版式调整,李晓新制作课件。

在编著过程中,我们参考了有关旅游酒店管理和服务技能训练等方面的最新书刊资料及国家历年出台的酒店管理法规和规章制度,走访听取众多业内专家的宝贵意见,并得到中国旅游饭店协会、北京市旅游发展委员会、北京长富宫饭店、东方君悦酒店、友谊宾馆、中国大饭店、太阳花酒店等行业主管和业务经理的大力支持,在此一并致谢。

为了方便教师教学和学生学习,本书配有教学课件,读者可以在清华大学出版社网站(www.tup.com.cn)免费下载使用。因作者水平有限,书中难免存在疏漏和不足之处,故恳请专家和广大读者批评指正。

作　者

2012 年 6 月

目 录

1 第一章 酒店基础概述

第一节 酒店的基础知识 …………………………………………… 1
第二节 酒店的组织机构概述 ……………………………………… 5
第三节 酒店的管理机制 …………………………………………… 7
本章小结 ……………………………………………………………… 11
本章思考题 …………………………………………………………… 12

13 第二章 行为规范与职业道德实训

第一节 职业道德培训 ……………………………………………… 14
第二节 酒店安全知识培训 ………………………………………… 16
第三节 酒店法规常识培训 ………………………………………… 25
本章小结 ……………………………………………………………… 30
本章思考题 …………………………………………………………… 31

33 第三章 酒店专业实训规定和注意事项

第一节 实训实习工作 ……………………………………………… 33
第二节 实训实习注意事项 ………………………………………… 35
本章小结 ……………………………………………………………… 37
本章思考题 …………………………………………………………… 38

40 第四章 酒店前厅专业实训

第一节 酒店前厅服务程序与相关要求 …………………………… 41
第二节 前厅接待服务程序与主要操作技能 ……………………… 46
第三节 前厅总机服务程序与主要操作技能 ……………………… 52

第四节　酒店商务中心专业实训 …………………………………… 54
第五节　前厅常见疑难问题的处理 ………………………………… 57
本章小结 …………………………………………………………… 63
本章思考题 ………………………………………………………… 63

66　第五章　酒店客房专业实训

第一节　酒店客房服务流程与相关要求 …………………………… 67
第二节　酒店客房服务的主要操作技能 …………………………… 74
本章小结 …………………………………………………………… 84
本章思考题 ………………………………………………………… 84

86　第六章　酒店中西餐厅专业实训

第一节　餐饮实务实训实习教学目标与计划 ……………………… 87
第二节　托盘实训模块 ……………………………………………… 89
第三节　餐巾折花、铺台布实训模块 ……………………………… 94
第四节　餐厅与宴会服务摆台实训模块 …………………………… 98
第五节　中餐席位安排和迎宾服务实训模块 ……………………… 102
第六节　客人就餐时的服务实训模块 ……………………………… 108
本章小结 …………………………………………………………… 115
本章思考题 ………………………………………………………… 115

120　第七章　酒店其他部门专业实训

第一节　酒店酒吧专业实训 ………………………………………… 121
第二节　酒店经营与公关销售部门专业实训 ……………………… 126
第三节　酒店康乐项目专业实训 …………………………………… 130
本章小结 …………………………………………………………… 144
本章思考题 ………………………………………………………… 144

146　第八章　中英文礼貌服务用语实训

第一节　前台客房服务用语实训 …………………………………… 146
第二节　餐饮酒吧服务用语实训 …………………………………… 152
第三节　酒店常用中英文对照 ……………………………………… 155
本章小结 …………………………………………………………… 162
本章思考题 ………………………………………………………… 162

166 第九章 实训必备知识

第一节 著名酒店集团 …………………………………… 166
第二节 酒店集团经营理念 ……………………………… 182
第三节 星级酒店的评定 ………………………………… 186
第四节 酒店的等级 ……………………………………… 189
本章小结 …………………………………………………… 192
本章思考题 ………………………………………………… 192

195 附录一 实训实习报告与工作日志封面

196 附录二 工作日志记录表

197 附录三 实训实习工作证明书

198 附录四 酒店实训学员实训实习表现评价表

199 附录五 饭店管理专业实训实习报告撰写方式及内容说明

200 附录六 饭店管理专业毕业设计撰写方式及内容说明

203 参考文献

第一章 酒店基础概述

【实训项目】
　　酒店基础知识。
【实训目标】
　　通过对酒店基础知识的介绍,使学生了解酒店基本常识和业务,掌握当前酒店业的现状和发展趋势,进而为以后的专业学习打下良好基础。
【实训时间】
　　实训教学4学时。
【实训方法】
　　教师讲授为主,学生按要求搜集资料,小组讨论并互评,教师指导并点评。

第一节　酒店的基础知识

一、什么是酒店

　　1. 酒店的概念

　　酒店是指能够接待境内外宾客,为他们的旅行提供住宿、饮食、购物、娱乐和其他服务的综合性、服务性的企业。

　　在中国,酒店往往成为高档次、高水准、高消费的象征,酒店也就形成了一个特殊的行业。一般约定俗成地称宾馆为酒店。

　　2. 酒店的内涵

　　酒店的共性主要表现为以下几项。

　　(1) 酒店都必须以房屋建筑和设备设施为依托向宾客提供旅居服务。

　　(2) 酒店都必须具有住宿、餐饮及其他综合服务等旅居使用功能,就住宿功能来讲又必须具有睡眠、休息、梳洗、卫生间、开水供应等各种配套设施。

　　(3) 酒店应提供劳务服务。

　　(4) 酒店提供的旅居条件必须是安全的、卫生的。

(5)酒店都需要客源,因此酒店需要通过自己的营销手段和客源渠道组织吸引客源。

(6)"宾至如归"是酒店的共同经营理念。酒店是一个企业,其经营的结果是为了取得良好的经济效益。同时,也要取得良好的社会效益。酒店良好的经济效益是以酒店在经营过程中的经营收入抵补经营支出后所取得的经营利润为目标。

(7)酒店一方面要生产合格优质的名牌产品,在产品销售后取得理想的经济收入;另一方面,酒店也在经营中实行严格的经济核算,以较少的支出取得预期目标。酒店的原始称谓叫饭店,也有称旅店、旅馆、宾馆、会所、俱乐部、山庄等。

21世纪的酒店已发展成集吃、住、游、购、娱乐、通信、商务等于一体,能满足各类宾客不同需求的综合体。

二、酒店的类别

世界各地的酒店变化多端,很难用统一的标准进行描述。按照不同的标准或特点,可以对酒店有不同的分类。

1. 酒店的一般分类

根据旅游与酒店行业习惯和酒店形式上、内容上、客源对象与功用上的差异性,可以把酒店分成三大类。

(1)根据客源市场分类,可以分为5种类型酒店,即:商务型酒店、长住型酒店、度假型酒店、会议型酒店、综合型酒店。

(2)根据酒店规模,可以分为3种类型酒店,即:小型酒店、中型酒店、大型酒店。目前,国际上划分的标准为:客房在300间以下的是小型酒店,客房在300间以上的是中型酒店,客房在600间以上的是大型酒店。

根据中国旅游酒店的统计年鉴,按照规模把酒店分为5类,即:500间以上、300～499间、200～299间、100～199间、99间以下。

(3)根据酒店的建筑投资费用分类,可分为中低档、中高档、豪华3种类型的酒店。

2. 酒店的专业功能化分类

按照酒店的专业化功能,业内专家学者通常将现有的酒店分成六大类。

(1)商务型酒店

商务型酒店以接待散客为主,满足商务宾客的要求。该类酒店一般档次较高,设施齐全,房价偏高,地理位置优越,交通便利。

(2)旅游型酒店

旅游型酒店以接待旅游团队和会议为主,酒店有适合团队旅居和举行会议的中档设施,客房是酒店的主要部分,但一般的配套设施都是齐全的。

(3)综合型酒店

综合型酒店指在一幢楼里除了酒店外还有其他功能的部分,如:商场、写字楼、展览厅、培训中心等。该类酒店的档次可高可低,客源具有兼容性。

(4)度假型酒店

度假型酒店以接待旅游、休闲、度假的宾客为主,兼接待会议宾客。酒店以娱乐、休闲、餐饮、康乐及野趣为主要经营项目,客房并不占主要地位。酒店一般不在市区,常常在旅游度假区或有山水的地域或海滨、湖泊、名胜地等。

（5）国宾馆型酒店

国宾馆型酒店以接待国宾及国内高级领导人为主。酒店多以低层别墅式建筑为主，一座别墅内住宿、饮食、办公、会客、康乐等设施齐全。酒店有较大的园林，绝大多数酒店还带有水池、景观等。酒店的封闭性较好，实施警卫工作比较容易。

（6）内部接待型酒店

内部接待型酒店满足投资者内部接待的需要。该类酒店一般由某一系统或企业或组织投资兴建。投资者投资酒店的目的是为了满足本系统内部大量的业务往来、会议等的需要，同时接待普通宾客。经济效益并不是该类酒店的主要目标。

3. 根据计价方式划分

（1）欧式计价酒店

客房价格仅包括房租，不含食品、饮料等其他费用。世界各地绝大多数酒店均属此类。

（2）美式计价酒店

客房价格包括房租以及一日三餐的费用，目前尚有一些地处偏远的度假型酒店属于此类。

（3）修正美式计价酒店

客房价格包括房租和早餐以及一顿正餐（午餐或晚餐）的费用，以便客人有较大的自由安排白天的活动。

（4）欧陆式计价酒店

房价包括房租及一份简单的早餐即咖啡、面包和果汁，此类酒店一般不设餐厅。

（5）百慕大计价酒店

房价包括房租及美式早餐的费用，目前，房租含早餐的计价方式为许多中国酒店所采用。

4. 根据酒店所在地划分

（1）市中心酒店

市中心酒店(city center hotels)是以接待大众旅游、商务旅行者或休闲旅游客人为主的酒店。位于城市的中心地区，交通十分方便，靠近市区最繁华的商业中心或著名旅游景点。酒店类型可以是豪华、中等、商务型、套房型、经济型或家居型。

此类酒店可以给客人提供优良的设施和服务。豪华的酒店还能为客人同时提供礼宾服务或特别的礼宾楼层服务以及秘书、传真、计算机等商务服务，提供24小时的客房送餐以及机票预订等服务。

（2）近机场酒店

近机场酒店(airport hotels)是以接待由于飞机故障、气候变化，或由于时间原因来不及到达目的地等各种原因造成在机场滞留的飞机乘客或旅游团，为他们提供短暂休息场所和服务的酒店。

此类酒店邻近机场，特别受不愿花费长时间往返机场的旅客欢迎。

（3）高速公路沿线酒店或汽车旅馆

高速公路沿线酒店或汽车旅馆(freeway hotels and motels)主要以接待利用汽车旅行的

游客,向他们提供食宿及停车场所的酒店。此类酒店一般建立在一些主要公路旁、岔路口边或者公路干线上。现在酒店不仅在设施方面大有改善,而且日趋豪华,多数可提供现代化的综合服务。

5. 按照市场特点划分

(1) 商务型酒店

商务型酒店(business hotels)是以接待办理公务或经商的客人为主,为他们提供住宿、饮食和商务服务的酒店。酒店里的设施除了舒适、方便、豪华外,商务服务的相关设施,如传真、上网、商务秘书等都很齐全,还有快捷的餐饮服务。

(2) 度假型酒店

度假型酒店(resort hotels)是以接待休闲、度假的客人为主的接待场所。此类酒店一般建在交通方便的风景名胜地区,如海滨、著名山区和温泉等附近。

酒店康乐中心的设施齐全、完善,例如要配备保龄球、网球、游泳池、酒吧、棋牌室、卡拉OK等。酒店环境优美,客人不仅可以享受到舒适的服务,同时可以尽情欣赏大自然的美景。

(3) 长住型酒店

长住型酒店(extended-stay hotels)是以接待永久居住地商务客人、度假住宿时间长的客人或是家庭旅游者为主,为他们提供正常的客房或餐饮服务的酒店。这类酒店的建筑布局与公寓相似。

其客房多采用家庭式布局,配备适合客人长住的家具和电器设备,通常都有厨房设备供客人自立饮食。服务讲究家庭式气氛,亲切、周到、针对性强。

(4) 会议型酒店

会议型酒店(convention hotels)是以接待参加会议的客人为主,为他们提供会议相关服务的酒店。酒店至少应该具备一个或多个会议厅以及多功能厅、展览厅、多媒体设备、同声翻译系统设备以及高效的会议接待服务,以利于进行团体会议活动。

(5) 经济型酒店

经济型酒店(econmy/budget hotels)是主要接待那些出来休闲度假,但收入有限,愿意接受清洁、低价服务的客人,为他们提供最基本的服务项目的酒店。

经济型酒店的特点是经济、简约、规模小(客房在100间左右);设施相对简单,但装饰布置考究;注重功能性,力求在提供的核心服务——"住宿和早餐"上精益求精。从最初的"锦江之星"到"如家"、"莫泰168"、"宜必思"、"假日快捷"等一批经济型酒店已初具规模。

(6) 全套房酒店

全套房酒店(all suites hotels)是接待商务客人、长期但非永久性出差的企业行政人员、寻求经济膳宿的旅行者夫妇和家庭等,并为他们提供服务的酒店。客房的类别以套房为主,等级较高,公共区域面积相对较少。

(7) 赌场酒店

赌场酒店(casino hotels)是以赌博娱乐为主要营业内容的酒店。此类酒店一般是在物业内附设合法经营的赌场。赌场酒店也会提供餐饮、购物、娱乐的场所,例如健身中心、室外游泳池、餐厅、会议厅等,其建筑一般都很豪华。

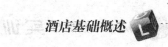

(8) B＋B 家庭旅馆

B＋B 家庭旅馆是一种可向客人提供住宿和早餐的家庭式酒店，"B＋B"英文全称为 Bed and Breakfast，意思是"住宿加早餐"。旅游手册上也常有许多这种酒店的电话和名称，旅客可提前三四天预订房间。

 案例分析

度假酒店的新卖点

有一家高档酒店，位于智利北部的阿塔卡马沙漠，酒店有 52 间客房，平均房价 659 美元/人日，由探险酒店集团经营管理。酒店的卖点在于探险。它的目标市场是探险旅游者。酒店为顾客组织了 35 个探险活动，包括步行、远足、骑马、登山、攀岩、驾车探险远征等，由顾客选择参加。

根据这类探险游客的平均逗留时间，酒店有针对性地推出了 2636 美元"四日游"的报价项目。这个项目包括四个晚上的住宿、四天所有的饮食及探险活动，喝酒另收费。为了安全和管理，每项探险活动的参加人数限制最多十人，每天在晚餐前由顾客选择第二天的活动内容。酒店配上导游兼安全员。

在遥远的沙漠地区经营度假酒店，重要的是要有一种探险旅游者所喜欢的气氛。从城市里来的探险旅游者喜欢一到酒店就打开窗户，放松自己，享受宁静。酒店内没有电视，没有影碟播放机，但有卫星天线连接的电话。

在阿塔卡马沙漠听到的唯一声音是鸟鸣和夏天房间天花板上老式风扇轻轻的呼呼声。厨师长为探险旅游者准备了清淡的、新鲜可口的菜肴，他认为重油、熏肉不利于探险旅游，新鲜的蔬菜水果都是随每天的航班运来的；当然，这些成本都计算在昂贵的房价中。

这家有 52 间客房的度假酒店，虽然地理位置远在沙漠的边缘，日常供应有诸多不便，但其产品、服务和设计的节目完全符合他们的目标市场——探险旅游者的需求，所以高价策略很成功。

思考题：

度假酒店的经营管理还应在哪些方面适应宾客的需求？提出你的建议。

（资料来源：翁钢民. 现代酒店管理：理论、方法与案例. 天津：南开大学出版社，2004）

第二节　酒店的组织机构概述

一、酒店管理机构框架

1. 酒店管理组织

酒店管理组织，一般由三大机构组成。

① 决策机构；

② 业务经营机构；

③ 管理职能机构。

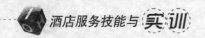

2. 酒店的基层部门

酒店的基层部门至少应该有8个。

（1）餐饮部

提供餐饮和相关服务及客房送餐服务、宴会服务等。

（2）客房部

客房部也叫房务部、前台部，负责客房预订、总台接待、房间清扫、公共区域卫生、咨询、财务总结等业务。

（3）人事部

负责招聘、处理劳资关系、工资结算、人员培训、辞退员工等事务。

（4）营销部

负责营业推广、广告宣传及推销酒店的产品，处理公共关系等事务。

（5）安保部

负责酒店的防火、防盗，保证客人与职工生命财产的安全。

（6）财务部

负责酒店的收支、核算、分析，对物品原料的采购、储存、发放等进行控制。

（7）工程部

负责酒店设备设施的维护、维修保养、装修改造等。

（8）总经理办公室

负责酒店的行政事务管理，例如：日常行政工作、事务管理、文秘工作等。

二、酒店组织机构管理

1. 组织的定义

组织就是一种特定的人际关系，例如：党组织、工会组织等。

2. 组织的特征

组织有全员参与、自我完善；职工归属感；自上而下的权威；管理层次与控制幅度等特征。

3. 组织的组建原则

目标明确、精简机构；责、权、利相统一；指挥协调；集中与分散等原则。

4. 组织的组建形式

直线制、直线职能制、事业部制、矩阵制、立体矩阵制等组建形式。

5. 酒店基层组织的管理内容

① 搞好定岗、定员、定额；

② 组织好服务与生产；

③ 工作组与工作轮班制。例如多班制的排班要求注意均衡搭配，灵活配人、因岗设人和严格交接班制。

阅读材料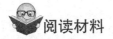

现代新型组织结构——扁平化组织结构

扁平化组织结构是现代企业组织结构形式之一,这种组织结构形式改变了原来层级组织结构中的企业上下级组织和领导者之间的纵向联系方式,平级各单位之间的横向联系方式以及组织体与外部各方面的联系方式等。

扁平化组织结构的优点是能够提高管理效率、减少管理失误、降低管理费用、扩大管理幅度。

(资料来源:中国旅游人才网 http://www.tourjob.net)

第三节 酒店的管理机制

一、酒店的基层管理

(一)概念

1. 酒店的基层组织

酒店的基层组织指酒店依据提供的不同服务产品分成若干部门,再根据工作时间的差异和工作内容的不同来划分成更小的班组等基层单位。酒店的基层组织具有小、细、全等特点,它是酒店的管理层"细胞"。

2. 酒店的基层管理

酒店的基层管理指酒店中既代表中、上层管理者的意志,又兼顾普通员工下属的利益,对基层组织中的人、财、物进行合理组织,有效利用而进行的集中管理与自主管理相结合的一种管理形式。酒店的基层管理具有群众性、直接性、多元性等特点。

酒店的基层管理的主要内容:岗位责任制与经济责任制,质量管理标准,本部门的设施护理与安全保卫,成本核算与各种凭证记录,培训员工,如思想工作、关心员工生活等。

3. 酒店的基层管理者

酒店的基层管理者就是酒店中从事基层管理的人,也就是酒店中常常称呼的主管、领班、班长、组长、队长等职衔。

酒店的基层管理者具有的特点是直接负责服务、销售,工作更富于操作性、技术性,而且基层管理者本人应该是这一领域技术能手,酒店的基层管理者常常处于管理的中间位置。酒店的基层管理者有权安排本部门的生产经营活动;有权调整本部门的劳动组织并制定实施措施,有权制定违规条约并提出奖惩建议;有权分配奖金,并举荐员工深造、提拔、晋级;有权维护班组的合法权益。

(二)酒店组织管理网络的设置

1. 现代化酒店管理网络

现代化酒店管理网络基本以"业务区域制"来划分部门,即"直线——职能制"。酒店是一个特殊行业,所以,酒店组织必须适合宾馆酒店业务运转的需要。

2. 怎样划分组织形式才能实现效率原则

① 能够创造出使每一个人都能独立和主动工作的环境,例如:能够让每个岗位的每位员工都清楚地知道自己该做什么,如何去做,不做或做不好时会怎么样等。

② 能够保证管理者将他的主要精力投入创新工作中去,而不是在重复的日常工作里无所适从。例如:一个岗位最好只有一个直接上级。中层上级与基层上级的命令要统一、协调,这样才能提高管理绩效。上级可以越级监督,但不能越级指挥。下级可以越级申诉,但不能越级请示。

③ 能够起到有效的激励和监督作用,真正做到绩效挂钩。

④ 能够积累知识和经验,注意保护和挽留有经验的技术管理人员,这才是培育和优化人力资本的关键之处。

3. 酒店基层组织机构通常的划分方法

① 按时间划分班组,例如:早班、中班、晚班、正常班等。

② 按服务产品划分班组,例如:订房班、开房班、收房班、布房班等。

③ 按顾客需要划分班组,例如:桑拿男宾部、桑拿女宾部等。

④ 按职能划分班组,例如:财务部下辖收银员,公关部下辖营销、广告等班组。

4. 酒店基层组织机构划分的原则

① 目标一致原则;

② 劳动专业化原则;

③ 效率原则。

5. 理想的酒店基层组织管理者

① 理想的酒店基层组织管理者:先吸收来自上层、下级的双重压力,再经自身的转化后消化成新压力分散于各部门员工,发挥团体优势,争取最大效益。

② 几种不良的基层管理者:和事佬型、传声筒型、自愿为员工型、苛刻待人型。

(三)理想的酒店管理者素质

管理者的素质通常是指他们的知识、专长、品德、心理、修养等方面。但综合起来就是思想道德素质、心理素质和业务素质。

1. 思想道德素质

思想道德素质是酒店管理者必须具备的最基本的素质之一。例如:工作责任心与积极性;忠诚度与光明正大的品德;以身作则、身先士卒、积极进取、奋发向上的精神;宽宏大量、不计前嫌的胸怀;不骄不躁、谨慎细致的态度。

2. 心理素质

良好的心理素质通常包括吃苦耐劳、任劳任怨、承受委屈、宽以待人、敢说敢为、性格开朗等品质。正因为管理者的主要工作对象是人,而且工作很琐碎、单调、令人厌倦,所以要求管理者性格必须开朗、外向、热情、乐于助人。

3. 业务素质

业务素质是管理者做好本职工作的重要基础。所以,一名酒店基层管理者应具备以下几方面的能力。

① 思维决策能力

管理者要有十分清晰、灵敏、果断的思维决策能力。例如：从总经理的全局决策直到领班对班组内突发事件的处理能力。

② 组织规划能力

称职的管理者能指导且训练下属工作得井井有条。

③ 观察分析、判断能力

这种能力多半是依靠经验的积累，逐步发展成熟的。

④ 识才、选才、用才、育才的能力

现代化酒店员工最起码的素质有两方面：一是独立工作的能力与品质；二是团队合作精神。有些操作水平与服务态度相当好的员工不一定能当上优秀的主管或领班，因为有一个能力的要求。

⑤ 善解人意、正面诱导能力

管理者能否实现工作目标，还取决于管理者与下属之间的关系，即工作小环境。

⑥ 应变能力

如遇到客人投诉，管理者应该能够在短时间内了解事情的起因、经过，掌握对方的身份、职业和地位，与对方在一起的其他宾客的身份及他们之间的关系，弄清他们的真正要求，酒店应负的责任与承诺等情况，并能够迅速找出解决问题的若干方案及答案，这需要一种综合驾驭环境的能力。

二、酒店基层管理的几种方法

（一）酒店服务质量管理

国际标准化组织（ISO）成立于1947年，是一个非政府性质的国际科技组织，有100多个国家与地区加入，下辖200多个技术委员会。1977年成立质量保证标准化委员会，由它制定的ISO 9000标准是一套管理和质量保证的国际标准系列文件。

酒店全面质量管理是以宾客需求为依据，以宾客满意为标准，以全过程管理为核心，以全员参与为保证，以科学方法为手段，运用全面质量的思想和观念推行的服务质量管理，它是达到酒店预期的服务质量效果的一种有效管理方法。

（二）酒店服务质量的含义

酒店服务质量是指酒店以其所拥有的设施、设备为依托，为宾客所提供的服务在使用价值上适合与满足宾客物质和精神需要的程度。酒店服务质量的管理实际上是对酒店所提供服务的使用价值的管理。

（三）酒店服务质量的内容

酒店服务质量是有形产品质量和无形产品质量（劳务）的完美统一，它包含两方面的内容。

1. 有形产品质量

有形产品质量是指酒店提供的设施设备和实物产品及服务环境的质量，主要满足宾客物质上的需求。

例如：酒店设施设备的质量（包括客用设施设备和供应设施设备——客房设备、康乐设施、锅炉设备、制冷供暖设备、厨房设备等）、酒店实物产品质量（包括菜点酒水质量、客用品质量——如棉织品、餐酒具、商品质量、服务用品质量等）、服务环境质量（即酒店的服务气氛给宾客带来感觉上的美感和心理上的满足感），也包括独具特色、符合酒店等级的酒店建筑和装潢；布局合理且便于到达的酒店服务设施和服务场所；充满情趣并富于特色的装饰风格，以及洁净无尘、温度适宜的酒店环境和仪表、仪容端庄大方的酒店员工。

2. 无形产品质量

无形产品质量是指酒店提供的劳务服务的使用价值的质量，即劳务服务质量。它主要包括礼貌礼节、职业道德、服务态度、服务技能、服务效率、安全卫生及员工的劳动纪律、服务的方式方法、服务的规范化和程序化等内容。

（四）酒店服务质量的特点

1. 酒店服务质量构成的综合性

设施设备、实物产品是酒店服务质量的基础；服务环境、劳务服务是酒店服务质量的表现形式；宾客满意度则是酒店所有服务质量优劣的最终体现。

2. 酒店服务质量评价的主观性

由于酒店服务质量的评价是由宾客享受服务后根据其物质和心理满足程度进行的，因而带有很强的个人主观性。宾客的满足程度越高，则对服务质量的评价也就越高，反之亦然。

3. 酒店服务质量显现的短暂性

酒店服务质量是由一次次的内容不同的具体服务组成的，而每一次具体服务的使用价值均只有短暂的显现时间，即使用价值的一次性，如微笑问好、介绍菜点等。

4. 酒店服务质量内容的关联性

客人对酒店服务质量的印象，是通过他进入酒店直至离开酒店的全过程而形成的。在连锁式的服务过程中，只要有一个环节的服务质量有问题，就会破坏客人对酒店的整体印象，进而影响其对整个酒店服务质量的评价。

5. 酒店服务质量对员工素质的依赖性

对酒店服务质量的评价都来自对员工提供的服务，因此，酒店服务质量依赖于员工素质。酒店要加强员工培训，提高员工的意识，才能真正提高酒店服务质量。

6. 酒店服务质量的情感性

宾客与酒店之间的关系融洽，宾客就比较容易谅解酒店的难处和过错；而关系不和谐，则很容易导致客人的小题大做或借题发挥。

（五）制定酒店服务规程

酒店服务规程是指以描述性语言对酒店某一特定的服务过程所包含的作业内容和顺序及该服务过程应达到的某种规格和标准所做的详细而具体的规定。

1. 酒店服务规程

酒店服务规程通常包含4个要点。

① 服务规程的对象和范围。
② 服务规程的内容和程序。
③ 服务的规格和标准。
④ 服务规程的衔接和系统性。

2. 酒店服务规程制定

酒店服务规程制定通常包括 4 个步骤。
① 提出目标和要求。
② 编制服务规程草案。
③ 修改服务规程草案。
④ 完善服务规程。

3. 酒店服务规程的原则

酒店服务规程实施,通常包括 3 项原则。
① 服务质量意识教育。
② 服务规程作业培训。
③ 服务规程执行过程的督导。

阅读材料

总经理该管什么

某酒店是一家有 280 间客房,功能齐全的三星级酒店。酒店的组织机构为 10 部 1 室,各部室设部门经理。高层领导设一名总经理统管全酒店并分管人事、财务两部分;设两名副总经理,一名分管前台部门,一名分管后台部门。总经理常常说酒店管理要实行走动式管理,并身体力行,经常深入各部门去,对各部门的问题和决策常常拍板决定。

比如客房部要更换清洁剂的品牌、餐饮部调换水产品的供应商、销售部推行 VIP 接待卡等均是由总经理在深入部门时拍板决定的。这样的结果是效率提高了,但也带来了组织上的一系列问题,如高层的岗位职责问题、组织体系的实施问题等。这些都归结为一个问题——总经理该管什么?

提示:

总经理该管什么?总经理该管酒店的重大决策,管市场和公关,管财务,管中层管理人员的工作,管总经理岗位职责中该管的事。总经理越级指挥事无巨细都喜欢揽于己手,就会:①违背酒店的组织原则;②损害权力分配体系;③违反酒店制度;④损坏信息系统;⑤带来酒店各级管理的无序运行。

(资料来源:酒店管理网 www.hotelmanage.com)

本章小结

本章主要介绍了酒店基础知识,包括什么是酒店,酒店的类别。酒店的组织机构包括酒店管理机构框架;酒店组织机构管理等。酒店的管理机制包括酒店基层管理,酒店基层管理的方法。掌握酒店的基础知识是做好酒店实务的根本与必要条件。

本章思考题

1. 什么是酒店等级?
2. 酒店的市场发展前景如何?
3. 酒店分类标准有哪些?
4. 按市场特点,酒店可以分为哪几种?
5. 酒店管理机构框架是什么?
6. 酒店的基层部门至少有几个?分别是什么?
7. 简述酒店基层管理机制的内容。
8. 什么是酒店的基层管理者?
9. 酒店基层管理的方法有几种?分别是什么?
10. 酒店服务质量管理的方法是什么?

实战演练

1. 实践内容

调查本区(县)星级酒店的基本情况,查阅相关资料,讨论并分析该酒店的星级、客源市场、客房数量、计价方式以及具体的关于管理方式方法和组织结构制度等方面的基本情况。

2. 实践课程学时

实践课程2学时。

3. 实践目的

通过实地调查的分析,掌握星级酒店的基本知识,并运用到实践中去。

4. 实践环节

第一步:以组为单位(2~3人一组),实地调查,同时查阅相关资料;

第二步:以组为单位,讨论该酒店的基本情况,如类型、等级、规模、经营方式、客源市场构成、计价方式等基本情况,进而分析该酒店的管理模式,组织结构等情况。

5. 技能要求

① 能够熟练将所学知识应用到实践中去;

② 能够对调查来的数据进行科学分析,得出正确的结论;

③ 能够举一反三,联系到相关的理论知识。

6. 实践成果

① 能够通过调查分析酒店的基本情况;

② 能够分析酒店的组织结构的类型及其特点;

③ 能够通过调查得出酒店管理的内容以及如何体现管理职能。

第二章 行为规范与职业道德实训

【实训项目】

酒店从业人员行为规范与职业道德。

【实训目标】

通过实训项目的开展,使实训学院了解岗前培训的类别,熟悉酒店职业道德,熟练掌握酒店主要安全事故的预防与处理,了解酒店主要法规制度。

【实训时间】

实训教学 6 学时。

【实训方法】

教师讲授为主,学生分组讨论相关案例,教师指导并点评。

在今天的酒店业中,人力资源是最宝贵和最有价值的财产,也是酒店赖以生存的基础之一,改变员工的行为表现,提高其素质,对任何酒店的成功,都有着重要的意义,而培训就是主要方法。

培训是一个持续不间断的过程,在知识、能力、态度 3 个方面改变,加强或改进员工的行为或表现,使其掌握系统的、先进的、个性化的酒店服务技能,进而保证服务质量。因此,培训对酒店的意义十分重大。

岗前培训是酒店培训的一个重要的组成部分,也称为就业培训,即员工上岗前的培训。虽然酒店在招聘新员工时经过严格挑选,一般招聘来的新员工都有良好的素质。但是,这些新招来的员工大多数未受过酒店服务工作的培训,尚不具备投入服务工作的基本技能与知识,因此必须给予培训。

如果新招聘的员工是同行业流动过来的人员,虽然曾受过专业知识和技能的培训,也应该重新培训,因为各酒店的服务规程和特点是有所区别的。

进行岗前培训的目的就是通过一段时间的强化训练,将新招聘来的人员,从对酒店知识和业务毫无所知,或虽了解但不全面,培训成为一名初步掌握酒店服务知识、服务技能和规程的员工,并能胜任该岗位的工作。

岗前培训因培训的内容侧重点不同,又可分为一般性岗前培训和专业性岗前培训。所谓一般性岗前培训指的是对新员工就酒店行业知识、酒店的工作性质、酒店从业人员的基本素质要求和职业道德、酒店的基本情况等常识性内容进行培训,目的是让新员工了解行业情况,增加对所从事行业的信心。

专业性岗前培训是指根据不同员工的不同情况,依据酒店的不同需求,分部门、分岗位对新员工进行针对性的专业培训,目的是让新员工熟悉其所在部门业务的内容、操作的原则、规范、程序、方法等专业技能,以便其尽快适应和胜任酒店所分配的工作。

一般而言,酒店实训学员岗前培训的内容包括酒店从业人员职业道德培训、酒店安全知识培训及法规常识培训。

第一节 职业道德培训

一、酒店职业道德

所谓职业道德,就是同人们的职业活动紧密联系的符合职业特点所要求的道德准则、道德情操与道德品质的总和。

酒店业作为服务业的一个重要组成部分,其所要求具备的职业道德既有服务行业的共性,也有酒店行业自身独特的方面。酒店职业道德指的是从事酒店职业的人在所从事的职业活动中必须遵循的行为规范和准则。

二、酒店职业道德的作用

1. 有助于调节关系

有助于调节酒店员工之间及与服务对象的关系,职业道德的基本职能是调节职能。

首先,它可以调节酒店内部员工之间的关系,即使用酒店业的行业规范和道德标准来规范内部员工的行为,比如,酒店业要求员工具备的团队精神、爱岗敬业的态度、齐心协力做好本职工作等。

其次,作为服务业,职业道德还要调节内部员工和服务对象的关系,比如,酒店如何提供给客人满意甚至超值的服务,员工如何提供达到客人要求的服务标准,如何对其负责等。

2. 有助于维护和提高酒店声誉

一个酒店的声誉也可称为形象,是公众对酒店特色(包括建筑、服务质量、客源市场等)的综合反映。提高企业的信誉主要靠产品质量和服务质量,而酒店员工的职业道德水平是产品质量和服务质量的有效保证。若员工的职业道德水平不高,则很难生产出优质的产品和提供优质的服务。

3. 有助于促进酒店的发展

酒店的发展有赖于经济效益,而高的经济效益归根结底源于高的员工素质。员工素质主要包含知识、能力、责任心等方面,其中责任心是最重要之一。而职业道德水平高的员工,其责任心是很强的。因此,职业道德能促进酒店的发展。

4. 有助于员工的自我完善

有助于员工在工作和生活中不断地进行自我完善。一名员工能否有所成就,能否对酒店作出贡献,主要依靠在工作生涯中的学习和锻炼,职业道德可帮助其形成具体的人生观和职业理想,而高尚的人生观和职业理想是成才的最重要因素。由此可见,职业道德无论对酒店还是对个人都有重要的意义。

三、酒店职业道德的主要规范

1. 爱岗敬业、遵纪守法

热爱本职工作。作为一名酒店员工,首先应当充分地认识到酒店服务业的光荣、高尚;其次应遵守酒店规章制度和劳动纪律,遵守员工守则,维护酒店的对外形象和声誉。

2. 热情服务、宾客至上

宾客是酒店的"上帝",酒店服务就是要使宾客有宾至如归的感觉。具体体现在以下4个方面。

① 主动:全心全意提供服务,能提前满足客人的需求。

② 热情:微笑,态度和蔼,言语亲切,动作认真,助人为乐,使宾客宾至如归。

③ 耐心:当客人产生误会时,要耐心地向客人予以解释,直到客人理解为止;当客人所询问的事情没有听明白时,酒店员工要耐心地将事情说清楚,直到客人得到满意的答复为止。发生矛盾时,严于律己,把"对"留给客人。

④ 周到:时时刻刻关心帮助宾客,尽量满足其各方面的需求。

3. 团结合作、顾全大局

要想酒店之所想,把酒店的整体目标当做自己的目标,努力在岗位上履行自己的职责,不仅使酒店整个服务链不在自己的岗位上受到损失,并要使自己的工作环节为酒店的整体形象作出突出的贡献。工作中处理好个人与集体、上司、同事之间的关系,互相尊重,互相协作,宽以待人。

4. 良好风尚、优质服务

树立良好的职业风尚,提供优质的服务体现在:

① 有优雅、得体的仪表;

② 使用文明礼貌、目标明确、渗透情感的服务语言;

③ 严格遵守服务纪律,各项服务按操作程序和操作细则进行;

④ 在接待中讲究相应的礼节礼貌;

⑤ 提供满足客人需要的优质服务。

 案例分析

酒店员工的职业道德

北京某酒店1127房间的香港客人吴先生匆匆离店,11楼客房服务员查房时发现挂衣杆上还有一件灰色西服上衣,再细查,发现口袋内有名片册和2000元人民币。服务员立即与总台联系,但为时已晚,吴先生已乘出租车去了机场。

大约45分钟以后,刚到机场的吴先生给酒店楼层服务台打来了电话,询问是否发现一件灰色西服上衣。当得到肯定答复后,他焦急的心情顿时平静下来。但当他抬手一看手表,发现离班机起飞时间仅差7分钟,要亲自取回衣物已来不及了,不由得又焦急起来。

客房部服务员在电话中先安慰了他几句并告知暂不要登机,可在关口等待,酒店马上派人将衣物送到机场。

当已验过机票,焦急地等待在海关入口处的吴先生接过服务员递过来的西服和装有2000元人民币及名片的信封时,高兴地说:"贵酒店帮了我的大忙!"

从此以后,这名客人成了该酒店的长住客人,并为该酒店介绍了很多高消费的商务客人,成了酒店产品的积极宣传者和义务推销者。

评析:

这一案例充分说明酒店良好形象和信誉的建立,并不一定要靠大张旗鼓、轰轰烈烈的广告宣传;每一位员工如果都能继承和发扬拾金不昧的优良传统,客人同样能从"得而复拾"的惊喜中,感受到酒店的良好风貌。

(资料来源:酒店餐饮网 http://www.canyin168.com)

第二节 酒店安全知识培训

酒店安全工作是一项复杂的系统工程,贯穿于酒店的设计、建造和使用的全过程。同时,安全也是酒店开展各项经营活动的基础,因为只有在安全的环境里,酒店的经营管理工作才能取得期望的经济效益和社会效益。

酒店的安全有3层含义。

① 作为酒店的"上帝",客人住店的前提条件就是安全,客人的安全包括客人在店期间人身、财产、正当权益不受侵害。

② 酒店最重要的资源——员工的安全,员工的安全包括人身安全和财产安全,员工的职业安全和健康等。

③ 酒店设施的安全,这里指的是酒店设施设备处于没有危险的状态以及对潜在危险因素的排除,除了保证客人和员工的安全外,还要保证其能够正常运行。

安全对于酒店的意义十分重大,一旦发生安全事故,必然牵扯到方方面面,对酒店带来的危害不仅仅是事故本身所造成的损失,更严重的是事故发生后带来的后续影响,如酒店的声誉等。由此可见,对员工进行安全知识的培训就十分重要。

涉及酒店安全知识的培训主要有:消防安全培训、防盗安全培训、客人受伤和死亡的防范培训以及其他突发事故的防范和培训等。

一、消防安全

火灾直接威胁酒店客人和员工的生命、财产安全及酒店的财产安全,虽然火灾的发生率比较低,但一旦发生,其后果将是非常严重的,不仅危及客人和酒店员工的生命,使酒店遭受重大的经济损失、名誉严重受损,而且还给国家带来不可估量的损失。

因此,酒店对于日常防火非常重视,应经常对员工进行防火安全教育,使其知道发生火灾的原因、如何预防,以及遇到火灾应如何处理等。

(一)酒店火灾产生的原因

据统计,酒店发生火灾的原因很多,其中既有因为客人原因造成的火灾,也有因为酒店自身原因造成的火灾。常见火灾的原因如下。

1. 吸烟引起的火灾

酒店火灾多发生在客房区域,而在客房发生的火灾中,比例最高的就是因吸烟引起的火灾,比例高达40%以上。燃烧的烟头温度相当高,而客房的大部分物品均是易燃品,极易引起火灾。

吸烟引起的火灾主要有两种:一种是卧床吸烟,特别是酒后卧床吸烟,睡后引燃被褥酿成火灾;另一种是吸烟者乱扔烟头。

2. 电气引起的火灾

现代酒店集众多功能于同一建筑中,各种电气设备种类繁多,这些设备用电负荷大,再加上有的电气安装不合理,因而也是引起酒店火灾的主要原因,由电气设备引起的火灾占酒店火灾总量的22%以上。

电气引起的火灾主要原因有:
① 电气使用不当引起的火灾;
② 电气自身老化引起的火灾;
③ 电气安装不当或超负荷运行引起的火灾。

3. 后台工作火灾

酒店后台工作部门因操作不当或设备原因引起的火灾。

4. 消防设施、设备配备不足

很多酒店火灾的发生和蔓延,是由于没有配备足够的消防器材所致。根据《消防法》规定,一类建筑通道每15米必须安放手提式消防器一部,二类建筑每20米必须安放手提式灭火器一部;但是目前有不少酒店还没有达到这个标准。

5. 未及时通知消防部门

大多数酒店的消防工作程序写明:发生火灾时,需首先向酒店安全部门报警,由其扑灭初期火灾。只有当火灾蔓延到一定程度,酒店安保部门已很难把火扑灭时,才由酒店相关负责人通知当地消防队。

如果酒店判断失误,很可能失去灭火的最佳时间,使得火灾蔓延,等到消防队到来为时已晚。

(二) **酒店火灾的预防**

火灾是酒店最大的致命伤,一旦发生,后果极其严重。所以,酒店应配置完备的消防设备和器材,同时还要制定一套完整的规章制度和预防措施,促使酒店全体员工做好本部门、本岗位的火灾预防工作。

① 在酒店配置系统的防火设施设备,包括酒店所使用的地毯、家具、餐桌、房门、墙面等,都应选择具有阻燃性质的材料。

② 酒店《安全须知》中应说明防火制度和需要客人配合的具体要求,酒店服务人员应注意检查安全隐患,加强对客人的防火宣传。

③ 酒店应设置足够的安全通道,且要保证通道畅通,不准堆放任何物品,不准锁闭,同时应在相应区域设置安全疏散图。

④ 酒店各部门员工应配合安全部门，根据防火条例，定期对酒店各区域全面检查，发现问题及时解决。

⑤ 除办公室和指定的吸烟场所以外，其他场所一律禁止吸烟。

⑥ 酒店应按照自身情况设计出一套应对火灾的方案，如《火灾险情应急规程》和《人员安全疏散方案》，并使酒店全体员工熟知。

（三）火灾事故的处理

通常火灾中人员伤亡、财产损失大多是因为处理不当引起的，有的是因为恐慌跳楼而亡，有的是因为吸入过多烟雾窒息而亡，有的是因为慌乱被踩踏而亡等，而真正直接死于火灾的并不多。因此，作为酒店工作人员，遇到火灾时，必须保持镇定，采取切实有效的处理措施，使客人和酒店的损失降低到最小。

发生火灾的一般处理程序如下。

1. 报警

发现火情应立即报警。有关人员在接到报警信息后应立即赶往现场，组织扑救，并视火情决定是否通知当地消防队，是否疏散客人。

一般而言，酒店报警可分为两级：一级报警是酒店发生火灾后，只向酒店的安保部门报警，其他场所听不到报警声，这样不会造成整个酒店紧张气氛；二级报警是酒店安保部门在确认酒店发生火灾后，向全酒店报警。

2. 及时扑救

火灾发生后，应根据不同情况区别对待，如果火灾发生面积较小，危险性有限，则可以组织酒店员工扑救；如果火情比较复杂且有蔓延趋势，就应及时通知消防队。

当然，是否通知消防队应由酒店主管领导决定，而其他员工应该按照酒店制定的《火灾险情应急规程》和《人员安全疏散方案》执行，切不可自作主张。

3. 疏散宾客

酒店工作人员在听到疏散信号后，应立即打开安全通道，有组织、有计划、有步骤地疏散宾客，要特别协助老、弱、病、残的住客。客人离开房间后要立即关好门并在门上做记号，以确认无人和阻止火势蔓延。各层楼梯口、路口都应有人把守，以便为客人指引和疏导，同时可避免大量客人涌向一个出口，造成拥堵，出现不必要的伤亡。

另外，在疏散时，要通知客人走最近的安全通道，千万不能使用电梯。可以把事先准备好的"请勿乘电梯"的牌子放在电梯前。有的酒店在电梯的上方用醒目字体写着"火灾时请勿使用电梯"。根据国际上大量的酒店火灾死亡事件的调查分析，有相当一部分人员是死在电梯内或电梯间的。

当所有人员撤离酒店后，应立即清点人数，如果有下落不明的人或还未撤离的人员，应立即通知消防队。

4. 组织抢救

火灾发生后，应立即着手准备抢救伤者。

（四）发生火灾的逃生方法

酒店工作人员应掌握火灾发生时的逃生方法，以便在发生火灾后能够自救和给予客人必要的帮助和指导,减少火灾中的人员伤亡。

① 离开客房时应关好房门,带好钥匙,以备在疏散线路中断时退回到房间自救,等待救援。

② 离开房间时随身携带一条湿毛巾,经过烟雾区时用湿毛巾捂住口鼻,以防有毒气体吸入体内,穿越烟雾区时应该弯腰爬行。

③ 尽量从最近的安全通道疏散。如果是在高层酒店,无法下楼时,应该往上跑,跑到楼顶后,等待救援。

④ 在不得已留在房间内时,应用湿毛巾或床单被罩沿门缝塞上,防止烟雾进入。将房间内容器中盛满水,以备灭火之用。如果此时房门或把手已发烫,千万不要开门,要不断往门上浇水。除非房间内充满浓烟,否则不可开窗,以防火势从窗口蹿入。

灭火器的使用方法见表2-1所示。

表2-1 常见灭火器

类 别	适用范围	使用方法
酸碱灭火器	扑灭一般固体物质火灾	1. 将灭火器倒置 2. 将水与气喷向燃烧物
泡沫灭火器	用于油类和一般固体物质火灾及可燃液体火灾	1. 将灭火器倒置 2. 将泡沫液体喷向火源
二氧化碳灭火器	用于低压电气火灾和贵重物品、易燃液体和可燃气体	1. 拔去保险锁或铝封 2. 压手柄或开阀门 3. 对准燃烧物由外圈向中间喷射
干粉灭火器	用于低压电气火灾、易燃液体和可燃气体	1. 拔去保险锁 2. 按下手柄 3. 将干粉喷向燃烧物

二、防盗安全

防盗是酒店安全工作的又一项重要内容。发生在酒店的偷盗事件主要与员工、客人及外来人员有关。为保障客人、酒店和员工的财产不受损失,酒店员工必须严格执行各项安全制度,预防盗窃事件的发生。

(一)偷盗事故发生的原因

1. 外来人员和社会人员作案

酒店的外来人员和社会上的不法分子进入酒店作案,这种情况比较多见,社会上的一些不法分子冒充住店客人或是装成客人的朋友,进入酒店作案。

2. 一些客人在酒店作案

少数住店客人利用便利条件在酒店窃取酒店和其他客人的财务,这种情况虽不多见,但极具隐蔽性,不易发现,这就要求酒店员工提高警惕,及时发现并阻止此类事件的发生。也有一种情况是客人对客房内的物品产生了兴趣,往往会将其作为纪念品带走,这种情况应慎重对待。

3. 内部员工利用职务之便作案

酒店内部员工经常接触酒店和客人的财物,同时对酒店的管理制度、活动规律以及地理位置都比较熟悉,极易作案,这种情况在酒店偷盗事故中所占比例也很大。

(二) 偷盗事故的预防

1. 配置相应的安全设施

为了防止偷盗事故的发生,除了增强人们的安全意识外,最主要是配备相应的防盗安全设施。具体包括以下几点。

① 闭路电视监控系统

酒店闭路电视监控系统对酒店来讲,是必备的设施设备。闭路电视监控系统由摄像机、录像机、手动图像切换、电视屏幕等组成,并在酒店出入口、电梯内、客房走道等敏感区域安装摄像头,监控这些场所,从而发现可疑人物和不正常现象,以便及时采取措施。闭路电视监控系统给酒店的安全带来更加全面的保证。

② 安全报警系统

目前,很多酒店都安装了比较先进的安全报警装置,如微波报警器、无线电频率场系统、被动红外线报警器、超声波报警器等,这些都是酒店安全设施的重要组成部分。

③ 钥匙系统

周密的钥匙系统是酒店最基本的安全设备。目前酒店大多都配备电子门锁系统,该门锁系统的特点是通过发给客人的一把磁卡钥匙,将进入房间的信息译成密码输入客房的安全装置系统。其优点就是便于控制,可以在酒店希望其失效时失效。

④ 通信联络系统

便捷顺畅的通信联络系统同样是酒店安全设施的组成之一。一旦发生安全事件,酒店就可以最快的速度去处理,以减少事故的发生和减轻其带来的损失。

⑤ 房内保险箱

目前很多酒店会在客房内设置免费的客用保险箱,客人如有贵重物品,可存放在房内保险箱。其优点是既保证客人贵重物品的安全,也保护了客人的隐私。

2. 加强对客人的管理

加强对客人的管理主要涉及两方面,具体包括:一是避免客人的财物受损;二是避免酒店财物受损。

① 避免客人财物受损

制定具体、合理的《宾客须知》,明确客人应尽的义务和注意事项。酒店员工有义务向客人介绍酒店安全装置的使用方法,并提醒客人其中的告示和须知。提醒客人不要将自己的房号和其他信息告诉其他客人和陌生人。

作为酒店员工,同样不能把客人的信息向外人透露。同时应建立、健全访客管理制度,明确规定访客的程序、手续以及离店时间等事项。除此之外,酒店还应加强巡逻检查,发现可疑人员和异常现象要及时处理。客人离店后,要及时查房,若有客人遗落物品要登记上交,及时联系到客人。

② 避免酒店财物损失

为了满足少数客人对于酒店物品的兴趣,应专门在酒店商场部出售此类物品,并且要在客房等客人必经之处告知客人。客房、餐厅等客人经常出入的区域,如要安放一些贵重物品,在设计制作和安装布置时就要考虑防盗,尽量使其不易带走。

对于有可能被客人带走的物品,酒店应提前在其上加印酒店标志,有助于降低其带走的概率。酒店相关部门应加强检查酒店财物,及时发现有无丢失和损坏,如有,应该按照有关规定报告上级和妥善处理。

3. 健全员工管理制度

酒店内部工作人员由于其工作性质,直接接触酒店和客人的财物。因此,就给一些素质不高的员工提供了可乘之机。基于此,酒店必须加强对员工的管理,明确岗位责任制和奖惩措施,避免此类事件的发生。

① 建立完善的、行之有效的员工管理制度,加强对员工服务过程环节的控制,避免出现"管理真空"。

② 对内部员工加强职业道德教育,提高员工素质,增强其遵纪守法的自觉性。

③ 完善对钥匙的管理。

（三）酒店偷盗事故的处理

① 客人报失。酒店员工应保持冷静,认真听取客人所反映的情况,在没有确认前,不给出任何结论性的意见,以免引起不必要的麻烦。

② 根据客人提供的线索,及时通报给酒店安保部门。

③ 对于已确认被盗案件后,应详细询问所丢财物的名称、数量、特征,以及丢失的经过。

④ 应尽量帮助客人回忆来店前后的经过详情,并在征得客人同意的前提下,帮助其寻找所丢物品。

⑤ 征询失主是否需要向公安部门报案,并认真记录。

⑥ 最后让客人签字或要求客人写一份详细的报失经过。

⑦ 对确实被盗案件,应及时报告酒店值班经理,经其同意后向公安部门报告。

⑧ 如果被盗案件牵扯到酒店员工时,在没有确凿证据之前,酒店管理人员不可过早下结论,片面相信客人的陈诉。

⑨ 做好被盗案件的材料整理和存档工作。

三、客人受伤和死亡的防范

酒店安全事故中,除了火灾、盗窃以外,还需要做好客人受伤和死亡的防范与处理工作,以及善后处理工作。

（一）客人受伤事故的处理

客人住店期间,有时会因为自身原因或意外情况等原因导致身体不适、突发疾病或其他情况,作为酒店员工,要及时发现,及时汇报处理,一般性的疾病要请酒店医务室前来就诊,如果是严重性疾病则要立即通知医院急救或是将生病的客人及时送往医院。

一般的处理程序是:

① 询问客人伤势状况,对其进行安慰和帮助,如有必要立即请医务室医生前来治疗。

② 尽快了解客人受伤的原因,如果是酒店原因,应及时向客人致歉,并上报给主管和经理。

③ 对于是因为酒店原因而给客人造成伤害的,应在主管或经理的带领下到房间探视客人,要向客人赔礼道歉,并且要给予相应的物质上和精神上的补偿。

④ 对受伤的客人应给予特殊的照顾,使其消除不满情绪。

⑤ 调查发生事故的原因,立即改正,并且吸取经验教训,归档备案。

(二)客人死亡事故的处理

客人死亡是指客人在店期间因病死亡、意外事故死亡、自杀、他杀或其他不明原因的死亡事故。除第一种属正常死亡外,其他都属于非正常死亡。

住客死亡多发生在客房,酒店员工应提高警惕,发现客人或客房有异常情况要多留心,及时通报上级。此类事故的一般处理程序为:

① 发现客人死亡后,立即报告主管、安保部门、总经理等相关部门,保护好现场,等待调查。

② 保护现场的净空,不可让闲杂人等进入。

③ 协助安保部门调查客人死亡原因。

④ 如系正常死亡,通知医院出示死亡证明。

⑤ 如系非正常死亡,请公安部门调查并等待结果(由安保部门通知公安部门)。

⑥ 与安保部门合作,清理客人遗物并列出遗物清单,待家属领取。

⑦ 待相关单位检查和调查工作完成后,应与家属协调,利用后门出入,以免影响其他客人和员工。

⑧ 事故处理完毕后,将所有经过和处理结果报送总经理,且记录在案,存档。

⑨ 有关事情的询问统一由公安部门指定人员解答,不允许向任何人透露情况。

四、其他突发事故的防范

妥善处理酒店的突发事故也是酒店安全工作的重要内容。酒店可能遇到的突发事件有停电、炸弹威胁、绑架、骚乱、食物中毒、传染病、恐怖事件等。酒店应评估不同事件发生的概率以及针对不同事件所应采取的不同防范措施。

以下是酒店可能遇到的一些突发事件及其一般处理程序。

(一)停电事故处理

目前我国城市用电中,停电事故是比较常见的。停电事故可能是外部供电系统引起,也可能是酒店内部供电发生故障。停电事故发生的可能性比火灾及自然灾害要大。因此,对有100个以上客房的酒店来说,应配备紧急供电装置。

该装置能在停电后立即自行启动供电。这是对付停电事故最理想的办法。在没有这种装置的酒店内,客房部应设计一个周全的安全计划来应付停电事故。其内容包括:

① 向客人及员工说明这是停电事故,保证所有员工平静地留守在各自的工作岗位上,在客房内的客人平静地留在各自的客房里。

② 用手电照明公共场所,帮助滞留在走廊及电梯中的客人转移到安全的地方。

③ 在停电期间,注意安全保卫,加强客房走道的巡视,防止有人趁机行窃。

（二）食物中毒事故处理

食物中毒是指食用了被生物性、化学性有毒有害物质污染的食品或者食用了含有毒有害物质的食品后出现的急性、亚急性食源性疾患。餐饮产品是酒店产品的一个重要组成部分，其质量的高低将直接关系到整体酒店产品的质量。作为酒店而言，必须严格控制食品原料和餐具卫生，防治食源性中毒事故的发生。同时，还应注意餐饮员工的个人卫生与疾病，避免出现交叉感染。

① 发现食物中毒事件后，立即通知上级，通知医务室人员前来诊断，如系食物中毒，则应送医院抢救。

② 餐饮部门对客人所用到的食物、餐具等取样备检，同时，应将相应疑似食品、餐具进行控制检查，以免出现其他中毒事件。

③ 通知客人的单位或家属，做好善后工作。

④ 如系酒店方责任，则应给予客人相应的经济和精神赔偿。

（三）住客违法行为处理

客人的违法行为包括在店期间犯有流氓、斗殴、盗窃、吸毒、嫖娼、走私等违反国家法律和相关法规的行为。酒店一般会在《宾客须知》中明确指出哪些行为是被禁止的；同时，还应该加强监督和巡视，不断提高服务人员的安全意识和识别处理问题的能力，避免此类事故的发生。一旦发生此类事故，酒店的一般做法是：

① 酒店员工发现客人有违法行为时，应根据当时情况，将事件的经过和当事人的情况及时上报给上级。

② 酒店相关负责人在得知情况后，立即指派相关人员前往现场了解此事，保护和维持现场秩序。

③ 查明客人违法乱纪行为的情况，如情节不严重，则应劝说其停止违法行为；如情节严重，就应上报总经理并通知公安机关处理。

（四）各种自然灾害事故的预防和处理

除了以上的人为原因造成的事故外，酒店还有可能会遇到不可预知的事故，即自然灾害事故，包括地震、台风、海啸等。一旦发生这样的事故，都会使酒店产生难以想象的后果，首先，可能造成客人和员工的伤亡；其次，可能会造成酒店设施设备的损坏。因此，自然事故的预防和处理是服务人员必须掌握的业务技能。

1. 自然灾害事故的预防

① 对员工进行安全知识的培训，不断提高其安全意识，认识到安全的重要性。

② 加强设施设备的维护和保养。

③ 根据本酒店所在区域及可能遇到的自然灾害，有针对性地制订应急方案，将责任落实到每个人。

2. 自然灾害事故的处理

① 接到自然灾害事故。保持冷静，将事故的大概情况迅速通知酒店相关负责人和部门。

② 及时沟通。告诉客人此事正在处理中，避免其产生恐慌心理。

③ 记录存档。记录此次事件发生的经过,并存档,以备查看。

④ 采取措施。联系有关部门疏散客人,集合到安全地点,及时清点人数,并抢救受伤的客人。

⑤ 善后处理。尽可能帮助客人,安抚其情绪,适当给予补偿。

案例分析

不翼而飞的记事本

澳大利亚某报记者纽曼先生特地到上海收集有关浦东开发的信息。下了飞机,根据预定计划,径直往四星级的某宾馆而来。入住手续很快便办完,纽曼先生被行李员引领到1122房住下。由于这次计划安排较紧,来访活动较多,纽曼先生不敢懈怠,进房后不久便租车外出了。纽曼先生是个老记者了,长期以来养就的职业习惯使他到沪后就不知劳累地四处奔波,回到宾馆已近半夜。

第二天清晨6点还差几分,纽曼先生愁容满面地来到大堂副理处,声称他的一本黑色记事本不见了,内有一张回国后将采访澳大利亚网球公开赛的记者证和该报总编先生临行前向他推荐在沪访问的部分单位简况介绍。如果这本记事本找不到,他这次上海之行将难以取得预期成果。纽曼先生当时的心情太焦急了,说话结结巴巴,冷汗直冒。

大堂副理见状先好言安慰一番,还让一名服务员送来热毛巾给他擦汗。稍稍平静后,坐在大堂副理对面皮椅上的纽曼先生把丢失记事本的经过比较详细地叙述了一番。据他回忆,最后一次看到黑色记事本是昨天半夜回来时,他清楚地记得还翻阅过本子,但已忘记为了何事。

大堂副理头脑十分冷静,略加思索后便得出结论:多半记事本仍在房中,因为一则从昨天半夜到今晨才7个小时,这段时间里纽曼先生没有外出过;二则记事本上内容都是有关工作的,其他人不会对之感兴趣。大堂副理把自己的想法坦率地告诉纽曼先生,并提出同他一起到房里查看现场的建议。

进房后,大堂副理征得客人同意后,一起在抽屉、床边、沙发背后等处寻找,半个小时过去了,记事本依然无影无踪。大堂副理让纽曼先生坐下,请他再好好回忆昨夜回来后直到今天发现记事本丢失这段时间里做了哪些事情。

"回到房间我先换上拖鞋,接着洗脸,泡一杯茶……"他一一追忆昨夜的一切,"随后接到一个从澳大利亚报社打来的电话,后来按总编意图又打出了两个电话,最后洗澡、看报、熄灯睡觉……"纽曼先生力图不错失每一个细节。

大堂副理边听边记,纽曼先生讲完了,他开始沉思。片刻后他猛然起立,转身奔到写字桌,打开文件夹,只见一本精装的黑色记事本正好好地躺在其中。纽曼先生大喜过望,称赞大堂副理有特异功能。

大堂副理告诉他,他只是听到他回来后还打过电话,便想到客人一定会首先查询打外线电话的办法,这样他便很可能一手拿着写有对方电话号码的记事本,另一手则翻开《服务指南》,打完电话后他下意识地让记事本留在文件夹中了。

评析:

这是一个急客人所急的典型例子。纽曼先生丢失了记事本,他将无法按原计划在上海开展工作。记事本对于他来说是至关重要的。客人为记事本的失落而产生焦急沮丧的心情,不但应予以理解,而且酒店还应想方设法为他找到失物。

宾馆的这位大堂副理在处理此事的过程中,表现了冷静镇定和灵活应变的能力。客人遇到意外常会流露焦躁不安的情绪,酒店员工首先应设法让客人恢复常态。使客人冷静的最普通办法就是请他坐下,递上毛巾,喝口茶水,说几句表示理解或同情之类的话;接着便应帮助客人解决实际问题。陪客人一起寻找失物常常能够奏效,因为客人遗失物品后急躁的心理往往无法使他以平常人的心情对待眼前的事。

如果仍然无效,则要冷静地整理和分析客人提供的线索,从中寻找可能的答案。本例中的大堂副理抓住蛛丝马迹,一举找到记事本,正是他良好素质和丰富经验的反映。

(资料来源:旅研网 http://www.cotsa.com,2009)

第三节 酒店法规常识培训

优秀的星级酒店服务人员,除了服务技能高超、服务意识强外,还必须高度树立法律观念,做到在日常工作生活中知法、懂法、守法,并运用自己掌握的法律、法规知识,维护酒店、客人和自己的利益。

在对外交往、对客服务中,不能出现法律漏洞,以免使自己和企业受到不应有的损失。因此,酒店对于员工,特别是新员工进行必要的酒店法规常识培训十分重要。

一、卫生法规常识培训

1. 个人卫生制度

① 坚持四勤,要勤洗手、洗澡、洗工服,勤剪指甲、理发,勤换衣服,勤换被褥。

② 按规定统一着整洁工服,生产人员工作时戴发帽,不穿短裤、短裙、不光脚;男士不留长发、胡须;女士不染指甲,戴戒指、耳环、手表等,女发放入发帽内;生产场所不吸烟。

③ 工作时不做有碍企业整体形象的动作,如:抓头发、剪指甲、掏耳朵、伸懒腰、剔牙、揉眼睛、打呵欠等;咳嗽或打喷嚏时,要用手帕掩住口鼻。

④ 从业人员每年定期体检,体检证和培训证要齐全有效;新员工必须先体检、培训合格后才能上岗。

⑤ 凡患有5种传染病,即:痢疾、伤寒、病毒性肝炎(包括病毒携带者)、活动性肺结核、化脓性或渗出性皮肤病者,要及时停止食品生产工作,进行治疗;并经医生证明已治愈无传染性后方能恢复工作。

⑥ 员工个人餐、茶具集中存放,条理整洁。

⑦ 自觉接受企业内部的健康晨检制度;并熟记本岗位卫生知识及应知应会的内容。

⑧ 工作人员入厕前必须换工服,出厕后必须洗净双手。

2. 职工体检、培训考核制度

① 企业每年定期组织全体职工进行体检(重点是5种传染病),并取得体检合格证明,集中存放,随时备查。

② 新聘用职工必须先体检合格,并经企业岗位知识、个人卫生知识培训不少于6小时

后,方可上岗(并将职工体检、岗位培训情况记录在职工花名册上)。

③ 公司每年定期组织冷荤、洗消等重要岗位的职工开展培训工作,培训时间不少于8小时。组织其他岗位职工的卫生知识培训不少于6小时。

④ 职工上岗前自觉接受企业的健康晨检制度,如患病主动向企业负责人汇报,企业负责人视情况应及时做出处理意见。

⑤ 职工要自觉接受卫生监督部门及上级主管部门的各项卫生工作检查。

⑥ 公司对企业职工的健康检查、培训考核及企业内部的自查情况,要纳入职工的奖惩制度之中。

3. 餐厅卫生制度

① 餐厅卫生要达到窗明几净,透视性强;墙体装饰无尘,灯饰明亮无残缺;空调外观清洁、内部定期清洗。

② 桌椅餐前擦拭消毒,桌布、椅套无油渍、清洁平整无破损;菜谱整洁、美观;餐前半小时摆台。

③ 餐桌备用调料容器要洁净、统一,每日进行清洗。

④ 餐厅备餐柜内物品分类摆放,整洁条理,不得存放其他杂物和私人物品,每日清洁消毒一次。

⑤ 餐厅内无堆物、无死角,坚持餐前地面、环境擦拭消毒。

⑥ 撤台做到台布、口布、餐用具、残渣分类密闭存放。

4. 餐厅卫生工作流程

① 服务员上岗前检查个人卫生是否符合《个人卫生制度》要求。

② 清理餐厅各部位卫生,擦拭桌椅、调理台、储藏柜、装饰物、空调、电视、音响设备及墙壁、窗台等;沙发、装饰帘、地毯要随时吸尘;清扫地面并用墩布擦净。

③ 每周擦拭一遍餐厅屋顶、灯饰;每月清洗一次窗帘、纱窗及坐垫;每季度清洗一次地毯。

④ 擦洗调料瓶(壶)、桌签、餐桌面及备餐桌。使用的卫生工具要和打扫环境卫生的工具有严格区别。餐桌上为顾客提供的调料要每餐更新,调料容器洗净消毒。

⑤ 餐具储藏柜要每日消毒;放已消毒餐具的货架、托盘及勺、筷子、餐刀、餐叉等小件餐具的容器。餐具、用具要分别存放。

⑥ 菜品上桌前,传菜服务员要检查菜品有无异味和异物。

⑦ 随时保持餐厅环境卫生,服务过程严格按照《餐厅卫生》和《服务规范》的标准操作。

⑧ 下班前做好收尾工作,物品分类定位存放。

5. 食品安全制度

① 采购部对原材料的进货渠道,必须遵照食品卫生要求。

② 厨师应对加工制作过程严格把关,如:收货、储存、预备、烹制等。

③ 对进货渠道掌握信息进行详细登记,索取三证。

④ 加工前对原材料检查是否新鲜,保证先进货,先使用加工。

⑤ 操作人员在加工制作食品前,必须洗手消毒。

⑥ 清洁区员工,必须按专间卫生要求进行加工制作。

⑦ 冷藏必须做到生、熟分开,避免交叉感染。
⑧ 冷藏温度10℃以下,冷水温度-18℃。
⑨ 热菜食品的中心温度,必须达到70℃。
⑩ 自助餐加热后的食品必须在60℃以上有效,并在2小时之内用完,超过2小时不得提供给客人。
⑪ 严禁非厨房操作人员,进入食品操作区。
⑫ 食品操作人员,必须遵守本岗位卫生制度及操作流程。
⑬ 不同的食物转换时,要用消毒液消毒。

6. 洗手制度

① 开始工作前;
② 处理食物前;
③ 去卫生间后;
④ 处理生食物前;
⑤ 处理弄污的设备或饮食用具后;
⑥ 咳嗽、打喷嚏或擤鼻子后;
⑦ 处理动物或废物后;
⑧ 触摸耳朵、鼻子、头发、口腔或身体其他部位后;
⑨ 从事任何可能会污染双手活动(如处理货物执行清洁任务)。

7. 食物中毒应急预案

① 发现有呕吐、腹泻等食物中毒症状人员,发现部门立即向公司突发事件领导小组报告,领导小组迅速责成专人到现场了解情况,并视情况指派专人护送发病人员到医院治疗,同时要封存可疑食物,保护好现场。
② 领导小组负责向上级和卫生监督部门报告,任何人不得私自对外发布信息。
③ 领导小组指定专人协助卫生行政监督部门做好流行病学调查,协助采集食品、呕吐物、血、便等检样,以确定食物中毒的发生、致病因素及治疗方案。
④ 协助卫生行政监督部门做好现场终末消毒及处理工作,采取必要措施,防止食物中毒的继续发生。

8. 卫生消毒制度

① 所有工作人员均须持有健康合格证明。
② 所有工作人员上岗前要进行全面的卫生清洁消毒。
③ 各营业场所每日工作前,按照部门卫生消毒程序进行消毒,在营业过程中,对宾客已经使用过的物品及时用含有消毒液的布巾擦拭消毒,确保宾客使用的清洁安全。各餐厅要在每餐营业结束后立即对所辖区域喷洒84消毒液,客人离店后的房间要及时通风和消毒。
④ 每天要对垃圾桶存放部位进行3次以上的消毒,垃圾桶一律加盖,并做到及时清运。
⑤ 对经常有人接触的扶手、门把手、围栏、收银台、马桶冲水把手、卫生间地面、走廊等用消毒水喷洒及擦拭,每天至少进行3次以上的消毒。
⑥ 洗手池要备有洗手消毒皂或洗手消毒液,为就餐宾客提供一次性消毒纸巾,服务人员要主动为客人进行分餐,零点餐厅实行客到摆台,餐桌摆放公筷、公勺等餐具。

9. 传染病报告制度

① 各部门管理人员要在班前会上检查卫生消毒制度执行状况并随时检查所属人员身体状况,发现员工有不适合工作的症状,立即离开工作岗位。

② 如发现有传染性疾病症状或疑似症状的客人或员工,应立即向部门部长和公司突发事件领导小组报告。做到早发现、早报告、早隔离,切断传染源。

10. 发生传染性疾病的应急程序

① 立即启动公司突发事件领导小组工作,明确职责、按照程序执行应急预案的组织工作。

② 利用公司内各种宣传工具,及时通报传染性疾病的种类、症状、防治方法等有关情况,做好预防传染性疾病的宣传教育工作。

③ 传染性疾病流行期间,执行每日健康检查制度,并按卫生防疫部门的具体要求进行检查,凡经诊断为传染性疾病患者或疑似病症者,必须立即停止工作并隔离。

④ 在传染性疾病流行期间,各部室要根据卫生防疫部门的指示,采取相应的措施,加强经营场所、公共区域、办公区域及设备、设施的卫生消毒工作。客房、餐厅、公寓、办公楼及公共场所,每天进行全面消毒后,放置"已消毒"的告示。

⑤ 当发现来店宾客中有传染性疾病患者或疑似病症者时,要立即向部门部长和酒店突发事件领导小组报告,并查清患者的身份,做好隔离工作和卫生消毒的准备工作。

⑥ 酒店员工中发现患传染性疾病或疑似症状者,应立即报告部门部长和酒店突发事件领导小组,并由专人负责送指定医院治疗,在家患传染性疾病或疑似症状者,本人应立即通知部门,部门报告酒店突发事件领导小组,并指定专人负责随时了解、掌握该人的情况,同时,做好酒店内相应场所的消毒、隔离工作。

⑦ 酒店突发事件领导小组对酒店发现宾客或员工患传染病或疑似病症者,根据情况迅速做出指示,采取果断措施,避免传染的扩散,并负责向上级和当地传染性疾病预防控制机构报告,配合传染性疾病预防控制机构做好救治、隔离、消毒等工作。

⑧ 在传染性疾病流行期间,在酒店、公寓、办公楼等入口设置"传染性疾病患者免入"的警示牌,并由专人负责检查。

⑨ 营业部门要加强对顾客资料的核实、登记工作。建立顾客健康登记卡、客人留住期间联系方式的登记制度,相关资料应至少保留 30 天。

⑩ 发生流行性传染性疾病,所有员工要保持冷静,听从酒店突发事件领导小组的统一指挥调动,不得擅自行动,不得私自对外发布信息,散布谣言。对有违反国家法令、法规和公司规章制度的,给予严肃处理,情节严重、造成恶劣影响的,立即解除劳动合同。

二、安全法规常识培训

(一)防火制度

① 严禁在工作区域内吸烟。

② 任何易燃物品需和火源分开。

③ 严禁在通道及走廊处堆放物品。

④ 灶头处排风设备要经常清洁。

⑤ 经常检查燃气灶设备,保证其在完好的状态,严格遵守燃气灶"先点火后开气"的操作规程。
⑥ 燃气设备需有专人看管,下班时要断水、断电。
⑦ 严禁乱拉临时线,如有特殊需要,需请示安保部门批准后,由工程部派专人安装。
⑧ 保证工作区域内各种灭火器材完好状态,严禁随意挪用、乱动各种消防器材。
⑨ 要熟知酒店的报警、疏散程序。
⑩ 消防中心的电话号码为××××。

(二) 防恐预案工作程序

1. 发现可疑物

员工发现可疑物要迅速报告部门部长和安全部,安全部根据情况及时报告酒店总经理。保安员要将防爆毯立即抬至现场,采取有效措施,正确使用防爆毯;安全部要划分出隔离区,保护好现场;大堂经理要配合做好客人的疏散工作;需要公安机关处理的危险品,在公安人员未到现场前,任何人都不准擅自挪动可疑爆炸物;在紧急情况下现场总指挥有权派人将其挪离现场妥善处理。

2. 接到恐吓电话

① 接听人员要保持镇静,认真听清对方所说的每一句话,记清楚来电时间,做好电话记录。
② 立即报告安全部,安全部迅速报告公司领导及市公安机关,并立即布控现场,加强警备,提高警惕。
③ 酒店突发事件领导小组成员迅速到达现场,负责指挥和协调工作。

3. 发现有爆炸嫌疑的人或事

① 对人:做到寸步不离,有效控制,及时报告。
② 对事:要细心收集及时上报。
③ 启动突发事件紧急处置预案,组织人力对单位内部进行搜索,及时发现爆炸物。
④ 对发现的可疑物,要组织现场工作人员疏散客人,设置警戒区域,同时使用防爆毯遮盖可疑物品。
⑤ 对酒店的出入口进行控制,防止罪犯外逃和无关人员进入现场。

(三) 发生爆炸的紧急方案

① 爆炸现场的员工立即报告公司突发事件领导小组(总办)安全部、部门部长、酒店医务室。划分出隔离区,疏散客人,保护现场,现场注意发现可疑人,无关人员一律不得进入现场。
② 接到爆炸事件报告后,安全部立即调派应急力量封锁和保护好现场,疏散围观群众,控制人员进出。
③ 相关部门做好抢救受伤人员的工作,医务室携带氧气、担架、必要的急救药品迅速赶到爆炸现场,听候指挥,客务部、餐饮部、营业部等部门准备好客人资料,随时备查,工程部组织相关人员迅速到现场进行设备的抢修。
④ 酒店突发事件领导小组迅速做出决定,将爆炸情况报告上级领导和公安机关,通知

⑤ 寻找并留住现场目击证人,了解情况,安全部协助公安机关做好爆炸的侦破工作。

⑥ 按照酒店突发事件领导小组的指示,相关部门做好酒店财产的抢救工作,并做好现场恢复营业的准备工作。

案例分析

保护客人人身和财产安全

2005年6月10日11时40分左右,广东省汕头市潮南区峡山街道华南宾馆突发大火,过火总面积2800平方米,43间房间遭火焚毁,更为惨烈的是31人在火灾中丧生。这起火灾是广东省1994年以来最严重的群死群伤特大事故和2005年国内最大的一起火灾事故。

6月10日12时15分,潮南区消防中队接到报警后,立即赶赴现场进行扑救,汕头市119指挥中心随后又调集23辆消防车、100多名消防队员前往增援。

潮南区消防中队到达现场时,熊熊的大火夹杂着滚滚浓烟,已从宾馆的几十个窗户喷涌而出,华南宾馆整幢楼都笼罩在浓浓的黑烟之中。而首先出动的潮南区消防中队既没有云梯车,也没有配备救生垫,更为严重的是有些窗户还被宾馆用防盗网固定死了。搜救被困人员的难度,远远超出了消防队员们的想象。

6月12日下午,广东省消防总队在汕头潮南区召开"6·10"特大火灾事故通报会,广东省消防总队队长雷盛武指出:"报警太迟,宾馆附近消火栓无水或水压过低,消防装备'欠债'使救援能力不足,最终酿成了这起震惊全国的特大恶性火灾事故。"

评析：

发生火灾的华南宾馆自1996年开业以来,营业10年间未经消防设计审核验收,违反消防法规,违反了《中国旅游酒店行业规范》第四章第十二条和第十四条,(第十二条:"为了保护客人的人身和财产安全,饭店客房部门应当放置服务指南、住宿须知和防火指南以及防火预警系统,有条件的饭店应当安装客房电子门锁和公共区域安全监控系统。"第十四条:"对有可能损害客人人身和财产安全的场所,饭店应当采取防护、警示措施。警示牌应中英文对照。")擅自改变使用性质,存在着通道狭窄且弯曲,安全出口不足,建筑消防设施欠缺,大量使用可燃材料装修等重大安全隐患。汕头消防部门先后5次下达停业、限期整改行政处罚通知书,但华南宾馆却屡查不改,停业整顿期间仍继续营业,从而为此次特别重大火灾事故埋下了祸根。

国务院华南宾馆"6·10"特别重大火灾事故调查组通过提取火灾现场的遗留物,送往沈阳消防科研所进行鉴定分析,并对火灾现场认真清理和反复勘察,以及对有关人员的调查询问,最后认定火灾的直接原因是华南宾馆二层南区金陵包厢门前吊顶上部电线短路故障引燃周围可燃物,引发了此次特别重大火灾事故。

(资料来源:钟丽娟.新编饭店经营与管理实务.北京:清华大学出版社,2009)

本章小结

本章详细介绍了酒店员工岗前培训的相关内容,包括酒店从业人员职业道德培训、酒店安全知识培训以及法规常识培训。酒店职业道德是酒店员工必须具备的基本素质之一,是做好本职工作的前提。

特别强调了酒店的安全问题,指出了酒店常见的安全事故,以及事故的起因、如何预防以及处理程序等相关内容。同时,作为岗前培训重要内容之一的法规培训也做了较为详细的叙述。酒店可以结合自身的实际情况,制定详尽的安全操作规程,依靠控制人的行为来防止事故的发生。

本章思考题

1. 什么是酒店职业道德?
2. 酒店职业道德规范包含哪几方面?
3. 酒店常见的安全事故有哪些?
4. 酒店火灾的起因有哪些?应如何预防?
5. 酒店发生火灾事故,一般处理程序是什么?
6. 酒店失窃的原因有哪些?对此应采取哪些防盗措施?
7. 作为酒店员工,应如何理解酒店的《个人卫生制度》?

实战演练

客房常见疑难问题的处理

1. 客人对客房价格不满意提出种种理由要求享有较大的折扣时应如何处理?

参考答案:

① 做好解释工作,说明客房的条件与设施使房价物有所值;

② 在规定允许的范围内应给予折扣,并特别说明这一折扣是破例的或特别优惠的;

③ 介绍其他较便宜的房间给客人。

分值:10分,答题时间:5分钟。

评分标准:①3分;②3分;③4分。

2. 工作中自己心情不好时应如何处理?

参考答案:

① 时刻牢记自己的岗位工作质量是酒店形象的一个代表,任何时候都不能将自己的不良情绪带入工作中;

② 设法忘记自己的私事,控制、调节自己的情绪;

③ 将全部思想和精神投入自己的工作中,热情、有礼地对待客人。

分值:10分,答题时间:5分钟。

评分标准:①3分;②3分;③4分。

3. 客人发脾气或说不礼貌的话时应如何处理?

参考答案:

① 保持冷静和克制的态度,使用礼貌的语言,绝对不要和客人争执与谩骂;

② 检查自己是否有工作不周的地方,待客人平静后加以解释;

③ 征求客人意见,请其到不影响其他客人的地方;

④ 客人火气尚未平息,应及时向上级报告,请上级出面解决。
分值:10分,答题时间:5分钟。
评分标准:①2分;②2分;③3分;④3分。

4. 酒店客人发生死亡时应如何处理?
参考答案:
① 立即通知医务人员抵达现场进行救护;
② 通知上级(前厅经理和总经理);
③ 组织人员封锁现场,协助医务人员的救护工作;
④ 如有相关手续需要办理,尽量提供帮助。
分值:10分,答题时间:5分钟。
评分标准:①2分;②2分;③3分;④3分。

5. 客人来到酒店想办理住宿手续,但客房已满,他又没有预订时应如何处理?
参考答案:
① 向客人说明酒店客房已满的情况,真诚地表示歉意;
② 如有必要,主动帮助客人联系附近的同类酒店住宿;
③ 告之客人一旦酒店有退房,会立即通知客人;
④ 欢迎客人下次光临。
分值:10分,答题时间:5分钟。
评分标准:①2分;②2分;③3分;④3分。

第三章 酒店专业实训规定和注意事项

【实训项目】
　　酒店专业实训规定和注意事项。
【实训目标】
　　通过对酒店专业实训的介绍,使学生了解酒店实训的主要内容和规定,帮助学生明确自身定位和自我鉴定,同时熟悉酒店行业培训人才的标准。
【实训时间】
　　实训教学 2 学时。
【实训方法】
　　教师讲授为主,学生根据要求和自身情况独立完成本章实践作业。

第一节　实训实习工作

一、实训实习概述

1. 实训实习办法

根据《酒店管理专业酒店实训学员校外实训、实习办法》,酒店管理专业为使酒店实训学员理论与实践相结合,并增加实际经验,特制定此办法。

2. 实训实习要求

符合本办法酒店实习成绩及格者于入学后三年级上学期给予酒店实训课程成绩,不及格者须重修。

3. 实训实习规定

酒店实训相关规定如下:
(1) 实训单位包括观光、休闲、连锁及商务酒店等相关单位。一般由学校协助安排。
(2) 实训时间累计时数,不得低于 300 个小时。

（3）酒店实训学员于实训前应选择本课程的本专业指导教师一位，或由学校指派，中途不可更换。

（4）酒店实训学员实训前应出席实训说明会，以明确实训注意事项，如无故缺席者，实训不予承认。

（5）酒店实训学员开始实训后，应遵守实训单位的规定与指导，但如发现工作性质不符或环境不良等情形，应尽快于两周内与指导教师联络进行联系协调。如在一周内未能改善上述情况，须报请本专业核准后提出辞呈，否则应完成实训工作，不得中途离职。违反本条规定者，除实训时数不予计算外，并酌情予以校规处理。

（6）酒店实训学员实训期满，由实训单位填写证明书（附录三）、评价表（附录四），交酒店管理教研室。

（7）酒店实训学员应于实训期满后，在实训负责老师的规定时间内上交实训报告与工作日志，报告内容、格式与工作日志撰写规定另定（附录五、附录六）。未在期限内上交资料者，实训成绩不予及格。

（8）成绩评定由指导教师参考实训单位考核表与实训报告评定。

① 本办法适用于酒店管理专业酒店实训学员。

② 本办法其他相关表格，另定。

③ 本办法如有未尽事宜，随时修正。

④ 本办法经会议通过后，公布实施。

二、实训实习做法

（1）成立实训实习辅导委员会，由酒店教研室教师组成，进行各项校内外实训实习规划执行、考核及酒店实训学员心理辅导等事宜。

（2）由实训实习辅导委员会过滤筛选，以提供适合本酒店管理专业实训学员校外实训实习的绩优酒店或机构。

（3）征询业界愿意提供实训实习的名额。

（4）实训实习负责教师访问业界，了解实训实习机构实际运作情况，以确保学生校外实训实习机会与安全。

（5）校外实训实习的分配依据如下：

① 户籍所在地；

② 品德及学业成绩；

③ 实训实习负责教师和实训实习单位的面试结果。

（6）为加强酒店实训学员校外实训实习生活安全规范，除办理意外保险并促请实训实习单位加强学生生活管理外，另成立实训实习小组长制度为酒店管理专业教师与实训实习单位联系。定期与家长联系以协助本专业教研室教师实施实训实习辅导。

（7）定期召开实训实习辅导小组会议，研讨各项实训实习教学及校外实训实习酒店实训学员处理状况。

（8）编订《校外实训实习手册》，便于实训实习酒店实训学员随身携带。其内容包括实训实习规章、教师联络电话与电子邮件信箱，供酒店实训学员实际运用及紧急联络时使用。

三、实训实习小组长工作职责

（1）报到前夕提前联系实习单位是否提供住宿，并了解住宿状况，由组长带领酒店实训学员,按照报到的指定时间与实训实习单位相关人员(通常指人力资源部)联络。

(2)向人事部主管(或单位主管)与实训实习负责老师联系,报告该小组实训实习单位的情况及特殊事件。

(3)提醒各实训实习单位各酒店实训学员按时上交实训实习作业。

(4)实训实习期间及时联系酒店实训学员,并通知学校领导或老师所交代的各类事项。

(5)实训实习完毕,率领酒店实训学员向实训实习单位主管致谢。

(6)完成其他学校临时交代的事项。

(7)小组长由各实训实习单位酒店实训学员选举或由实训实习负责老师指派。

(8)小组长的工作评定按照学校有关规定给予相关奖惩。

 案例分析

装饰典雅的某酒店宴会厅灯火辉煌,一席高档宴会正在有条不紊地进行着,只见身着黑色制服的服务员步履轻盈地穿行在餐桌之间。正当客人准备祝酒时,一位服务员不小心失手打翻酒杯,酒水洒在了客人身上。"对不起、对不起。"这边歉声未落,只听那边"哗啦"一声,又一位服务员摔破了酒杯,顿时客人的脸上露出了愠色。这时,宴会厅的经理走上前向客人道歉后解释说:"这些服务员是实习生……"顿时客人的脸色由愠色变成了愤怒……第二天客人将投诉电话打到了酒店领导的办公室……

(资料来源:迈点网 http://papers.meadin.com,2011)

第二节 实训实习注意事项

一、实训实习注意事项

1. 实训实习应做的准备

(1)选定实训实习单位后,事先了解单位的性质及企业文化;工作的具体地点及交通状况(包括行车路线及所需时间)。

(2)学校住宿行李整理,衣物、书籍等携返家中清洗或摆放妥当。

(3)未来实训实习地区住宿,如实训实习单位无提供住宿安排,应先预订找寻亲戚朋友住处或自己租房子。建议交通勿过于遥远且要以安全及有同伴作考虑,住宿安排要在报到前安排妥当,以免无法安心工作。

(4)实训实习前,请酒店实训学员切实注意实训实习单位通知,实训实习前各项准备工作(如租房子),如有面谈联系,请勿错过,以免造成未前往实训实习,即让实训实习单位有不良印象。

(5)部分酒店提供宿舍给外地酒店实训学员,费用不一,以先到先选为原则,因宿舍管理维护及人数很难掌握,且设备无法跟学校相比,请酒店实训学员在报到前,自行到实训实习单位了解,再做决定。

(6)有些实训实习单位,除新进人员训练外,通常第一天即正式上班工作,相关的工作鞋、丝袜或上班时的仪表、仪容最好准备妥当。

(7) 酒店实训学员报到时应须带物品如下：笔、笔记本、相片四张、身份证复印件两份、户口簿复印件、健康证。每个酒店要求不一，带上有备无患。

2. 实训实习时应注意事项

(1) 俗称"入行门守行规"。酒店各项人事及业务规定，酒店实训学员一定要切实遵守。心理随时提醒自己，我是代表学校、代表家庭及代表自己，在酒店实训实习，问自己能为酒店做什么，不要问酒店能为自己做什么。

(2) 旺盛的工作热情及谦虚认真的态度，不耻下问，酒店实训学员工作时敬业专注，切记准时上班不迟到不早退的精神，免有差错。

(3) 注意个人品德行为，在酒店等服务机构实训实习期间，不得有偷窃及不良行为发生，一经发觉属实，将受勒令退学处分，并移送司法机关，请各位酒店实训学员切实遵守。

(4) 上、下班期间搭乘或骑乘各类车辆时要切实注意交通安全。

(5) 实训实习作业及心得报告，请依照实训实习报告的撰写方式及内容说明规定撰写并使用透明文件夹编辑成册。

(6) 上班实训实习期间，请酒店实训学员特别注意工作态度，虚心请教，随时注意整理服装仪容，修剪头发及指甲，并不得染发及染指甲，服务业特别重视公共卫生，请酒店实训学员自我要求。因为我们是实训实习酒店实训学员，对于小费不可强求，一切依各业界规定办理。

(7) 实训实习期间若需代表学校公差或个人有事者，应依规定先行请假，经核准后方可离开工作岗位，不请假外出或逾期未归，均会影响个人及团体荣誉。

(8) 实训实习期间，将由学校老师安排时间访视各酒店实训学员。

(9) 各实训实习单位如通知前往面谈者，则依规定前往该单位人事部门报到面谈；若无接获面谈通知，请各负责实训实习单位的召集酒店实训学员预先联系，统一于报到当日上午9时在实训实习单位集合后，穿着整齐一致，统一前往该单位人事部门报到，请酒店实训学员务必准时，不得延误。

(10) 若有减少实训实习天数部分请自行与实训实习单位协调以轮休天数补足。

(11) 每日实训实习上、下班后应尽速返家及住处，生活作息应正常，以免家人担心，遇紧急状况或事件，应速与家人、实训实习单位及学校联系处理。

(12) 酒店实训学员小组长应主动查看学校行政部门有关联络事项，并转告小组的酒店实训学员。

(13) 有关实训实习期间的专业课程和实训实习事务请向各辅导教师及部门经理、副理请教，生活及人事行政等事务，向自身部门及人事部门协调。

(14) 如果有问题或遇到困难，除可向实训实习单位人事部门反映外，也可以向学校带队老师反映。

二、成绩考核办法

(1) 实训实习成绩评定由下列三项组成：

① 校外实训实习单位的工作评分占50%。

② 本专业教师校外实训实习评定占20%。

③ 校外实训实习作业及心得报告占30%。

(2) 校外实训实习单位工作评分项目(详见附录四)。

案例分析

实习违约——培训费该不该赔

小王是武汉一所大学酒店管理专业的学生,在大学进行了3年专业学习后,小王感觉需要找个单位实习,增加实际工作经验。但由于学校安排的实习单位离家较远,今年暑假前,他选择了自己找单位实习。

暑假一开始,他就开始到武汉的各家酒店接洽。3天后,终于在武昌的一家不大的酒店找到了实习岗位。实习前,酒店人事部门称,单位刚好新进了一批员工,小王可以与他们一起参加培训。虽然没有经验,但小王还是与酒店签订了一份实习协议,单位承诺,每个月向小王补贴生活费、交通费等600元钱,小王的实习期为两个月。

因为想着是实习,小王就没有对从事的具体工作提出自己的要求。上岗前,小王还颇为激动了一阵子,指望着能利用一个暑假的时间,既发挥一下自己的专业所长,也能增加点实际经验。

然而,让小王出乎意料的是,岗前培训其实就进行了不到一个星期,除了学习酒店的管理规定外,大部分时间基本上都是在酒店打杂。小王向人事部门咨询,人事主管告诉他,这就是上岗前的"传、帮、带",并要他多向老员工学习。

培训结束后,事情并未朝着小王想象的方向发展,本以为自己会被安排到酒店的管理部门,接触相关管理知识,结果酒店直接将其安排到了楼层做服务员。

"我也不是说不能做服务员,毕竟要从基层做起,越是基层越能学习到实际经验。"一开始,小王在楼层服务员的岗位上还做得有声有色。但是,一个月过去了,酒店还没有给小王调动岗位的意思。"既然是实习,我就想多待几个岗位,多体验一下工作的过程。"于是,小王找到人事部,要求换岗,但主管告诉他,现在酒店缺少服务员,他还得继续做下去。感觉学不到什么知识的小王决定离开单位。

"不能给你支付补贴了。"人事部工作人员告诉他,由于参加了公司的培训,上班期间又领了工作服,因此他这个月的工资已经被扣光了,况且,小王没有履行完协议,酒店没有找他赔偿已经不错了。

这让小王觉得十分冤枉,"自己就是给他们打了一个月工,到头来还要扣培训费、服装费,实在是欺人太甚"。随后,小王声称要通过法律途径解决此事,酒店这才同意支付500元补贴。

(资料来源:湖北新闻 http://www.cnhubei.com,2009)

本章小结

本章通过对酒店专业实训实习阶段的详细介绍,使学生了解酒店实训的主要内容和规定及其注意事项,帮助学生明确自身定位,同时熟悉酒店行业实际工作现状,以便能很快地上岗,适应工作。

酒店服务技能与实训

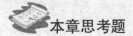 **本章思考题**

1. 酒店管理专业实习实训有哪些具体规定？
2. 校外实习实训分配是依据学生的哪些标准？
3. 实习实训小组长有哪些具体工作职责？
4. 实习实训有哪些注意事项？
5. 如何考核实习实训成绩？

 **实战演练**

实战演练一 结账风波

1. 情景介绍

郑先生一行10个人到一家高级宾馆的餐厅吃四川菜。在点了一桌丰盛的酒席后，大家便兴致勃勃地推杯换盏，夹菜品肴，热闹了起来。席间，两位服务小姐的服务颇为周到，又是上菜，又是报菜名，又是换菜碟，面面俱到。菜肴的味道也让大家感到满意。郑先生不无得意地对大家说："我选的这家饭店不错吧。"

餐宴临近尾声之际，郑先生招手请服务小姐过来添茶，一位穿旗袍的小姐轻盈地走了过来。

"先生，您这桌的餐费是1330元，不知由哪位来付钱。"服务小姐以为郑先生是要结账，便提高声音说出了钱数。

服务员的话使大家为之一愣，为什么她收钱时的语调与服务时的温柔语调相比反差那么大，连旁边餐桌的客人都向这里张望。郑先生是个很讲面子的人，小姐的话使他感到尴尬。

"小姐，收餐费不用这么大声，钱我是会付的，况且，我只是想让你过来添茶……既然如此，我现在就结账吧。"郑先生连忙掏钱。

"先生，实在抱歉，我还以为您要结账。我们饭店规定，结账时要报账清楚，所以……对不起，现在我就给大家添茶。"服务员不好意思地说着，并赶忙为客人添茶。

郑先生此时已经把钱拿出来交给服务员，连账单都没看，让她赶快结账。

由于服务员的一句话，大家的情绪不再那么热烈了，小姐找回钱后大家便离开了餐厅。

2. 评析

本案例中的服务员在为客人结账时，没有找准时机，结账的方式也欠妥，从而破坏了客人用餐的情绪。一般来说，付款的客人都不希望别人知道自己付款的数量，因此，服务员应该替客人保密。在国外，有些饭店一般准备两份菜单，一份附有价格给做东的人看，另一份不附价格的给被邀请的人看。

餐后结账时，服务员会悄然地把账单递给做东者，绝不惊扰其他人。从服务心理学的角度来看，做东的客人很讲面子，绝不愿服务员当众报出付款额，以免引起其他客人对他的看法。因此，服务员在为客人结账时，一方面要等客人自己提出来；另一方面则应为客人保守秘密。

（资料来源：最佳东方 http://www.veryeast.com，2010）

实战演练二　王小姐的晚宴

1. 情景介绍

一个雨天的晚上，王小姐和男友在北京某四星级饭店的西餐厅用餐。王小姐随手将雨伞靠在了座椅旁，又将手提包挂在了椅子的后面。餐间，两人聊得很热烈，没有注意旁边有人已经盯上了她的手提包。

这天，餐厅用餐的人很多，服务员也非常忙碌。王小姐他们用完餐后，由男友付账后急匆匆离去了，完全忘记了雨伞和手提包。出了饭店的门口，雨已经停了，他们开着车离开了饭店。十几分钟后，王小姐想打电话，才发现手提包不见了，急忙开车回饭店寻找。王小姐的手提包中有2万多元现金、手机及证件等物品。

赶到餐厅时，他们发现刚才的座位已经有人在用餐，雨伞和包都不见了。王小姐焦急地询问服务员，服务员说翻台时没看到，并连忙报告餐厅经理。为了不影响其他客人就餐，他们来到休息室请来安保部人员、当事服务员一同回忆。

初步认定，王小姐用餐时服务员确实看到她的包，但翻台时未见，以为他们带走了。在他们离开的同时，还有两位高大男士提包离店。认定这些基本情况后，饭店协助王小姐报了案。王小姐离开饭店时，对男友说："看来以后要找一家不会丢钱的地方吃饭了。"

2. 分析

本案例提示我们，送客和翻台服务时应注意观察客人所携带的物品，确保客人的财物安全。客人到饭店来消费，首先关心的是安全，如果他们在就餐过程中出现了人身和财物方面的问题，饭店当然负有一定责任。

为了得到客人的信任，保证消费者的财物安全，服务员应仔细观察和记住客人带入餐厅的物品，在客人离开前提醒他们拿走，同时也要注意附近餐桌客人用餐的情况。保护客人的利益，这是服务员义不容辞的责任。

另外，客人起身离开时，应马上翻台检查，如发现客人遗留的物品应马上追赶客人送还。餐厅门前与客人道别的服务员，在祝愿时应再次观察客人的物品情况，发现客人遗忘东西应提醒他们取回。

客人在餐厅丢失和遗忘物品的事情时有发生，服务员在工作中仔细地观察和用心地记忆，是避免这些现象出现的关键。

（资料来源：最佳东方 http://www.veryeast.com，2010）

第四章 酒店前厅专业实训

【实训项目】
1. 常用的服务流程。
2. 服务程序与服务标准。

【实训目标】
1. 了解前厅部与相关部门的联系。
2. 训练观察、判断与搜集相关资料的能力。
3. 培养具有督导并训练基层服务员每日工作的能力。
4. 培养沟通与领导能力。

【实训时间】
实训教学4学时。

【实训方法】
教师讲授为主,学生按要求搜集资料,小组讨论并互评,教师指导并点评。

引导案例

一个电话的启示

某日中午,一位住店客人下了客梯直奔总台,手里拿着一张房卡。此时,总台只有一名服务员,不巧的是她正握着话筒和别人通电话。于是,客人只得耐心地站在一旁等候。时间一分一秒地过去了,仍不见服务员有结束通话的迹象,客人的脸上渐渐露出了不满的神情,但他并未说什么,只是用手里的房卡在服务台上不轻不重地敲了几下。这时,服务员似乎醒悟过来,忙放下电话,接待客人……

思考题:
若你是这名服务员你应该怎么做?

(资料来源:酒店招聘网 http://www.hoteljob.cn,2011)

第一节 酒店前厅服务程序与相关要求

前厅部又名客务部、前台部、大堂部,是酒店对外的"窗口",是酒店的"大脑"、"神经中枢",是联系宾客关系的"桥梁和纽带"。

一、前厅部的任务

前厅部的基本任务就是最大限度地推销客房商品及其他酒店产品,并协调酒店各部门向客人提供满意的服务,使酒店获得理想的经济效益和社会效益。具体来说,前厅部的任务包括下述 7 项内容。

1. 销售客房

销售客房商品是前厅部的首要任务。前厅部客房销售主要由以下 3 个方面的工作组成。预订销售、接待销售、合理排房与价格控制。

2. 提供各种综合服务

作为直接向客人提供各类相关服务的前台部门,前厅服务范围涉及机场和车站接送服务、行李服务、留言问讯服务、票务代办服务、邮件服务、电话总机服务、商务中心服务、贵重物品保管服务等。

3. 提供信息服务

酒店前厅部是客人汇集活动的场所,前厅服务人员与客人接触较多。因此,前厅服务员应随时准备向客人提供其所需要和感兴趣的信息资料。

4. 协调对客服务

前厅部作为酒店的"神经中枢",承担着对酒店业务安排的调度工作和对客服务的协调工作。

5. 控制客房状况

在协调客房销售与客房管理方面,前厅部应向销售部提供准确的客房信息,防止过度超额预订,避免工作被动。另外,前厅部应及时向客房部通报实时及未来的预订情况,便于其安排卫生计划或调整劳动组织工作。

6. 管理客账

前厅部向客人承诺并提供最终一次性结账服务。客人经过必要的信用证明,即可在酒店内各营业点签单。总台可以在客人预订客房时商定并建立客账(收取定金或预付款),也可以在客人办理入住手续时建立客账。

在提供了客人累计消费额和信用资料的基础上,总台收银处按服务程序和酒店财务政策规定,与相关部门或各营业点进行协调沟通,及时登账,迅速、快捷地为客人办理离店结账手续,使客人满意而去。

7. 建立酒店客史档案

前厅部为了更好地发挥信息集散和协调服务的作用,一般都要为住店客人建立酒店客史档案,记录客人在酒店住宿期间的主要情况和有关针对性的信息,掌握客人动态,取得第一手资料。

二、前厅部的业务特点

(1) 接触面广,要求 24 小时运转,全面直接对客服务。
(2) 接待服务广泛,业务复杂,专业技术性强,人员素质要求高。
(3) 信息量大、变化快,要求高效运转。
(4) 服务方式灵活多样,妥善处理关系。
(5) 展示酒店形象,具有较强的政策性。

客人对酒店账单提出异议时的处理

1. 总台收银员应保持礼貌,询问客人对哪些收费项目和数额存在异议;
2. 仔细核对相关部门的账单,找出异议的根源;
3. 如果客人是对酒店的收费标准不熟悉导致的异议,收银员要耐心地向其进行解释,使客人明确收费标准与额度;
4. 如果是酒店工作人员的工作粗心大意、收费情况不合理造成的,收银员应郑重地代表酒店向客人道歉,将账单重新核查、改正后再开出。

三、前厅部的机构组成及职能

前厅部组织机构一般由以下部分组成:办公室、预订、问讯、接待、礼宾、收银、大堂副理、商务楼层、电话总机、商务中心等。另外,通常在前厅部还设有其他非酒店所属的服务部门,例如:银行驻店机构、邮政部门驻店机构、旅行社驻店机构、民航及其他交通部门驻店机构等,以作为完善酒店不同服务功能需求的必要补充。因酒店规模不同,前厅部的业务分工也有所不同,但一般都设有下述主要机构。

(一) 预订处

预订处(Room Reservation)是专门负责酒店订房业务的部门,可以说是前厅部的"心脏",其人员配备由预订主管、领班和订房员组成。随着酒店业竞争的日趋激烈以及市场空间的不断拓展,客房预订的职能逐渐从前厅部脱离出来而隶属于公关销售部。

目前,预订处的主要职能包括以下几个方面:
(1) 熟练掌握酒店的房价政策和预订业务。
(2) 受理客房预订业务,接受客人以电话、信函、传真、互联网及口头等形式的预订。
(3) 负责与有关公司、旅行社等客源单位建立良好的业务关系,尽量销售客房商品,并了解委托单位接待要求。
(4) 加强与总台接待处的联系,及时向前厅部经理及总台相关岗位和部门提供有关客房预订资料和数据。
(5) 参与客人情报预测工作,向上级提供 VIP 抵店信息。

(6) 参与前厅部对外订房业务的谈判及合同的签订。
(7) 制定各种预订报表(包括每月、半月、每周和翌日客人抵达预报)。
(8) 参与制定全年客房预订计划。
(9) 加强和完善订房记录及酒店客史档案等。

(二) 接待处

接待处(Check-in/Reception)又称开房处、通常配备有主管、领班和接待员。其主要职能包括以下几个方面:
(1) 销售客房。
(2) 接待住店客人(包括团体客人、散客、常住客人、预订客人和未预订客人等),为客人办理入住登记手续,分配房间。
(3) 掌握住客动态及信息资料,控制房间状态。
(4) 制定客房营业日报等表格。
(5) 与预订处、客房部等保持密切联系,及时掌握客房出租情况。
(6) 协调对客服务工作等。

(三) 问讯处

问讯处(Information)通常配有主管、领班和问讯员,其主要职能如下:
(1) 负责回答客人问讯,包括介绍酒店内服务项目、市内观光、交通情况、社团活动等相关信息。
(2) 接待来访客人。
(3) 及时处理客人邮件等事项。
(4) 提供留言服务(住客留言与访客留言)。
(5) 分发和保管客房钥匙等。

(四) 收银处

收银处(Check-out/Cashier)也称结账处,一般由领班、收银员和外币兑换员组成。收银处通常隶属于酒店财务部管辖,但由于收银处位于总台,与总台接待处、问讯处等岗位有着不可分割的联系,直接面对面地为客人提供服务,是总台的重要组成部分。因此,前厅部也应参与和协助对前厅收银员的管理与考核。收银处的主要职能如下:
(1) 办理离店客人的结账手续。
(2) 受理入住酒店客人住房预付金。
(3) 提供外币兑换和零钱兑换服务。
(4) 与酒店各营业部门的收款员联系、催收、核实账单。
(5) 建立客人账卡,管理住店客人的账目。
(6) 夜间统计酒店当日营业收益情况,制作营业报表。
(7) 为住店客人提供贵重物品的寄存和保管服务。
(8) 负责应收账款的转账。
(9) 夜间审核全酒店的营业收入及账务情况等。

(五) 大厅服务处/礼宾服务处

大厅服务处/礼宾服务处(Bell Service/Concierge)人员一般由大厅服务主管(金钥匙)、

领班、迎宾员、行李员等组成。其主要职能有以下几个方面:

(1) 在门厅或机场、车站迎送宾客。

(2) 负责客人的行李运送、寄存,确保其安全。

(3) 雨伞的寄存和出租。

(4) 公共部位找人。

(5) 引领客人进客房,并向客人介绍服务项目、服务特色等,适时进行宣传。

(6) 分送客用报纸、信件和留言。

(7) 协助管理和指挥门厅入口处的车辆,确保畅通和安全。

(8) 回答客人问询,为客人指引方向。

(9) 传递有关通知单。

(10) 为客人提供召唤出租车和泊车服务及负责客人其他委托代办事项。

(六) 电话总机

电话总机(Switch Board)一般由总机主管、领班和话务员组成,其主要职能如下:

(1) 转接电话。

(2) 为客人提供叫醒服务(Wake-up Call)。

(3) 提供"请勿打扰"(DND)电话服务。

(4) 回答客人电话问询。

(5) 提供电话找人服务。

(6) 受理电话投诉。

(7) 接收电话留言服务。

(8) 办理国际、国内长途电话事项。

(9) 播放或消除紧急通知、说明。

(10) 播放背景音乐。

(七) 商务中心

商务中心(Business Center)通常由主管、领班和职员构成,其主要职能如下:

(1) 为客人提供打字、翻译、复印、传真、长途电话以及互联网等商务服务。

(2) 可以根据客人需要提供秘书服务。

(3) 提供文件加工、整理和装订服务。

(4) 提供计算机、幻灯机租赁服务。

(5) 提供代办邮件和特快专递服务。

(6) 提供客人委托的其他代办服务等。

(八) 车队

大型酒店在其前厅部设立车队(Taxi Service),接受前厅部的调派。车队的主要职能如下:

(1) 负责接送重要宾客或有预订的客人以及有特殊需要的客人。

(2) 为客人提供出租车服务等。

(九) 大堂副理

大堂副理(Assistant Manager)是酒店管理机构的代表人之一,对外负责处理日常宾客的投诉和意见,协调酒店各部门与客人的关系;对内负责维护酒店正常的秩序及安全,对各部门的工作起监督和配合作用。其主要职能包括以下几个方面:

(1) 负责处理宾客的投诉。
(2) 联络与协调酒店各有关部门对客人的服务工作。
(3) 处理意外或突发事件。
(4) 礼貌热情地回答宾客的各种提问。
(5) 协助解决宾客紧急难办的事宜。
(6) 负责检查贵宾房和迎送贵宾的接待服务工作。
(7) 巡视和检查酒店公共区域,消除隐患,保证安全。
(8) 必要时负责传递宾客贵重物品。
(9) 熟悉掌握前厅部各职能班组的工作,在其他主管不在场的情况下,协助管理、指导和监督下属员工的工作,并做好交接工作。
(10) 巡视检查酒店有关部门的清洁和维护保养情况。

四、前厅部机构设置与实训

(一) 前厅部机构设置特点

前厅部的机构设置主要依据酒店规模及功能需要而定,设置要符合酒店管理方式的要求。在多数大中型酒店中前厅部单独设置,但也有一些大型酒店设置有房务部,前厅部则归属其中。在小型酒店里一般不单独设立前厅部,其业务归客房部负责。

(二) 前厅部组织机构设置系统化模式

前厅部组织机构设置系统化是酒店管理层级制的客观要求,其工作岗位一般划分为3个不同性质的层次。

1. 管理层

管理层是指前厅部经理、副经理或经理助理。主要职责是按照决策层做出的经营管理决策,具体安排前厅部的日常工作,负责本部门下属员工的工作分工、领导、指挥和监督。

2. 执行层

执行层是指前厅部下属各岗位的主管、领班等。主要职责是执行前厅部下达的经营计划,布置和指导操作层员工的工作,监督本班组服务的程序和标准,随时检查他们的服务是否符合本酒店的服务质量标准。同时,他们直接参与酒店服务工作和日常工作的检查、监督,保证前厅部能正常运行。

3. 操作层

操作层是指前厅部执行某项具体服务工作或专业工作的基层员工,酒店服务的高质量、高效率都是通过基层员工的服务工作体现出来的。

关于买会员卡的投诉

客人在买会员卡时误认为所有人通用,之后才发现是只限会员本人使用,很恼火,要求

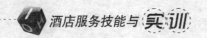

给个说法。如何解决?

参考答案:

向客人致歉,提出补救方案,比如:给予这次所有人都可以用,下次按个人卡的规定操作;或者给予客人几次优惠,下次带人来时可以享用,或者退卡。

第二节 前厅接待服务程序与主要操作技能

一、前厅接待(客房客务接待)工作

(一)实训实习目标

① 就已有酒店客务理论基础,给予实务上的验证。

② 经由不同角色的轮流扮演,熟悉客务部的基本操作流程。

③ 对订房、服务中心、前台接待、电话总机、邮电服务、商务中心、前台出纳等作业彻底了解。

④ 确立酒店中层干部的管理基础。

(二)实训实习岗位类别与工作内容

实训实习岗位类别如下。

① 服务中心(Bell Service)、机场代表(Hotel Airport Representative)、门卫(Door Attendant)、行李服务员(Bell Person)、顾客服务员(Concierge)、服务中心主任(Superintendent of Service)。

② 前台(Front Office)、前台接待员(F. O. Agent)、出纳员(Cashier)、夜间审核员(Night Auditor)。

③ 顾客关系员(Guest Relationship Officer)。

实训工作内容如下。

实训项目一:散客到店的行李服务

(一)实训目的

通过行李服务实训,使学生了解饭店行李服务的基本常识,学习并掌握散客抵店时的行李搬运的操作程序、方法和要点。

(二)准备工作

(1) 保证行李车的正常工作、外观的整洁。

(2) 准备好行李登记表。

(3) 准备好行李卡。

(三)服务步骤

散客到店的行李服务步骤如表4-1所示。

表 4-1　散客到店的行李服务步骤

程　序	标　准
问候	向抵店的客人微笑点头,表示欢迎; 然后帮卸行李,请客人一起清点行李件数并检查行李有无破损,记下客人乘坐到店车的车牌号码、所属单位及特征
引导至前台办理入住手续	以正确的姿势站立于客人身后,替客人看管行李并随时听从客人吩咐和总台服务员的提示
引领入房	主动上前向客人或总台服务员取房间钥匙,护送客人到房间
进房前服务	先按门铃,再敲门,房内无反应,再用钥匙开门
房间服务	先开总开关(此时房间大部分灯即亮),立即退出,将钥匙交回客人,请客人先进入房间; 将行李放在行李架上或按客人吩咐将行李放好; 向客人介绍房间内的设施,电话使用方法,电视频道的接收; 以及饭店内其他服务项目,并耐心回答客人的疑问
道别	询问客人是否还有吩咐,在客人无其他要求时,即向客人告别,道谢,祝客人愉快(玩得开心),迅速离开(面对客人后退)将房门轻轻拉上

(四) 要点及注意事项

(1) 对于客人的各种行李物品要轻拿轻放,对易碎的和贵重的物品应尽量让客人自己拿。

(2) 用行李车运送行李,应注意摆放顺序。大件和重的行李摆在下面,小的、轻的行李摆在上面,并注意易碎和不能倒置的行李的摆放。

(3) 迎领客人时,要走在离客人两三步远的斜前方,步子应稳,遇有拐弯时,应回头微笑向客人示意。

(4) 介绍房间内的设施应视具体情况而定,如果是常住客人,应言简意赅。

(5) 服务员接受小费后,要向客人道谢,不要当着客人的面数小费,小费无论多少,都是客人的心意,绝对不能向客人伸手索取小费,这是非常失礼的行为,有损酒店的形象。

实训项目二:散客离店的行李服务

(一) 实训目的

通过行李服务实训,使学生了解饭店行李服务的基本常识,学习并掌握散客抵店时行李搬运的操作程序、方法和要点。

(二) 准备工作

(1) 行李车。

(2) 散客行李登记表。

(3) 清楚客人的房间号、客人姓名、行李件数及离店时间。

(三) 服务步骤

散客离店的行李服务步骤如表 4-2 所示。

表 4-2 散客离店的行李服务步骤

程 序	标 准
进入房间	按门铃或者敲门得到客人同意进入房间
清点行李	向客人致意,帮助客人清点行李并检查行李破损情况
寄存行李	询问客人是否有寄存行李要求,并填写行李寄存单,将下联留给客人
离开客房	礼貌地请客人离开客房,主动提供电梯服务
退房	带客人到前台办理退房结账手续
道别	协助行李装车,向客人道别

实训项目三：团队客人抵店的行李服务

（一）实训目的

通过行李服务实训,使学生了解饭店行李服务的基本常识,学习并掌握团队客人抵店时的行李搬运的操作程序、方法和要点。

（二）准备工作

(1) 行李车。
(2) 行李标志牌。
(3) 团队行李登记表。

（三）服务步骤

团队客人抵店的行李服务步骤如表 4-3 所示。

表 4-3 团队客人抵店的行李服务步骤

程 序	标 准
行李交接	行李员与押运员交接行李,清点行李的件数、有无破损,履行签收手续
分行李及上牌	核对前台的团体分房表,将每一件行李贴上标签,注明房号和客人姓名
行李装车	将行李装车由多个行李员分头运送或者分时间单独运送
分送行李	行李到达楼层,由行李员将行李送入房间。轻敲三下门进入房间,向客人问好,请客人确认行李后将行李放在行李架上
登记	将每间客房的行李件数准确地登记在团队入住行李登记表上

（四）要点及注意事项

(1) 交接行李时,如果发现行李有破损,应由行李押运员负责,并通知陪同领队。
(2) 若有几个团队同时到达,可以不同颜色的行李卡或绳带作标志予以区分。
(3) 若该团队没有办完入住手续行李不能马上运送时,可以用行李网将行李罩在一起,妥善保管。
(4) 装车遵循"同团同车、同层同车、同侧同车"的原则。
① 硬件在下、软件在上、大件在下、小件在上,并特别注意"请勿倒置"字样的行李。
② 同一团体的行李应放在同一趟车上,放不下时分装两车,同一团体的行李分车摆放

时,应按照楼层分车,尽量将同一楼层或者相近楼层的行李放在同一趟车上。

③ 如果同一楼层有两车行李应按照房号分装。

实训项目四：团队客人离店的行李服务

（一）实训目的

通过行李服务实训,使学生了解饭店行李服务的基本常识,学习并掌握团队客人抵店时的行李搬运的操作程序、方法和要点。

（二）准备工作

(1) 行李车。

(2) 团队行李登记表。

(3) 离店前一天与领队联系。

(4) 确认团队离店的时间及收行李的时间。

（三）服务步骤

团队客人离店的行李服务步骤如表 4-4 所示。

表 4-4　团队客人离店的行李服务步骤

程　　序	标　　准
收取行李	在规定的时间按照团号、房号收取客人的行李
行李装车、核对行李	行李收齐后拉到指定位置,与领队一起核对行李件数是否相符,若相符请领队签字确认
行李交接	与行李押运员检查、清点行李,做好行李移交手续
行李搬运上车	
填写"团队行李登记表"并存档	

实训项目五：贵重物品的保管服务

（一）实说目的

通过贵重物品保管服务实训项目的训练,了解贵重物品保险箱设置的目的和用途,掌握住店客人贵重物品保管服务程序与标准。

（二）准备工作

贵重物品保险箱、登记卡、记事本。

（三）服务步骤

贵重物品的保管服务步骤如表 4-5 所示。

（四）要点及注意事项

(1) 贵重物品的保管属于饭店提供的有偿服务,要向客人介绍保险箱的收费标准。

(2) 告知客人一定要妥善保存保险箱钥匙,如遇丢失,立即告知前台;按照饭店要求或与客人商议给予一定的赔偿。

表 4-5 贵重物品的保管服务步骤

程 序	标 准
主动迎候客人	客人前来保存贵重物品,主动迎接问好; 向客人介绍保管方法和注意事项
为客人建立保险箱	请客人出示房卡或钥匙牌证明其本店客人身份 请客人填写保险箱登记卡并填上箱号
存入	检查登记卡无误后交给客人保险箱钥匙, 保管员与客人同时将钥匙插入打开保险箱,由客人将贵重物品放置妥当,保管员退后不得观看
上锁	当着客人的面锁上保险箱,将其中一把钥匙交予客人并告知妥善保存
登记	在保险箱登记本上逐项填写登记记录

实训项目六:贵重物品的开箱服务

(一)服务步骤

贵重物品的开箱服务步骤如表 4-6 所示。

表 4-6 贵重物品的开箱服务步骤

程 序	标 准
主动迎接客人	请客人出示房卡、保险箱钥匙
填写贵重物品寄存单	请客人逐项填写寄存单; 认真核对客人签名,笔迹一致方可开箱取物
开箱	将两把钥匙同时插入保险箱,当着客人的面将贵重物品取出,检查是否有遗漏物品
登记、收回钥匙	在贵重物品保管登记表上签字; 收回客人的保险箱钥匙
检查钥匙	检查钥匙并放归原处

(二)要点及注意事项

若客人将保险箱钥匙遗失,又要取出贵重物品时,必须征得客人赔偿的同意后,在客人、当班保管员、饭店保安人员在场的情况下,由饭店工程部的有关人员将保险箱的锁做破坏性处理,并做好记录。

实训项目七:行李寄存服务

(一)实训目的

通过行李寄存服务项目的实训,使学生了解行李寄存的基本知识,掌握行李寄存的程序和标准,达到熟练应用的目的。

(二)准备工作

(1)行李房保持清洁。

(2) 行李寄存单。

（三）服务步骤

行李寄存服务操作步骤如表 4-7 所示。

表 4-7　行李寄存服务操作步骤

程　序	标　准
礼貌询问	礼貌询问客人的住房号、姓名，请客人出示房卡
检查行李	检查行李是否属于本饭店寄存范围之内
登记	请客人填写行李寄存卡，确认无误后请客人签字，下联交给客人留存
收拾行李	整理客人寄存的行李
在"行李寄存记录本"上进行登记	注明行李的件数、位置及领取日期

（四）要点及注意事项

(1) 行李房严禁非行李员进入，钥匙由专人看管，做到"人在门开，人走门锁"。

(2) 饭店寄存物品属于免费服务，要弄清寄存物品的范围：易燃、易碎、易爆、易腐烂物品和化学药品、枪支弹药、现金、珠宝首饰等贵重物品不属于寄存范围。

(3) 提示客人将行李锁好。

(4) 行李摆放的原则：将短时间寄存的行李放在易于搬运的地方；同一客人的行李用绳连在一起，避免拿错。

实训项目八：行李领取服务

（一）实训目的

通过行李领取服务项目的实训，使学生了解行李领取的基本知识，掌握行李领取的程序和标准，达到熟练应用的目的。

（二）准备工作

(1) 行李房保持清洁。

(2) 行李寄存单。

（三）服务步骤

行李领取服务步骤如表 4-8 所示。

表 4-8　行李领取服务步骤

程　序	标　准
检查寄存凭据	客人提取行李时，先请客人出示行李寄存凭证，与系在行李上的寄存卡核对，确保吻合
清点行李	当面清点行李，确保无误后交予客人，并收回行李寄存牌
签名存档	礼貌地请客人在行李暂存记录上签字
道别	帮客人把行李运送到指定地点，向客人道别

第三节　前厅总机服务程序与主要操作技能

(一) 实训实习目标

① 就已有酒店客务理论基础,给予实务上的验证。
② 经由不同角色的轮流扮演,熟悉客务部的基本操作流程。
③ 对订房、服务中心、电话总机等作业彻底了解。
④ 确立酒店中层干部的管理基础。

通过对客服(总机)服务实训项目的训练,学习总机服务的基本知识,掌握总机各项服务的程序和标准,达到熟练运用与操作的目的。

(二) 实训实习岗位类别与工作内容

实训实习岗位类别如下。

电话总机(Switchboard,PBX)、总机(Operator)、主管(Supervisor)。

实训工作内容如下。

实训项目一：总机转接服务

(一) 准备工作

(1) 开启并检查计算机、专线电话、打印机、电话交换机,保证24小时为客人提供国内、国际电话服务。
(2) 认真查看上一个交接班的记录,做好信息沟通工作。
(3) 做好总机房的设备保养和清洁卫生工作。
(4) 准备好笔、记录本等相关工具。

(二) 服务步骤

总机转接服务步骤如表4-9所示。

表4-9　总机转接服务步骤

程　序	标　准
应接电话	转接电话要在铃响三声以内接听,主动向客人问好,自报店名和岗位
聆听电话	仔细聆听客人的要求,迅速将电话转接过去,如有必要可以请对方重述一遍,态度温和
转接电话	使用礼貌语言请客人稍等
进房间电话	务必问清楚住客的房号、姓名
等待	线路忙时,用音乐保留键播放音乐
无人接听时	向客人表示歉意,并询问是否要求留言。若留言,记录复述后,电话通知前台问讯处和行李员
挂断电话	请客人先挂断电话并道别

(三) 要点及注意事项

(1) 电话铃响三声之内必须接听电话。

(2) 尽量使用姓名称呼贵宾和客人。

(3) 来话方只知道住客姓名而不知道房号时,请其稍等,查处房号后予以转接但不告知对方房号;如果来话方只告知房号,应先核对计算机中住客信息资料,注意该房客有无特殊要求,如房号保密、免打扰信息等。

(4) 若对房号保密的客人,可先询问来话方的姓名单位,告诉房客问其是否接听;若房客不愿接听,应婉拒来话方。

(5) 若房客要求"免电话打扰",应礼貌地向来话方说明并建议其留言。

实训项目二:挂拨国内、国际长途电话服务

(一)准备工作

(1) 保证电话间整齐、清洁。

(2) 电话间内有"请勿吸烟"标志,在电话间桌子(或墙壁)上放国外、国内直拨长途电话地区代码表,并备有笔、纸供打长途电话客人使用。

(二)服务步骤

挂拨国内、国际长途电话服务步骤如表 4-10 所示。

表 4-10　挂拨国内、国际长途电话服务步骤

程　序	标　准
受理客人要求	铃响三声内接通电话,询问客人的要求,并在长途电话单上填写各项
接通电话	拨通电信局国内、国际长途台挂号,向对方通报本机号码、分机号码及客人姓名、国际和电话号码
转接电话	电话接通后转接至房间,等待电话结束
结账	开账单,在"登记单"上记录

(三)要点及注意事项

(1) 在采用程控直拨电话系统的饭店,客人可以在房间内直拨长途电话。接到总台客人到访消息后,应立即将长途线与该客房接通。

(2) 开具电话通知单和收据单并将正联送至前台,计入客人账户。

(3) 非住店客人要求打长途电话告知请到商务中心办理相关业务。

实训项目三:叫醒服务

(一)准备工作

(1) 开启并检查计算机、专线电话、打印机、电话交换机,保证 24 小时为客人提供叫醒电话服务。

(2) 认真查看上一个交接班的记录,做好信息沟通工作。

(3) 做好总机放的设备保养和清洁卫生工作。

(4) 准备好笔、记录本等相关工具。

(二)服务步骤

叫醒服务步骤如表 4-11 所示。

表 4-11　叫醒服务步骤

程　序	标　准
受理叫醒服务	接到叫醒服务要求的电话,把客人的房号、叫醒时间与客人进行确认
填写叫醒记录	将客人的叫醒时间、房号准确无误地填写在叫醒记录本上
输入叫醒信息	将叫醒信息及时输入定时叫醒器上
夜班话务员	夜班话务员将叫醒记录按时间顺序整理登记在交接本上
检查叫机设备并开机	按照最早的叫醒时间开机,检查叫醒记录
开始叫醒	叫醒时间到,系统自动生效并打印记录
叫醒失败	5 分钟后系统会再次进行叫醒,若无人答应,应采取人工叫醒服务

(三) 要点及注意事项

(1) 准时叫醒客人,时间正负误差不能超过 1 分钟。
(2) 如有客人要求多次叫醒,话务员必须在叫醒记录表上注明。
(3) 两次叫醒均无应答,应通知房务中心,进行敲门叫醒。
(4) 多次核对叫醒记录,确保服务时间准确。

第四节　酒店商务中心专业实训

一、前厅商务中心服务工作

(一) 实训实习目标

通过对商务中心服务实训项目的训练,学习商务中心服务的基本知识,掌握商务中心各项业务的程序与标准,达到熟练操作与应用的目的。

(1) 就已有酒店客务理论基础,给予实务上的验证。
(2) 经由不同角色的轮流扮演,熟悉客务部的基本操作流程。
(3) 对订房、服务中心、前台接待、电话总机、邮电服务、商务中心、前台出纳等作业彻底了解。
(4) 确立酒店中层干部的管理基础。

(二) 实训实习岗位类别

实训实习岗位类别如下。
商务中心服务员(Business Center Clerk)、顾客关系员(Guest Relationship Officer)。

二、商务中心服务准备工作

(1) 开启并打开计算机、复印机、打印机、传真机等设备,保证随时为客人提供服务。
(2) 做好交接班的信息沟通工作,认真查看上一值班员的交接记录。
(3) 做好商务中心的设备保养和清洁卫生服务,精神饱满地准备迎接对客服务。
实训工作内容如下。

实训项目一：传真发送服务

（一）服务步骤

传真发送服务步骤如表 4-12 所示。

表 4-12　传真发送服务步骤

程　序	标　准
受理服务	仔细询问客人发传真的地点，并向客人说明收费标准
发送传真	具体操作：纸平放在传真机上挂—挂机—音频—拨号—收到信号—启动
接收打印报告	等待传真件发送完毕并整理
结账服务	根据客人结账方式，正确填写商务单
账后工作	将前两联交给前台，第三联留作存根

（二）要点及注意事项

（1）传真发送地点要向客人仔细询问并重复、核对，并向客人说明收费标准。

（2）根据客人结账方式正确填写商务单。

（3）将票据前两联交给前台，第三联留作存根。

实训项目二：传真接收服务

（一）服务步骤

传真接收服务步骤如表 4-13 所示。

表 4-13　传真接收服务步骤

程　序	标　准
接收来件	认真阅读收到的传真信息，与前厅确认客人的姓名及房号
填写表格	填写"商务中心来件报表"
通知客人	电话通知客人有传真来件并派行李员送入房间，若客人不在房间，应作留言并通知总台
结账服务	根据客人的结账方式填写商务单，按照标准进行收费

（二）要点及注意事项

（1）所有传真应快速准确地通知到房间的客人，避免贻误。

（2）客人不再回收的底稿应一律销毁。

（3）送入客人房间的传真应该用信封封好，若收到的传真加盖保密字样的，应用信封封好，加盖 confidential 章。

实训项目三：商务中心复印、打印服务

（一）服务步骤

商务中心复印、打印服务步骤如表 4-14 所示。

表 4-14　商务中心复印、打印服务步骤

程　　序	标　　准
受理服务	礼貌地问候客人,询问客人的要求,并向客人介绍收费标准
复印、打印准备	开启机器,大致浏览受理的稿件
复印和打印	复印的要求:版面干净,字迹清晰,纸张符合客人的要求 打印的要求:文字正确,校对后无错误,纸张及字体符合客人要求
填写"商务服务收费单"	仔细填写单据上的各项内容,包括客人姓名、房间号及服务项目发生的费用
结账服务	按照客人的结账方式,现金结账或者通知前台记入客人账单
账后服务	将前两联交给前台,第三联留作存根

(二)要点及注意事项

(1) 复印的要求:版面干净,字迹清晰,纸张符合客人的要求。

打印的要求:文字正确,校对后无错误,纸张及字体符合客人的要求。

(2) 仔细填写单据上的各项内容,包括客人姓名、房间号及服务项目发生的费用。

(3) 将前两联交给前台,第三联留作存根。

实训项目四:商务中心票务服务

(一)准备工作

(1) 准备不同面值的邮票,根据客人要求,出售给客人所需面值、图案和数量的邮票。

(2) 每天早上与前厅交接昨晚或当日所收客人交寄的信件,核对邮票和信件是否相符。

(二)服务步骤

商务中心票务服务步骤如表 4-15 所示。

表 4-15　商务中心票务服务步骤

程　　序	标　　准
问候客人	主动问候客人
了解客人订票要求	礼貌地询问客人订票细节,包括航班、线路、日期、车次、其他选择及其他要求
查询票源情况	通过计算机快速查询,如果客人所期望的航班、车次无票源,应向客人致歉并询问客人是否可以延期
办理订票手续	请客人填写登记单,礼貌地请客人出示有效证件
出票及确认	请客人对所出票据进行确认,礼貌地请客人支付所需费用
道谢及送别	向客人道谢并送别客人

(三)要点及注意事项

(1) 仔细聆听客人的订票要求。

(2) 客人填写登记单时,应对客人不明白之处予以耐心解答,帮助其填写。

(3) 认真核对登记表和客人的有效证件。

第五节 前厅常见疑难问题的处理

1. 客人对酒店账单提出异议时应如何处理?

参考答案:

① 总台收银员应保持礼貌,询问客人对哪些收费项目和数额存在异议;

② 仔细核对相关部门的账单,找出异议的根源;

③ 如果客人是对酒店的收费标准不熟悉而导致的异议,收银员要耐心地向其进行解释,使客人明确收费标准与额度;

④ 如果是酒店工作人员的工作粗心大意、收费情况不合理造成的,收银员应郑重地代表酒店向客人道歉,将账单重新核查、改正后再开出。

分值:10分,答题时间:5分钟。

评分标准:①2分;②2分;③3分;④3分。

2. 在酒店前厅登记入住检查中发现可疑的客人应如何处理?

参考答案:

① 保持冷静和镇定,态度如常;

② 在住宿登记单上做出特殊记号;

③ 安排房间时,将其分配在易于观察和控制的区域内;

④ 报告上司与安保部,并尽快与有关部门联系,进行调查和监控。

分值:10分,答题时间:5分钟。

评分标准:①2分;②2分;③3分;④3分。

3. 前厅工作人员值班时对客人的故意纠缠应如何处理?

参考答案:

① 设法迅速摆脱客人的有意纠缠;

② 礼貌地告诉客人自己现在很忙,主动找出工作做;

③ 暗示其他工作人员前来,自己借故离开;

④ 日常工作中拿捏好对待客人的分寸,不要让客人产生不必要的误会。

分值:10分,答题时间:5分钟。

评分标准:①2分;②2分;③3分;④3分。

4. 如何处理已经离开的客人的信件?

参考答案:

① 首先查询客人是否对其离开后信件的处理有所交代,如有则按其交代办理;

② 客人如无特别交代,对于急件、特快专递应转寄客人前往的下一站,或直接寄往客人家里,或立即退件;

③ 对于平信,酒店可暂时存放一阵,每天查询该客人是否再次入住,超过酒店保管期限(通常为一周)则做退信处理。

分值:10分,答题时间:5分钟。

评分标准:①3分;②3分;④4分。

5. 客人要求代办事项应如何处理?

参考答案:

① 详细了解代办要求,做到办理准确无误;

② 将代办事项的账目和手续、单据交代清楚;

③ 交办及时、回复及时,办理中间如有变动请示汇报也应及时;

④ 客人交办的工作若经过努力一时实在难以办到,应向客人做好解释并表示歉意。

分值:10分,答题时间:5分钟。

评分标准:①2分;②2分;③3分;④3分。

6. 酒店客人要求前厅对其房间号和相关情况进行保密时应如何处理?

参考答案:

① 总台当班人员应首先弄清客人需要的保密程度和级别,是部分保密、限量保密或者全部保密;

② 将客人的姓名、房间号和保密要求做好记录;

③ 通知总台有关人员和电话总机要求做好保密工作;

④ 当有人来访或查询该客人情况,接待人员应以该客人没有入住本酒店为由予以拒绝;

⑤ 公关机关或安全部门执行公务要求查询时除外。

分值:10分,答题时间:10分钟。

评分标准:①2分;②2分;③2分;④2分;⑤2分。

7. 遇到客人带走了客房中不应该带走的物品时应如何处理?

参考答案:

① 酒店一定要在客人结账前的查房中确实肯定客房中原有的物品被带走,能对客人采取措施;

② 若当值服务员查房发现客房中的一些东西(如小摆设、遥控器、床罩、毛毯等)丢失,总台服务人员应礼貌委婉地邀请客人协助酒店查找客房遗失的物品,向客人要回这些东西;

③ 总台人员说话时应顾及客人的自尊,让客人容易明白和接受;

④ 如客人对酒店的某些物品特别喜爱,酒店可核定价格收取物品的款额;

⑤ 如客人执意否认并且情绪激动时,应请其到办公室说明情况,请其对客房内遗失的物品进行赔偿;

⑥ 客人如果态度蛮横并且胡搅蛮缠,为了不影响酒店的正常营业,如果物品价值不是很大,在上级同意的情况下可做消耗处理,但应将客人列入"酒店黑名单",该客人下次入住时应对其重点注意;如果物品是具有较高价值的情况,则应请出酒店安保部出面进行处理;

⑦ 在任何情况下酒店人员都不能随意打开客人的行李、包裹,更不能对客人实行辱骂、搜身、殴打、限制行动等行为。

分值:15分,答题时间:10分钟。

评分标准:①2分;②2分;③2分;④2分;⑤2分;⑥2分;⑦3分。

8. 遇到恶劣天气时候应如何处理?

参考答案:

遇到恶劣天气,如台风、雷暴、暴雨等天气,前厅应做好以下工作:

① 接到恶劣天气的事先预报，应及时通知各相关部门（如客房部、动力部、餐饮部、安保部等）做好防范工作，并在恶劣天气来临前检查防范工作的落实情况；

② 突然来临的恶劣天气，及时联系相关部门并上报前厅部经理；

③ 迅速加强防范工作；

④ 咨询气象站、台，了解天气的恶劣程度、基本气象状况和结束期限等信息，解答客人的问题；

⑤ 加强酒店每个关键部门和地区的巡查，密切监视大堂及大门口的人员进出情况，维持好大堂秩序。

分值：10 分，答题时间：5 分钟。

评分标准：①2 分；②2 分；③2 分；④2 分；⑤2 分。

9. 对于无人认领的行李酒店应如何处理？

参考答案：

① 在酒店公共场所发现的无人行李。

提高安全警惕，报告值班经理，并通知酒店安保部人员、值班主管和前厅经理在场一起打开；检查行李是否有毒品、走私物、爆炸物、危险品，验证其安全性，如属危险的行李物品，交相应部门（安全、卫生等部门）处理；如属正常行李，根据行李内的线索查找失主；行李如果属于没有价值的物品，则征得上级同意后可做丢弃处理。

② 在客人已退的房间中发现客人遗留的物品行李。

首先通知前厅领办和主管进行检查，核实其物品，寻找其主人的相关线索；客人遗留的行李物品如具有较高的价值，应根据查找到的客人住址、电话进行联系，根据客人要求送回行李并收取一定的保管费，在行李未取走之前叫行李房妥善保管；客人遗留的物品若是无价值的东西，则经请示后将其丢弃。

③ 行李房中超期而无人认领的行李。

行李超过寄存期限而无人认领，酒店应根据行李寄存单上的客人信息与其联系，询问其对行李处理的意见；如无法联系到客人，这些行李则按房间遗留行李的处理方法进行处理；当行李超过酒店规定的保存期限，又无法找到失主的情况下，可按照业内通常做法进行拍卖。

分值：10 分，答题时间：5 分钟。

评分标准：①3 分；②3 分；③4 分。

10. 客人要求对酒店一般的退房时间进行变通，这样可行吗？

参考答案：

(1) 酒店一般的退房时间是这样的：

① 客人通常应在中午 12 时之前结账离开；

② 客人结账时间超过 12 时但在 18 时之前结账，酒店加收半天房费；

③ 客人超过 18 时结账，酒店加收一天的房费。

(2) 有些客人由于活动安排需要在酒店多休息 1~2 个小时，对于酒店要加收半天的房费觉得不公平，进而对酒店要求免费多休息 1~2 个小时，这时酒店可行的应对之策是：

① 如该客人是酒店的常客，可向大堂副理报告，在酒店入住率不高、存在大量空房的情况下可满足客人的变通要求，并向其说明是特别的优惠对待；

② 酒店可设部分钟点房,将客人多停留的时间按小时收费,使客人有公平感;
③ 少数酒店将退房时间安排在下午14时或16时,避免客人的不方便和不公平感。

分值:10分,答题时间:5分钟。

评分标准:①5分;②4分;③3分。

11. 酒店客人结账时,所付款额中出现假钞时应如何处理?

参考答案:

① 收银员发现假钞(包括假人民币和假外币)时,对客人的态度应保持礼貌,处理问题应讲究语言艺术;
② 请客人稍等片刻,立即报告前厅主管或经理;
③ 将客人请入办公室,查清假钞的来源;
④ 如果客人使用的假钞数量不大(只有一两张),并且有合理的解释证明其并不知情,酒店可没收该客人的假钞并出具没收证明(要取得银行授权),同时再请客人用真钞结清账户后,在该客人的酒店住宿档案中进行记载备查;
⑤ 如果该客人使用的假钞面额大、数量多,甚至出现连号的情况,应请公安部门协助调查,调查期间需请客人协助。

分值:10分,答题时间:5分钟。

评分标准:①2分;②2分;③2分;④2分;⑤2分。

12. 酒店前厅可在什么情况下安排客人的"加床"?

参考答案:

"加床"是指在一定时期内对特定客房额外临时配套的床,一般使用席梦思床垫、钢丝折叠床、沙发床等较为简单的床具,价格不高但舒适度低,按床位收费。酒店一般不应主动提供加床,当客人需求提供加床时,应符合下列情况:

① 适逢旅游旺季,酒店床位紧张,征得客人同意的情况下可加床;
② 同性、同行的客人两位以上,要求同住一间房间的情况下可加床;
③ 提高酒店的经济利用率,尊重客人的客房使用权和隐私权,酒店不可使用空房配置加床,也不可将加床安放在其他没有关系的客人房间内。

分值:10分,答题时间:5分钟。

评分标准:①3分;②4分;③3分。

13. 前厅接待员通常按照怎样的顺序为客人安排房间?

参考答案:

通用的安排顺序为:

① VIP(重要客人、贵宾);
② 有特殊要求的客人;
③ 团队宾客,其顺序又分为政府邀请的团队客人、豪华集团队客人、一般团队客人;
④ 已经订房的客人,其顺序又可分为常客、在酒店住宿期较长的客人、其他客人;没有办理订房手续而直接抵达酒店的客人。

分值:10分,答题时间:10分钟。

评分标准:①3分;②3分;③2分;④2分。

14. 如何预防客人的拖延付款?

参考答案:

从酒店的管理来说,客人通常是离开酒店才付账,因此在住店期间,酒店是将产品和服务赊销给客人,为预防客人的拖延付款,采取以下措施:

① 建立酒店工作人员对宾客账款的新认识。

酒店向客人收取账款,是客人在酒店消费服务和产品的代价,是酒店所提供给他的服务的货币表现,酒店工作人员作为酒店的代表,应该堂堂正正地,同时又怀有谢意地来接受宾客的付款。

② 酒店各部门通力合作,弄清客人基本情况和反常举动。

如客人到大酒店时,接待员对客人的第一印象如何?客人住宿登记单上的行李是否确实?注意客人的赊账的情况,及时正确地向上级报告客人的反常举动。

③ 适当催促和主动终止相结合。

对于那些拖延付款的客人,酒店可正式催促他付款。酒店认为客人确实失去付款能力,应及早请他结账,终止他的住宿,以便把损失减少到最低限度。这种果断的措施是预防造成重大损失,保护酒店利益的最好办法。

④ 限制预订的住宿期。

无论是预订房间的客人,还是临时来住店的客人,对于他们的预订期,应尽量短一点。尤其是对那些没有事先预订的客人,最多预定住2~3天,在这期间可根据客人的态度行为及付款的情况,逐渐延长预订时间。对于那些可能无力付款的客人,绝对不可与其签订长期的住宿契约。

⑤ 注意赊销期限。

由于客房的销售有它本身的特点,所以对实行"先住后付款"制度的饭店来说,赊销的期限应尽量缩短,这是非常重要的。部分饭店实行"一周清账"的制度,但对于那些可能无力付款的客人或在短期内账单上的数目就很大的客人,可以在任何时候请客人付款。

⑥ 客人结账后,一般情况下,应该先付款后离店,不能先离店后付款。

分值:10分,答题时间:10分钟。

评分标准:①1分;②1分;③2分;④2分;⑤2分;⑥2分。

15. 如何防止SKIPPER?

参考答案:

住店不付钱(即住店走单),英文称为"SKIPPER",对于酒店业来讲是常见的情况,其预防措施有:

① 弄清SKIPPER的行为规律。

尽量在事情发生前采取措施,以便发生意外时,可以把酒店的损失控制到最低限度;如只住一夜的SKIPPER最为常见,对部分单日住客就应根据情况加以特别注意,或要求其提供担保。

② 注意预约客人。

有的人为了取得饭店的信任,在预约时冒充某单位某人住宿。酒店前厅的接待员或预订员应通过电话对该单位、该人员进行核实。

③ 注意客人在住宿登记时是否作假。

在客人住宿不付钱的事情中,往往会发现当事人护照及其他有效证件号码、地址是伪造的。因此,住宿登记的接待员一定要核实客人的姓名、地址、护照及其他有效证件的号码等。

④ 注意行李少的散客。

世界上许多国家的酒店都在住宿登记卡上特别指出:"只携带少量行李的客人,请先付住宿费。"这是为了保护酒店本身的利益而采取的做法,使行李成为客人向酒店赊销服务和产品的担保。对于有行李的客人,应注意防止其在行李上做手脚。

分值:10分,答题时间:10分钟。

评分标准:①2分;②2分;③3分;④3分。

16. 曾经"走单"的客人现在重新要求入住酒店,应如何处理?

参考答案:

① 明确提醒客人,请其付清上次的欠款;

② 登记入住时应收取客人的消费保证金;

③ 通知酒店相关部门密切注意客人的动向,防止再次"走单"。

分值:10分,答题时间:5分钟。

评分标准:①3分;②4分;③3分。

17. 前厅工作人员处理投诉的基本原则是怎样?

参考答案:

① 应当知道,客人对酒店的投诉是正常现象,是客人对酒店信任的表现,正确的处理投诉是酒店提供高质量服务的保证。只有拥有上述对客人投诉的正确认识,才能处理好客人的投诉;

② 不同客人进行争辩,不和客人发生争执;

③ 选择适当的处理投诉地点,尽量不要在公共场所接受客人的投诉;

④ 理解客人的心情,在客人讲述期间不要打断,客人讲述完毕应对其遭遇表示同情;

⑤ 全心全意为客人解决问题,努力识别和满足他们的合理要求,赢得客人的尊重和好感;

⑥ 积极维护酒店利益,不推卸责任或随意贬低酒店其他部门的工作;

⑦ 通过面对面的沟通与对客人的关心、体谅与照顾,同时采取必要的解决措施,平息客人的怒火,解决投诉问题。

分值:10分,答题时间:5分钟。

评分标准:①1分;②1分;③1分;④1分;⑤2分;⑥2分;⑦2分。

考核时间:　　年　　月　　日　　考评师(签名):

 案例分析

无声的交流

某饭店住着一位非常有气质的女士,同时,也是饭店业的行家。她刚入住饭店时,就给房务部提出了60多条的意见、建议及要求。根据客人的习惯和要求,房务部特别安排了房务员孙秋芬小姐负责该房间的清理服务工作。小孙不孚众望,像对待自己的亲人一样来关照客人。

一天,小孙在清理房间时,发现客人将一件穿过的衣服放在卫生间,小孙很自然地帮客人洗好,并留下纸条:"天天见您工作很忙,衣服已洗好,现挂在衣柜里。"客人回来后,看到这一切,非常感谢,放下10元钱,并留言"请收下我的谢意"。小孙没有收钱,只是附纸条说"不用谢,请您注意休息……"客人再次被感动,留言讲:"从你身上,我看到了'东方'的服务魅力,来潍坊,还住'东方'。"

就这样,也正是这"此时无声胜有声"的细节服务,为饭店又留下了一位忠实客人。

思考题:

客人投诉的一般心理动机包括哪些?

评析:

1. 求发泄的心理:客人认为自己受到不公正地对待,投诉的目的是为了维持心理平衡,发泄心中的愤怒、委屈与羞辱感。

2. 要求尊重的心理:客人要求得到理解、尊重和道歉,保全和尊重其自尊心和荣誉感,尽快采取相应措施解决其问题。

3. 要求补偿的心理:客人认为自己的精神和物质上受到了某种损害,希望得到某种形式上的补偿。

(资料来源:东方饭店事例调查,2011年)

本章小结

本章主要介绍了前厅部行李服务实训模块:散客到店的行李服务、散客离店的行李服务、团队客人抵店的行李服务、团队客人离店的行李服务、行李寄存服务、行李领取服务。前厅总机服务实训模块:总机转接服务、挂拨国内、国际长途电话服务、叫醒服务。前厅商务中心服务实训模块:传真接收服务、传真接收服务、商务中心复印、打印服务、商务中心票务服务。贵重物品保管服务实训模块:贵重物品的保管、贵重物品的开箱服务等。掌握酒店前厅的基础技能是做好酒店实务的根本与必要条件。

本章思考题

1. 本章的服务实训模块的内容有哪些?
2. 本章的服务实训模块的服务程序与服务标准是什么?

实战演练

1. 实战内容:饭店前厅管理专业职业技能测试库。
2. 测试目标:测试学生在饭店前厅工作中的规范服务、应变能力、业务知识等方面的实际能力和技巧的应用水平。
3. 测试对象:饭店管理专业二年级学生

4. 测试时间：5 分钟。
5. 测试成绩：如表 4-16 所示。

表 4-16 前厅服务员基本礼仪

项目编号	测试项目名称	测试内容	测试要求	测试分值	实际得分
1	前厅服务员基本礼仪规范	1. 仪容、仪表 2. 站姿 3. 坐姿 4. 行姿	规范 得体 自然	10 30 30 30 100	

6. 测试环境：
(1) 场地准备　面积为 40 平方米左右的厅堂或教室。
(2) 用品准备　大堂值班台（或者替代物），桌、椅（供考评人员使用）。
(3) 布置　将大堂值班台（或替代物）成 45°放置一侧，将桌椅放置另一侧，厅堂位置留出足够空间。

7. 测试流程：学生进入场地，面向考评人员站立，停留片刻，以便考评人员观察仪容、仪表；前行至大堂，保持站姿；最后走出大堂在事前准备好的椅子上落座。

8. 测试说明：
(1) 人员组织　1 人/组。
(2) 评分等级　85 分以上优秀，70～85 分良好，60～70 分合格，60 分以下不合格。
评分要点如表 4-17 所示。

表 4-17 评分标准

序号	考核项目	考核要点	分数	评分标准
1	仪容、仪表 (10 分)	着工装	4	整洁得体、纽扣齐全
		发型、面容、饰物	4	整齐、无头屑，男发长不盖耳不留胡须，女化淡妆
		服务牌	1	佩戴在外衣左上方
		皮鞋	1	黑色、洁净
2	站姿 (30 分)	体态	6	保持身体正直、挺胸收腹
		双肩	6	齐平、自然放松
		目光	6	正视前方
		双手、双臂	6	自然下垂、双手可后背或腹前相握
		双脚	6	男服务员双脚并拢或微叉，女服务员双脚并拢呈"V"字形

续表

序号	考核项目	考核要点	分数	评分标准
3	坐姿 (30分)	上身	5	保持正直,微挺身
		双肩	5	自然放松齐平
		椅子部位	5	坐在2/3处
		双膝	5	男服务员展开不过肩,女服务员双膝并拢
		双手	5	相握于腹前或平放在膝上
		双脚	5	男服务员双脚并拢或微叉、女服务员双脚并拢呈"V"字形
4	行姿 (30分)	上身	6	保持正直,微挺胸
		头部双肩	6	不摇头晃肩,自然放松
		目光	6	平视正前方,不低头
		双臂	6	自然伸直、放松,大臂带小臂,随步幅轻松摆动
		步幅	6	男服务员步幅大约40厘米,女服务员大约30厘米
合计			100	

第五章
酒店客房专业实训

【实训项目】
1. 常用的服务流程；
2. 服务程序与服务标准。

【实训目标】
1. 了解客房部与相关部门的联系；
2. 训练观察、判断与搜集相关资料的能力；
3. 培养具有督导并训练基层服务员每日工作的能力；
4. 培养沟通与领导能力；
5. 训练从事房务领班每日工作实务。

【实训时间】
实训教学 4 学时。

【实训方法】
教师讲授为主，学生按要求搜集资料，小组讨论并互评，教师指导并点评。

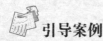 引导案例

客房服务的细微点

一位住在北京友谊宾馆敬宾楼 4 楼的海南客人，给酒店的服务中心打电话："我是 405 房。我这里来 3 位客人，请酒店送 8 罐冰冻牛奶红茶。"客人是在《服务指南》中知道服务中心电话的。

3 分钟后，门铃响起，一名男服务员托着一个大盘子，上面放着 8 罐冰冻牛奶红茶。他轻轻放到沙发间的茶几上，便退出了房间。

又过了 4 分钟，405 房响起电话铃声。客人拎起话筒，电话里传来清脆悦耳的声音："我是服务中心。刚才接到先生的来电，要送冰冻牛奶红茶，我想知道牛奶红茶是否已经送到？"对方似乎是一位中年女性。

当她被告知客人的要求已经得到满足后，又说："酒店的服务中心 24 小时为客人服务，随时恭候客人吩咐。先生如果还需要我们效劳，只要拨个电话便可。"挂上电话之前服务中

心那位中年女性没有忘记祝愿客人和来访的朋友晚安。

思考题：

友谊宾馆客房服务体现了什么特点？

（资料来源：管理无忧网 http://www.vic365.com, 2011）

第一节　酒店客房服务流程与相关要求

客房部又称管家部，客房部是现代酒店的一个重要职能部门，它的主要职责是组织生产客房产品，为客人提供优质的服务。

一、客房部的主要任务

(1) 保持房间干净、整洁、舒适。

(2) 提供热情、周到而有礼貌的服务。

(3) 确保客房设施设备时刻处于良好的工作状态。

(4) 保障酒店及客人生命财产的安全。

(5) 负责酒店所有布料及员工制服的保管和洗涤工作。

二、客房管理的基本要求

（一）宾至如归

(1) 创造一个安静的环境。

(2) 给客人以家庭温暖。

（二）舒适典雅

(1) 空间充足，布局合理。按照国际标准，双人标准间建筑面积为：中低档酒店为25平方米，中档偏上酒店为36平方米，豪华酒店为47平方米。酒店客房的空间充足能够让客人住得更舒适，客房的布局要与时俱进，利用新技术，设备不断更新。

(2) 设施完善，装饰精致。装饰装修应该体现出一定的品位和档次，让客人有物超所值的感觉。

(3) 保养完好，运转正常。凡是提供给客人使用的必须是有效的，这就要求酒店的功能布局要合理，设施要配套，设备要完好，运行要正常，使用要方便。

(4) 用品齐全，项目配套。

(5) 清洁卫生，安全可靠。

三、客房部的功能划分

（一）客房的种类划分

1. 按房间及床位划分

(1) 单人间

单人间（Single Room）。这种房间面积为16～20平方米，内由卫生间和其他附属设备

组成。房内设一张单人床,单人床一般有 3 种:

① 单人床(Single Bed)。

② 大床(Double Bed)。

③ 沙发床(Sofa Bed)。

(2) 大床间

大床间(Double Room,Double Bed),这种客房中,放置一张双人床,是酒店中最小的客房,房内有独立的卫生间,适用于单身客人或夫妻,新婚夫妇使用时,称"蜜月客房"。

(3) 双床间

双床间(Two-Bed Room),这种房间配备两张单人床,称为"标准间"(Twin Room)。可供两位客人住宿。酒店绝大多数的客房都为标准房。

(4) 三人间

三人间(Triple Room),一般配备三张单人床。

(5) 套间

套间(Suite Room),一般是由两间或两间以上的房间(内有卫生间和其他附属设施)组成。

① 普通套房(Suite),一般是连通的两个房间。一间是会客室,一间是卧室。卧室内设两张单人床或一张双人床。这样的房间适合夫妻或旅游团住用。

② 豪华套房(Deluxe Suite),此类套间十分注重装饰布置,房间气氛及用品配备,以呈现豪华的气派。由 3~5 间或更多房间组成,有两个卧室各带卫生间、会客厅(餐室)和书房,有的还有会客室、餐厅、办公室及厨房等。卧室中配置大号双人床或特大号双人床。

③ 复式套房(Duplex),由楼上、楼下两层组成,楼上为卧室,面积较小,设有两张单人床或一张双人床。楼下设有卫生间和会客室,室内有活动沙发,同时可以拉开当床。

④ 总统套房(Presidential Suite),总统套房由多间客房组成(通常有 5 个以上房间),室内设备和用品华丽、名贵,走廊有小酒吧。两个卧室分开,男女卫生间分开。套房内分总统房、夫人房、随从房、警卫房,另有客厅、办公室、会议室、娱乐室、书房、健身房、餐厅、厨房等。男女卫生间分用,还有桑拿浴室、按摩浴池等高级设施。整个套房装饰高雅豪华,有的还有室内花园。

有的时候酒店方面会应客人要求,把相邻的两间客房或相对的两间客房一同租给客人使用,称为组合客房。这是一种根据需要专门设计的房间,每个房间都有卫生间。有的由两个对门的房组成;有的由中间有门有锁的隔壁两个房间组成;也有的由相邻的各有卫生间的 3 个房间组成。此外,还有残疾人客房、多功能客房等。

2. 按房间在酒店所处的位置划分

① 外景房(Outside Room)

② 内景房(Inside Room)

③ 角房(Corner Room)

④ 相邻房(Adjoining Room)

⑤ 连通房(Connecting Room)

3. 按房间经济等级划分

① 经济间

② 标准间
③ 豪华间
4. 特殊客房楼层的配置
客人的多元化需求使酒店除拥有各种基本房间类型以外,还必须配置各种特殊房间或楼层。

(1) 行政楼层

行政楼层又可称为商务楼层,简称 EFL(Executive Floor),其特点是:以最优良的商务设施和最优质的服务,为商务客人能高效率地投入紧张的工作提供一切方便。

行政间多为一张双人床,此类型房间单独为一楼层,并配有专用的商务中心、咖啡厅。除行政间外,酒店还设有商务间,商务间比行政间档次稍低一些。商务间房内设两张单人床或一张双人床,房内可以上网,满足商务客人的需求。

(2) 女士客房

所谓女士客房,是根据女士的心理和生理、审美观等特点专门为女士设计的客房。这有别于传统的客房,主要体现在使用者的性别限制上。

女士客房产生的原因有很多,但最主要的是女士在现代社会中的地位越来越突出,而且随着经济的独立,导致其价值观念发生了巨大的转变。女士客房的特点主要是从客房的设计上体现出来的:传统客房的设计是从大众化角度考虑的,尤其是为酒店的主要住宿者男性考虑的。

所以突破传统的思想,建造完全满足女性宾客要求的女士客房,必须充分考虑女士的审美观、爱好等多方面因素。

(3) 无烟楼层

专供非吸烟宾客入住,并为宾客提供严格的无烟环境的客房。在无烟楼层的客房不仅是指房间里没有烟灰缸,楼层有明显的无烟标志,而且还包括进入该楼层的工作人员和其他宾客均是非吸烟者;或者对于吸烟的房客而言,其在进入该楼层或房间时被礼貌地劝阻不吸烟。

(4) 残疾人客房

残疾人旅游住宿问题已经不是一个酒店的待客问题,在我国的《旅游酒店星级的划分及评定》,对残疾人的设施要求也作了基本的规定。

① 电梯

电梯的设置与安装应该考虑到更多残疾人的方便使用。如应安装横排按钮,高度不宜超过1.5米;在正对电梯进门的壁上安装大大的镜子;使用报声器等。

② 客房

客房出入无障碍,门的宽度不宜小于0.9米;门上不同的高度分别安装窥视器;床的两侧应该有扶手,但不宜过长;窗帘安有电动装置或遥控装置。房内各电器按钮或插座不得高于1.2米;如果没有特殊残疾人楼层的酒店,对于残疾人客房位置的选择不宜离电梯出口太远。

③ 卫生间

卫生间门的要求和客房一样,出入一样无障碍;门与厕位间的距离不小于1.05米,云石台高度在0.7米左右,且下面不宜有任何障碍物。坐便器和浴缸两侧装有扶手,且扶手能承受100千克左右的拉力或压力等。

（二）客房各功能区及设备用品

1. 客房功能布局的原则

（1）安全性

（2）健康性

（3）舒适感

（4）效率

2. 客房的功能布局与主要设备

从功能上看，客房一般具备睡眠、盥洗、储存、办公、起居5个功能，因此，在空间布局上，也就相应的划分为5个基本区域，即睡眠区、盥洗区、储存区、办公区、起居区。

（1）睡眠区

睡眠区是客房最基础的组成部分，从高档次房间到经济型客房都必须有这个区域的存在。这个区域的主要设备是床和床头柜。床的数量与规格不仅影响其他功能区域的大小与构成，还体现了客房的等级与规格。床的尺寸越大，客房等级越高，酒店等级也越高；反之亦然。床的质量直接影响客人的睡眠质量。

床头柜也称"控制面板"，柜上装有电视、音响、空调、顶灯和DND灯等设备的开关，下面隔板上摆放一次性拖鞋和擦鞋纸。

（2）盥洗区

盥洗区是指客房的卫生间。卫生间空间独立，风、水、电系统交错复杂，设备多，面积小。主要设备有浴缸、恭桶与洗脸台三件卫生设备。由于客人的要求不同，酒店的档次不同，所以浴缸的配备要视具体情况来定。一般经济酒店也有不设浴缸而采用淋浴的。但对于高档次酒店，浴缸的选择应该从所面临的主要客源市场的要求而定。

（3）储存区

储存区的主要设备是柜子，包括衣柜（附小酒吧台）和行李柜。

衣柜一般设在客房小走廊侧面。柜门设计有拉门和移门两种，现代酒店为了增加客房面积，一般使用移门衣柜。柜内可垂直墙面挂放衣服，也设有折叠衣服安放处。为方便衣服的存放，柜内设有小型照明灯，柜门的开合可自动控制。柜底放有鞋盒，客人可将要擦的鞋放在鞋盒里面。

吧台下有迷你冰箱，冰箱内放有饮料和小食品。按国家《旅游酒店星级的划分及评定》标准，三星级以上酒店客房需配备小型冰箱，以满足客人对酒水饮料的需求。

行李柜是摆放客人行李的地方，所以一般比较矮小，在柜面上固定有金属条，以防行李的滑落。

（4）办公区

标准客房的办公区在床的对面，以写字台为主。写字台面比较长，一侧可放置电视机。写字台也可兼做化妆台，所以在写字台上方的墙面上安装有大镜子。写字台面上有文件夹，里面有一些简单的办公用品，如纸、笔、信封等，也有酒店服务设施的一些介绍。

（5）起居区

酒店客房等级不同的最大差别取决于起居休息空间的不同。标准客房的起居区一般在窗前,由沙发(或扶手椅)、小餐桌(或茶几)组成。套房一般设有独立的起居空间,沙发的数量可增加,方便客人会客之用。

3. 各功能区的主要设施设备

(1) 睡眠区

① 床(Bed)

席梦思床垫,中式床有一张床单,一床棉被,两个枕头。西式床有两张床单,一床毛毯,一床套,两个枕头。

我国星级酒店客房用床的行业标准规定:一星级酒店、二星级酒店的床宽、长不低于900mm×1900mm;三星级酒店的床宽、长不低于1000mm×2000mm;四星级酒店、五星级酒店的床宽、长不低于1100mm×2000mm。

② 夜灯(Night Light)

③ 壁灯(Wall Lamp)

(2) 起居区

① 茶几(Tea Table)

② 扶手椅(Arm Chair)或沙发(Sofa)

③ 落地灯(Standing Lamp)

(3) 办公区

① 写字台(Writing Desk)

写字台抽屉内有针线包、宾客指南服务、宾客指南夹、客房送餐卡等物品。

② 椅子(Chair)

③ 台灯(Desk Lamp)

④ 电视机(TV Set)

⑤ 电冰箱(Fridge)

⑥ 电热水杯

⑦ 电话(Telephone)

(4) 储存区

① 行李架(Luggage Rack)

② 壁柜(Closet)

壁柜内按每床2个西服衣架、2个裙架、2个裤架配备。此外还有洗衣袋、擦鞋篮、备用棉被两床。

(5) 盥洗区

① 浴缸(Bath Tub)

② 淋浴器(Show)

③ 水龙头(Tab)

④ 淋浴帘(Shower Curtain)

⑤ 洗脸盆(Sink)

⑥ 镜子(Mirror)

⑦ 毛巾架(Towel Rack)

方巾、面巾、浴巾按床位计各一条(大床按两条),地巾按房间数计一条。

⑧ 电源插座(Socket)
电源插座需要有防水措施。
⑨ 马桶(Toilet)
⑩ 电话机(Telephone)
⑪ 面纸巾
⑫ 卷纸架

此外,房间内还有电视柜(电视机、冰箱及VCD点播系统(VCD点播单),电视频道介绍),凉水瓶、电水煲,垃圾桶,房间装饰品(绿色植物),中央空调,国际标准型3线插座器,消防装置——天花板上设置烟感报警器、温感灭火器。

四、客房的美化装饰

客房的美化装饰就是合理运用组合多种设备、光线、色彩和艺术陈设品,在有限的空间里实现功能、气氛、格调和美感的高度统一,创造出适合客人生理和心理需求的良好的居住环境。

1. 客房的光线

光是创造室内视觉效果的必要条件,为了进一步创造良好的客房室内视觉效果,展现室内空间,增加客房室内环境的舒适感,必须对酒店客房的照明进行设计。

酒店客房应该像家一样,宁静、安逸和亲切是典型基调。

① 照度要求

一般照明取50~300lx,客房的照度低些,以体现静谧、休息甚至懒散的特点;但局部照明,比如梳妆镜前的照明,床头阅读照明等应该提供足够的照度,这些区域可取300lx的照度值;最被忽略的是办公桌的书写照明,目前还有些酒店提供书写台灯(通常是用装饰性台灯代替)给客人。

② 色温要求

3000K左右。在卧室用3500K以下的光源,在洗手间用3500K以上的光源。在卧室需要暖色调,在洗手间需要高色温,以显清洁和爽净。

③ 显色性要求

Ra>90。较好的显色性,能使客人增加自信,感觉舒适良好。

客房内照明一般有整体照明、局部照明和混合照明3种方式。常用客房照明方式一般是将(照亮全房间的)整体照明与(照亮局部范围的)局部照明相结合。作为主体照明灯具一般选用吊灯、台灯、床头灯、落地灯、投射灯等。

2. 客房色彩的选择

客房的美化装饰能否给人舒适的感觉,主要来源于色彩的选择。客房内,色彩的构成因素繁多,一般有家具、纺织品、墙壁、地面、顶棚等。为了平衡室内错综复杂的色彩关系,达到总体协调,可以从同类色、邻近色、对比色及有彩色系和无彩色系的协调配置方式上寻求其组合规律。

① 家具色彩

家具色彩是客房色彩环境中的主色调。常用的有两类:

第一类是明度、纯度较高,其中有淡黄、浅橙等偏暖色彩,还有象牙白、乳白色等偏冷色彩,明快光亮、纯洁淡雅,使人领略到人为材料的"工艺美"。

第二类是明度、纯度较低,其中有表现贵重木材纹理色泽的红木色(暗红)、橡木色(土黄)、柚木色(棕黄)或栗壳色(褐色)等偏暖色彩,还有咸菜色(暗绿)等偏冷色彩。这些深色家具显示了华贵自然、古朴凝重、端庄大方的特点。

家具色彩力求单纯,最好选择一色,或者两色,既强调本身造型的整体感,又易和室内色彩环境相协调。

② 纺织品色彩

床罩、沙发罩、窗帘等纺织品的色彩也是客房内色彩环境中重要的组成部分,一般采取明度、纯度较高的鲜艳色,以此渲染室内浓烈、明丽、活泼的情感气氛。在与家具等物的色彩配置时,可以采用色相协调的方法,如淡黄的家具、米黄的墙壁,配上橙黄的床罩、台布,构成温暖、艳丽的色调;也可以采用相距较远的邻近色作对比,起到点缀装饰的作用,获得绚丽悦目的效果。

③ 墙壁、地面、屋顶色彩

这些色彩通常充当室内的背景色、基调色,以衬托家具等物的主色调。墙壁、屋顶的色彩一般采用一两种或几种淡的彩色,有利于表现室内色彩环境的主从关系、隐显关系,以及空间整体感、协调感、深远感、体积感和浮雕感。

3. 客房色彩的对比

两种颜色并列相映的效果之间所能看出的明显不同就是对比。在观察色彩效果的同时,可以有对比差异很大的7种不同类型的对比。在装饰客房时,色彩对比运用主要有以下3个方面。

① 色相对比

色相对比就是未经掺和的原色,以最强烈的明亮度来表示的。在实际运用中,如果让一种色相起主要作用,少量其他色相作为辅助,那么就会获得非常有趣的效果。

② 明暗对比

黑色与白色是最强烈的明暗对比,它们的效果是对立的,在它们之间有着灰色和彩色的领域。如有白色沙发、墙面和天棚的客房,配上暗色的茶几、门扇、黑白相间的挂画,构成明暗对比十分强烈的、明快爽朗的环境气氛。

③ 冷暖色对比

很多试验证明,人们对冷暖的主观感觉前后者相差很大。人们在和谐的色彩搭配空间中,感觉舒适度和消除疲劳等方面也有很大的区别。如人们在蓝绿色的房间里工作,15℃时就感觉到寒冷,而在橙红色的房间里工作的人们,11~12℃时才感到寒冷。

在设计客房时,根据客房的不同功能空间,设计不同的颜色,尽量给客人创造温馨舒适的空间。

4. 客房艺术品陈设

客房艺术品的点缀不仅能够增加客房的美感,还能从视觉效果上增加客房的整体空间感。客房艺术品陈设主要是以摆设品和挂件为主。

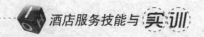

① 摆设品

客房的摆设品主要分两类：一类是能够显现出客房档次和风格的艺术品摆件，如精美的雕刻等；另一类是能够突出客房生机、改善客房环境的摆件，最常见的是植物盆景。植物盆景不仅要选择造型优美的，而且还要能够净化室内空气，对人体安全无害的，如佛肚竹、南洋衫、印度橡皮树等。在选择盆景时，切记应该选择无花的盆景，因为有花的盆景可能会使一些客人产生过敏，效果往往会适得其反。

② 挂件

室内装饰艺术品有挂画、小型手工艺品等。挂画最好选用原创的国画或油画，不管水平高低，总比计算机打印的装饰画强，值得一挂，并能从侧面体现酒店管理者的品位。小型的手工艺品也是如此。

第二节 酒店客房服务的主要操作技能

一、客房部的业务分工

（一）客房服务中心

客房服务中心一般位于客房部办公室区域，它的基本职能如下。

1. 传递信息

客房中心是客房部内部与其他部门交流信息的中心，同时，也是对客服务的中心，所有相关的对客服务及管理信息都汇集于此。中心承担着大量的信息传递工作。

2. 协调工作

客房服务中心通常代表客房部经理协调部门内部的工作，并与相关部门联络，协调各方面的工作。

3. 控制出勤

客房部所有员工均在客房服务中心签到、签离，中心负责对该工作的监督，并对出勤情况进行统计和整理。

4. 管理钥匙

客房部所有钥匙的发放、收回及保管均由客房中心负责。

5. 管理遗留物品

中心负责管理酒店所有区域内的遗留物品。

6. 管理资料

客房部的大部分资料由客房服务中心服务员整理归档。

（二）客房楼层

客房通常是酒店最主要的产品，客房楼层部分也自然成为客房部组织机构中的主体。其职能包括以下几项：

① 为前厅部及时提供符合酒店标准的客房。

② 为宾客提供礼貌、周到的服务。

③ 管理楼层区域的设施、设备。

(三) 公共区域

公共区域通常被称为 PA 组,在一些酒店也被称为厅堂组。其职能包括以下几项:
① 负责除楼层与厨房以外所有区域的清洁和保养。
② 负责楼层的地毯及软面家具的定期清洁和保养。
③ 为全店提供绿色植物及花卉的布置,负责庭院绿化。
④ 为宾客提供公用卫生间的服务。

(四) 洗衣场

洗衣场也称洗衣房,包括棉织品房和洗衣房两部分。棉织品房通常被称为布件房或布草房。其职能包括以下几项:
① 负责全酒店棉织品及制服的洗涤。
② 为住店客人提供洗衣服务。
③ 负责全酒店棉织品及制服的收发保管和修补。
④ 负责全酒店棉织品的定期盘点,并负责棉织品与制服的补充。
⑤ 负责棉织品的报废工作。对于报废的棉织品,根据情况进行改制,以充分利用其残值,避免浪费。

二、客房客务工作

(一) 实训实习目标

① 就已有酒店房务理论基础,给予实务上的验证。
② 经由不同角色的轮流扮演,熟悉房务部的基本操作流程。
③ 对订房、服务中心、前台接待、电话总机、邮电服务、商务中心、前台出纳等作业彻底了解。
④ 确立酒店中层干部的管理基础。

(二) 实训实习岗位类别与工作内容

实训实习岗位类别如下。

(1) 服务中心(Bell Service)。机场代表(Hotel Airport Representative)、门卫(Door Attendant)、行李服务员(Bell Person)、顾客服务员(Concierge)、服务中心主任(Superintendent of Service)。

(2) 前台(Front Office)。前台接待员(F. O. Agent)、出纳员(Cashier)、夜间审核员(Night Auditor)。

(3) 顾客关系员(Guest Relationship Officer)。

实训工作内容如下。

实训项目一:敲门进房

(一) 实训目的

通过敲门进房的实训,使得酒店服务人员明确保护客人隐私和免打扰客人的重要性,养成敲门进入房间前先观察和思索的好习惯,随时按照规范敲门进入客房。

(二) 准备工作

① 检查仪容、仪表是否符合酒店上岗的要求。
② 了解将要进入的客房的房态。
③ 观察门外情况,注意有否"DND"牌、"请勿打扰"指示灯或双重锁标志。

(三) 服务步骤

① 第一次敲门,用食指或中指的指关节在门的表面敲三下,并紧接着表明身份。
② 门外等候。注意房内客人反应,时间约5秒钟。
③ 第二次敲门。
④ 第二次等候,与第一次等候时间相同。
⑤ 开门,手不离开门把手,将房门推开约30°,同时再次表明身份。
⑥ 进房,注意将房门全部打开。

(四) 要点及注意事项

① 敲三下客人房门的规范要求为一轻两稍重,并有节奏感。
② 酒店有尊重和保护其客人隐私权的义务。客人入住酒店期间则享有租用房间的使用权。
③ 客房服务人员在向客人提供服务的时候,应尽量不要打扰客人。
④ 凡是房门上挂有"DND"牌时,或房门上方墙壁上亮着"请勿打扰"(Do Not Disturb)指示灯时,不能敲门进房间。到了14:00时(有些酒店是12:00),房门上仍然挂着"DND"牌,服务员可以打电话到客人房间,礼貌地询问客人是否需要整理房间。若出现无人应答的情况,很有可能是客人生病或其他问题,应立即报告客房领班或主管,并及时采取相应的措施。
⑤ 每一位酒店员工都应养成先敲门通报,征得客人的同意以后方可进房的习惯。
⑥ 进入房间以后,注意卫生间的房门是否关闭,如是关闭的,则需要敲门。

实训项目二:清扫客房

(一) 实训目的

通过清扫客房的实训,全面掌握客房清扫的要领,养成良好的操作习惯。

(二) 准备工作

① 到客房部签到并领取工作钥匙。
② 准备工作车。按酒店规定将工作车准备充足、整齐,并保证清洁卫生。
③ 准备清洁用具。检查吸尘器是否正常运行,备齐抹尘和洗刷所需的工具及清洁剂等。
④ 核实房态是否处于走客房状态。

(三) 服务步骤

1. 卧室清洁"十字诀"

① 开。开门、开灯、开空调、开窗帘、开玻璃窗。
② 清。清理烟灰缸、字纸篓和垃圾(包括地面的垃圾)。

③ 撤。撤除用过的茶水具、玻璃杯、脏布件。如果有用过的餐具也一并撤去。

④ 做。做床。

⑤ 擦。擦家具设备及用品。从上到下,环形擦拭灰尘。

⑥ 查。查看家具用品有无损坏,配备物品有无短缺,是否有客人遗留物品,要边擦拭边检查。

⑦ 添。添补房间客用品、宣传品和经洗涤消毒的茶水具(此项工作后应进行卫生间的清扫整理)。

⑧ 吸。地毯吸尘由里到外,同时对清扫完毕的卫生间地面吸尘。

⑨ 关(观)。观察房间清洁整理后的整体效果;关玻璃窗、关纱帘、关空调、关灯、关门。

⑩ 登。在"服务员工作日报表"上做好登记。

2. 卫生间清洁"十字诀"

① 开。开灯、开换气扇。

② 冲。放水冲恭桶,滴入清洁剂。

③ 收。收走客人用过的毛巾、洗浴用品和垃圾。

④ 洗。清洁浴缸、墙面、脸盆和抽水恭桶。

⑤ 擦。擦干卫生间所有设备和墙面。

⑥ 消。对卫生间各个部位进行消毒。

⑦ 添。添补卫生间的棉织品和消耗品。

⑧ 刷。刷洗卫生间地面。

⑨ 吸。用吸尘器对地面吸尘。

⑩ 关(观)。观察和检查卫生间工作无误后即关灯并把门虚掩。将待修项目记录上报。

(四) 要点及注意事项

1. 从上到下

例如,在擦洗卫生间和用抹布擦拭物品的灰尘时,应采取从上到下的方法进行。

2. 从里到外

地毯吸尘和擦拭卫生间的地面时,应采取从里到外的方法进行。

3. 环形清理

即在擦拭和检查卫生间、卧室的设备用品的路线上,应按照从左到右或从右到左,亦即按顺时针或逆时针的路线进行,以避免遗漏死角,并节省体力。

4. 干、湿分开

擦拭不同的家具设备及物品的抹布,应严格区别使用。例如,房间的灯具、电视机屏幕、床头板等只能使用干抹布,以避免污染墙纸和发生危险。

5. 先卧室后卫生间

即住客房应先做卧室然后再做卫生间的清洁卫生,这是因为住客人有可能回来,甚至带来亲友或访客。先将客房的卧室整理好,客人归来既有了安身之处,卧室外观也整洁,客人当着访客的面也不会尴尬。对服务员来说,这时留下来做卫生间也不会有干扰之嫌。整理走客房则可先卫生间后卧室,一方面可以让弹簧床垫和毛毯等透气,达到保养的目的;另一方面又无须担忧会有客人突然闯进来。

6. 注意墙角

墙角往往是蜘蛛结网和尘土积存之处,也是客人重视的地方,需要留意打扫。

实训项目三：开夜床服务

（一）实训目的

通过开夜床服务的实训,掌握开夜床服务的技能技巧,养成想宾客之所想,千方百计为客人提供高品质服务的好习惯。

（二）准备工作

① 将参加班前会时所了解的房态认真记录在表格中。
② 注意观察房门外是否有"DND"牌,并在工作表上做好记录。
③ 备好开夜床所需的早餐点餐牌、巧克力、鲜花、水果、推车等物品。

（三）服务步骤

开夜床服务通常在晚上 18：00 以后开始,也可在客人到餐厅用晚餐时进行,或按服务台的要求进行。

① 进客房要敲门或按门铃,并通报自己的身份和目的——夜床服务。如果客人在房内,则应经客人同意方可进入,并礼貌地向客人道晚安;如果客人不需要开夜床,服务员应在开夜床表上做好登记。
② 开灯,并将空调开到指定的刻度上。
③ 轻轻拉上遮光窗帘和二道帘。
④ 开床:
- 将床罩从床头拉下,整齐好,放在规定的位置。
- 将靠近床头一边的毛毯连同衬单（盖单）向外折成 45°。
- 拍松枕头并将其摆正,如有睡衣应叠好放置于枕头上。
- 按酒店规定在床头或枕头上放上鲜花、晚安卡、早餐牌或小礼品等。

⑤ 清理烟灰缸、桌面和倒垃圾;如有用膳餐具也一并撤除。
⑥ 按要求加注冰水,放入报纸或将酒店提供的浴衣摊开在床尾。
⑦ 如有加床,则在这时打开整理好。
⑧ 整理卫生间。
⑨ 检查一遍卫生间及房间。
⑩ 除夜灯和走廊灯外,关掉所有的灯并关上房门。如果客人在房内,不用关灯,向客人道别后退出房间,轻轻将房门关上。
⑪ 在开夜床报表上登记。

（四）要点及注意事项

① 上述夜床服务内容和操作程序源于美式酒店规格化,因此在具体的夜床服务中,应在了解客人的风俗习惯后加以调整和增减。例如英式夜床服务中没有开夜床,其内容仅为将床罩从床头拉下折好,然后放入规定的地方即可。

② 是否进行夜床服务,应根据酒店的档次和经营成本而定。

③ 同样,是否需要重新更换毛巾和杯具等客用品,也应根据房间的等级和经营成本而定。

实训项目四：迎客服务

(一) 实训目的

通过迎客服务的实训,掌握客房对迎客服务的礼仪礼节,使宾客有宾至如归之感。

(二) 准备工作

1. 了解客人情况

客人情况包括姓名、常驻地、国籍、人数、抵离酒店的时间等,另外,要特别注意客人的宗教信仰和风俗习惯。

2. 房间的布置和设备的检查

根据客人的要求和接待规格,对房间进行整理、布置,备好各种用品,并对布置好的房间再做一次细致的检查。

3. 迎接客人的准备

客人到达之前要根据气候调节好室温,若是晚上到达,可提前将夜床做好。

(三) 服务步骤

1. 热情迎宾(设立楼层服务台的酒店或对 VIP 客人的接待)

① 接到新客人入住信息或电梯铃响时,应迅速站到相应的位置等候客人,并注意检查一下自己的仪容、仪表。

② 见到客人,笑脸相迎,主动问好。

③ 如是新到客人,应向客人微微鞠躬行礼表示衷心的欢迎,并自我介绍,核实房号。

④ 如是住在楼层的客人外出归来,应尽量以客人姓氏称呼以示对其尊重。

2. 引领客人入房

如有行李员引领客人入房,则楼层服务员应先请客人进房休息,然后马上准备茶水和毛巾。如是楼层服务人员带客人入房则应注意以下几点：

① 接过客人的房间钥匙,帮助客人提拎行李。

② 如客人的房间在走廊的左侧,则服务员应在客人的右前方引领；如客人的房间在走廊的右侧,则服务员应在客人的左前方引领。

③ 引领过程中,如遇拐弯、上下楼梯,则应停下向客人伸手示意。

④ 在房门前,放下行李,先敲门,用钥匙打开房门,请客人入内,然后服务员提行李进入。

⑤ 进房后应征求客人意见摆放行李。

3. 介绍房间设备

① 向客人简要介绍一下房内的设备,并告知客人如有什么需要可用电话通知楼层服务台或客房服务中心。

② 需要注意的是,为客人介绍房间设备时,为避免过多地打扰客人或避免使客人产生误会,服务员应根据经验把握这样一个原则:特殊设备一定要介绍,语言得体,简明扼要。

③ 最后与客人道别并祝客人在酒店生活愉快。

④ 退出房间时应注意面朝房内将门轻轻带上。

⑤ 如果客人旅途疲劳,来不及向其仔细介绍房内设施及使用方法,应找适当机会给客人说明,以免使用不当造成不必要的损失。

4. 端茶送水

有的酒店已取消此项服务,但如果酒店要求实行"三到"服务(客到、茶到、毛巾到),要按要求做,一般都要为国内的VIP客人提供这项服务。

① 根据客房部的安排,或客人的需求,准备好相应的茶具和茶叶,并记清房号。

② 客人需要送茶水服务时可电话要求,服务员应询问客人要几杯茶,是红茶、花茶还是绿茶(酒店必备的3种茶),并记清房号。

③ 在最短的时间内做好准备,泡好茶。要点是"茶具干净,无破损;茶叶放适量,开水冲泡,七成满即可";盖上杯盖,将泡好茶的茶杯放在垫有小方巾的托盘内。

④ 用托盘送茶到客人房间。

⑤ 进门前,要敲门、通报,征得客人的同意后方可进门。

⑥ 客人开门,先说"谢谢",然后说:"让您(们)久等了。"

⑦ 将茶按先宾后主或先女士后男宾的顺序放在客人方便拿取的地方,如茶几上、床柜上、梳妆台上等,视客人坐的位置而定。从托盘内拿出茶水时应先拿外面的,后拿靠里的,杯把放在右手,同时说:"请用茶。"

⑧ 茶水全部放下后询问客人是否需要其他帮助。

⑨ 礼貌地向客人告退,离开房间,轻轻将门关上。

(四)要点及注意事项

① 未设客房楼层服务台的酒店里,引领客人入房的工作一般是由行李员来完成。

② 接待贵宾的房间,要严格按照接待规格,准备相应的鲜花、水果,以及总经理的名片等。

③ 酒店接待VIP贵宾时,待客人入房后,需要立即提供"三到"服务,即客到、茶到、毛巾到的服务。

实训项目五:送洗客衣服务

(一)实训目的

掌握客衣的收取、检查、回送各环节的技能技巧和注意事项。

(二)准备工作

① 服务人员在整理房间的时候,检查是否配齐了洗衣单和洗衣袋。

② 客房部和洗衣房应及时沟通,确保洗衣服务正常运行。

(三)服务步骤

① 房内均配有可重复使用的洗衣袋及洗衣单。

② 客人电话通知或将需洗衣物袋放在门边,服务员发现后及时收取。
③ 楼面服务员每天9:30前检查客房时,留意房内有无客人要洗的衣物袋。如有应及时收取。
④ 通知洗衣房服务员到楼层收取。
⑤ 洗衣房服务员在下午3:00后将洗好的衣服送到楼层。
⑥ 楼层服务员按房号将衣服送入客房,按酒店规定放在固定的地方。

(四) 要点及注意事项

① 要点清衣物数量是否与客人所填写的相吻合,如有偏差,当面向客人说清后纠正。
② 查衣物有无破损、特殊污点等,以免引起麻烦。
③ 看衣物质地是否会褪色、缩水。若客人要求水洗,则应向客人当面说明,后果自负。
④ 洗衣分快洗和慢洗,费用相差50%,所以要向客人说明,以免结账时出现争执。
⑤ 五星级的酒店还应提供客衣的修补服务。
⑥ 因为很多客人待洗衣服的价值远远超过洗涤费的10倍,如果衣服损坏或丢失,按洗涤费的10倍进行赔偿远不能补偿客人的损失,酒店可考虑推出"保价洗涤收费方式",即按客人对其所送洗衣物保价额的一定比例收取洗涤费。

实训项目六:托婴服务

(一) 实训目的

掌握托婴服务所需的知识和技能,应客人之需提供安全、温馨的婴儿照看服务。

(二) 准备工作

① 酒店需培训几名兼职的保育员,具备婴儿看护的必备知识,能随时为宾客提供托婴。
② 酒店需有专门的托婴服务场所,配备玩具等必备用品。

(三) 服务步骤

① 礼貌地请客人填写婴儿看护申请表。
② 详细核对客人所填表格内容,了解婴儿的基本情况和需要特别注意的盼咐事项。
③ 酒店派专门人员照顾婴儿。
④ 服务中,看护人员需要一直与婴儿在一起。
⑤ 将婴儿当面交给客人后,请客人签单确认付费。
⑥ 房务中心交接手续。

(四) 要点及注意事项

① 照看者必须有责任心,诚实可靠,并有一定的保育知识。
② 照看中,不得随便给小孩食物、饮料,按客人的要求照看小孩。
③ 在酒店规定的区域照看小孩。不得将小孩随意托他人照管。

实训项目七:擦鞋服务

(一) 实训目的

掌握酒店擦鞋服务的操作步骤和注意事项。

(二) 准备工作

① 在整理房间时,需检查房内是否已经配置相应的擦鞋篮、擦鞋垫以及擦鞋说明。
② 备齐擦鞋油、刷子等工具。

(三) 服务步骤

① 房内均备有擦鞋篮。客人将要擦的鞋放在擦鞋篮内,或电话通知,或放在房内显眼处,服务员接到电话或在房内看到后应及时收取。
② 用纸条写好房号放入鞋内。
③ 将擦鞋篮放到工作间待擦。
④ 在地上铺上废报纸,备好与鞋色相同的鞋油和其他擦鞋工具。
⑤ 按规范擦鞋。要擦净、擦亮。
⑥ 一般半小时后将擦好的鞋送入房内,放在酒店规定的地方。

(四) 要点及注意事项

① 鞋底和鞋口边沿要擦净,不能有鞋油,以免弄脏地毯和客人的袜子。
② 不要将客人的鞋送错房间。
③ 根据不同的鞋,采用不同的清洁方法。不宜用油的鞋,绝不要抹油。
④ 如果客人的鞋有破损无法处理,提示客人送鞋匠处理。

实训项目八：会客服务

(一) 实训目的

掌握会客服务的规程和注意事项。

(二) 准备工作

问清客人来访的人数和时间,是否准备鲜花和饮料,有什么特别的要求等。在客人到达前半小时做好准备。若是访客已到客人房间后才接到通知,服务人员应立即按照客人的要求提供现场服务。

(三) 服务步骤

① 按照规范敲门进房,向客人礼貌地表示问候。
② 根据人数和场地情况,将增加的椅子摆放到合适的位置。
③ 为在场的每一位客人提供茶水或饮料服务。会见期间,视情况安排专人为客人续水或加饮料。
④ 会客完毕后,主动撤除加椅。
⑤ 迅速将客人的房间收拾整理后复位。
⑥ 填写会客服务登记表。

(四) 要点及注意事项

① 未经住客同意,不得随便将客人的姓名和房号等信息告诉来访者。
② 未经住客同意,不得将来访者引进住客房,应礼貌地请客人在酒店的公共区域等候。
③ 对晚间来访的客人,服务人员应主动提醒来客在酒店规定的时间前离开客房。对于

到了规定时间仍未离开房间的访客,应礼貌地提示。对晚间需要留住客人房间的来访者,服务人员应请来访者到酒店总服务台办理登记手续。

实训项目九:离店客人送客服务

(一)实训目的

掌握客人离店时对客服务的程序和方法。

(二)准备工作

① 准确掌握客人离店的时间。
② 根据客人的要求,及时通知行李员为离店客人提供行李服务。

(三)服务步骤

1. 客人离店前的准备工作

① 掌握客人离店的准确时间。
② 在得知客人的离店日期后,要记住客人的房间号码,了解客人结账离开房间的准确时间。
③ 检查代办事项,看是否还有未完成的工作。要注意检查账单,如洗衣单、饮料单、长话费用单等,必须在客人离店前送到前台收银处,保证及时收款。
④ 同时,要询问客人离店前还需要办理哪些事情,如是否要用餐、叫醒服务、帮助整理行李等。
⑤ 征求即将离店客人意见,并提醒客人检查自己的行李物品,不要遗漏。

2. 送别客人

① 协助行李员搬运客人行李。
② 主动热情地将客人送到电梯口,代为按下电梯按钮,以敬语向客人告别。
③ 对老、弱、病、残客人,要专人护送。

(四)要点及注意事项

① 若是送别团队客人时,要按规定时间集中行李,放到指定地点,清点数量,并协同接待部门核准件数,以防遗漏。
② 服务员要准确记录要离店客人房号,及时通知行李处。有些客人因急事提前退房,委托服务员代处理未尽,服务员要认真做好记录并履行诺言。
③ 对老、弱、病、残客人,服务员要护送下楼至大门或上车。
④ 若客人已经离店后发现遗留了物品,则交到客房部统一保管,并在捡拾物品登记簿上备案。
⑤ 一般在客房部保管的物品超过3个月无人认领则可经客房部检验后处理。
⑥ 对搞不清楚是宾客遗忘的还是扔掉的物品,为了稳妥起见应先以遗忘物品处理。
⑦ 事后客人来认领丢失物品时,需在捡拾物品登记簿中填写领取时间并请客人签字。

本章小结

本章介绍了酒店客房实训实习教学目标与计划,了解了客房部与相关部门的联系。主要介绍了客房实训模块的实训敲门进房、清扫客房、开夜床服务、迎客服务、送洗客衣服务、托婴服务、擦鞋服务、会客服务、离店客人送客服务等服务实训。掌握酒店客房的基础技能是做好酒店实务的根本与必要条件。

本章思考题

1. 本章常用的服务实训模块的内容有哪些?
2. 本章常用的服务实训模块的服务程序与服务标准是什么?

实战演练

实战演练一

1. 实践内容:登录官方网站,查阅酒店客房发生的投诉资料,讨论并分析。
2. 实践课程学时:2学时。
3. 实践目的:通过网站搜集和分析资料,掌握预防常识。
4. 实践环节

第一步:以组为单位(2~3人一组),登录相关网站,查阅相关资料。

第二步:以组为单位,讨论酒店客房发生的投诉问题造成的后果。

5. 技能要求:

(1) 能够熟练应用互联网查阅资料;

(2) 能够分析酒店客房发生的投诉案例;

(3) 能够通过案例学习,归纳出酒店的预防措施。

6. 实践结果:

(1) 能够识别酒店客房发生的投诉并提前预防。

(2) 建议:通过网络案例分析,增强服务意识。

实战演练二

1. 如何应对前来住宿的酒店"黑名单"上的人?

参考答案:

酒店"黑名单"上的人主要包括曾经在酒店住宿,发生了一些不轨行为(如在住店期间有偷窃行为、使用假钞和假信用卡实施欺诈行为和逃账行为的客人),损害了酒店和其他宾客的利益,不受酒店欢迎的客人。酒店遇到这类人前来住宿,应采取的措施是:

① 发现可疑的"黑名单"上的人,迅速报告前厅主管和经理;

② 确认无误后若是以前的逃账客人,追讨以前所欠的账目,否则拒绝其入住该酒店;

③ 若是暂时不能确认,保持冷静和礼貌,请该客人在总台预付房费押金;

④ 通知酒店各部门密切注意其动向,若有不轨行为立即通知相关部门处理。

分值:10分,答题时间:10分钟。

评分标准：①2分；②2分；③3分；④3分。

2. 客人投诉的主要原因有哪些？

参考答案：

(1) 主观原因

酒店在服务和管理工作中存在的种种缺陷与不足，表现在：

① 岗位服务工作部负责，工作出现失误，对客人利益造成损害；

② 岗位服务工作不规范，服务项目不全或不属实，给客人造成不便；

③ 岗位服务态度恶劣，不尊重客人，对客人的服务要求、风俗习惯不予重视，欠缺礼仪礼貌和语言艺术；

④ 管理工作松懈，对员工素质和服务质量缺乏标准化的管理。

(2) 客观原因

酒店客观条件造成对客人利益的损害和工作的不便，如建筑设计不合理造成提供服务的不便，但短期无法得到解决；酒店的地理位置造成交通不便和通信困难；酒店定价和收费存在不合理之处；外部因素压力（如地方不合理收费、土政策等）；意外事件。

分值：10分，答题时间：5分钟。

评分标准：①5分；②5分。

3. 客人常见的投诉类型有哪些？

参考答案：

客人对于酒店的投诉通常可以分为以下几类：

① 对酒店前厅服务质量的投诉。

这一类投诉在酒店接待工作繁忙时最容易发生，如叫醒服务不准时、总机接转电话的速度太慢、行李无人搬运、服务人员没有按照"FIRST ARRIVE, FIRST SERVE"（先来先服务）原则提供服务、邮件未能及时送达客人等的投诉，都属于此类。

② 对酒店前厅服务态度的投诉。

对酒店前厅服务态度的投诉的产生有一定的背景，因为酒店前厅的工作人员和宾客都是由不同性格特点和背景的人组成的，所以在任何时间、任何场合都有可能发生摩擦。其主要种类有：前厅服务人员粗鲁的语言、不负责任的答复和行为、心不在焉的接待方式、冷冰冰的态度，乃至过分的热情都可能导致宾客的这类投诉。

③ 对酒店设施的投诉。

对酒店设施的投诉包括电梯、空调、照明、供水、供电、家具等。

④ 对酒店发生的异常事件的投诉。

包括前厅订票处无法买到车船票、机票，因天气和突发事件车船、飞机不能按时出发，酒店客房已经订完等酒店很难控制的事件。

分值：10分，答题时间：10分钟。

评分标准：①2分；②2分；③3分；④3分。

考核时间：　　年　　月　　日　　考评师（签名）：

第六章

酒店中西餐厅专业实训

【实训项目】
1. 训练同学观察、判断与搜集相关资料的能力;
2. 常用的服务实训模块的内容;
3. 常用的服务实训模块的服务程序与服务标准。

【实训目标】
1. 了解餐饮部工作任务;
2. 了解、体会和认识工作环境,体验并适应职业生活;
3. 具有督导并训练基层服务员每日工作的能力;
4. 常用的服务实训模块的内容;
5. 常用的服务实训模块的服务程序与服务标准。

【实训时间】
实训教学4学时。

【实训方法】
教师讲授为主,学生按要求搜集资料,小组讨论并互评,教师指导并点评。

 引导案例

教师的正餐

2011年9月10日,贾先生夫妇来到北京某高级宾馆的西餐厅用餐。入座后,服务员为他们端上冰水,接着问他们要什么小吃和鸡尾酒。男士不知所措地说:"小姐,我们是教师,从来没有在高级饭店吃过西餐。今天正好是教师节,我们想趁此机会体验一下吃西餐的感受,请帮我们多介绍一些情况,以免我们出丑。"

服务员王小姐听后欣然同意,并微笑着向他们介绍:"吃西餐一般要先喝一些清汤或清水,目的是减少以后喝酒对胃的刺激,然后可以按顺序要鸡尾酒和餐前小吃、开胃菜、汤、色拉、主菜、水果和奶酪、甜点、餐后饮料。实际上,不必每个程序都点菜,可根据自己的喜好和口味任意挑选。"

贾先生听罢忙用笔记录下来,并请王小姐告诉他们怎样用餐具,怎样点菜。王小姐先将

一份菜单递给贾夫人,又将一份菜单递给贾先生,简要地介绍了菜单上的内容,然后又送上酒单,告诉他们点菜后可以点酒,并耐心地介绍了相应的酒菜搭配知识。贾先生夫妇听得津津有味,还不时打断她,奋笔疾书。"还是请你为我们点菜吧!"贾先生停笔后恳切地要求着。

根据客人的要求和意愿,结合餐厅的特色酒、菜,王小姐为他们按全部程序点了血玛利鸡尾酒、冷肉、法式小面包、黄油、汤、海鲜色拉、虾排、鹿肉、牛排、红葡萄酒、甜食、冰激凌、咖啡等饮食。餐后,贾先生夫妇非常高兴地对王小姐说:"今天我们不但得到了良好的服务,而且还体会到了吃西餐的乐趣,以后一定再来这里讨教。"

思考题:
为什么客人不但得到了良好的服务,而且还体会到了吃西餐的乐趣?

评析:
餐饮点菜服务的过程,实际上也是一个饮食文化的传播过程。作为一个优秀的星级饭店的餐饮服务员,应该对这个过程的相关程序内容和文化知识有较深的了解和掌握。本例中,服务员王小姐能够为不懂西餐文化的贾先生夫妇热心服务,并为他们介绍用餐的程序、内容和方法,使其真正体会到西餐文化的乐趣,体现出了她良好的服务意识和娴熟的服务技能。

有些餐饮单位的服务员则做不到这一点,他们虽然也是按点酒、点菜的服务程序工作,但很少听到他们耐心地介绍和解释,一些需要了解进餐内容、程序和方法的客人往往还会被视为无知而遭到冷淡、讥讽和嘲笑。这就要求我们的服务员一方面加强服务意识的培养,以热情和耐心的态度为各种客人服务;另一方面掌握饮食过程中的内容、程序和方法,能够向客人系统地介绍相关的知识。这样,才能使顾客真正体会到饮食服务和饮食文化的乐趣。

(资料来源:根据身边事例编写)

第一节 餐饮实务实训实习教学目标与计划

一、教学目标

(1) 让同学了解及体会认识餐饮业的整体作业环境;且因置身于社会情境中,从事部分职业活动,使其能体验并适应职业生活。

(2) 从与他人合作中学习生活、工作及人际互动的意义。

(3) 训练同学观察、判断与搜集相关资料的能力。

(4) 培养同学的沟通与领导能力。

二、教学计划

(一) 餐饮服务(理论课程)

(1) 工作部门的人事、组织及其职责

(2) 其他相关部门的组织及职责

(3) 人际关系与部门间的沟通、协调

(4) 企业组织文化和整体运作

(5) 工作人员区域及班表排定与制作

(二) 厨房作业（厨师实践课程）

(1) 厨房设备、器皿的认识与操作

(2) 厨房流水线的规划与工作流程

(3) 厨房与外场服务的联系

(4) 菜单中菜色的成分及制作方法

(5) 出菜

(6) 领货

(三) 营业前的备餐工作

(1) 桌/座位排定

(2) 宴席/会议等场地的规划与布置

(3) 各式口布折叠及其运用

(4) 台布种类、铺设、更换及送洗

(5) 餐具擦拭、漂洗镀银及摆设

(6) 服务台用具/品补充

(7) 清洁工作

(8) 领货及存货控制工作

(9) 备用金申请、发放与保管

(四) 服务工作

(1) 订位及各式宴席工作的处理

(2) 迎宾、带位并协助顾客入座

(3) 铺口布

(4) 各种饮料认识、调制与服务

(5) 菜单认识、推荐及接受点菜

(6) 点菜单填写

(7) 出菜控制

(8) 餐饮服务与收拾

(9) 以托盘运送器物（包括不同形式托盘）

(10) 宴席服务与人员的安排与控制

(11) 酒会服务与人员的安排

(12) 会议服务与人员的安排

(13) 外卖服务与人员的安排与控制

(五) 营业后清理工作

(1) 场地复原

(2) 清洁器具与用品的使用、餐具的摆放或复位

(3) 餐盘、器具洗涤与保管

(4) 盘点

(六) 其他相关工作

(1) 顾客抱怨的处理

(2) 财务报表的认识与分析

(3) 营销作业的认识与参与

(4) 管理领导的内容与执行

第二节 托盘实训模块

托盘操作是每位餐厅服务员必须掌握的一项基本技能。在服务过程中根据工作需要,运用各种托盘装运、递送各种物品,不仅能够减轻劳动强度,提高服务工作效率,另外也体现了文明、礼貌的职业服务风范。所以,正确的托盘操作对于提高餐厅服务质量和餐厅服务水平起到了至关重要的作用。

作为餐饮服务技能的门槛,托盘也是摆台、斟酒、上菜等服务技能的基础,要想做好服务工作,就必须熟练掌握托盘的技能操作。这项技能看起来很简单,其实还是有一定难度的,要想熟练掌握这项技能,全靠平时勤学苦练。

一、托盘的种类

托盘的种类可以分为几大类:

(1) 按质地分为木制品、金属品(如银、铝、不锈钢等)、塑料制品和陶瓷制品四种。

(2) 按形状分为椭圆形、长方形、圆形等,使用时可根据托运物品的形状和重量选合适的托盘。

(3) 按规格分为大、中、小三类。大、中托盘用于装递菜品、酒水和盆碟等较重物品。小托盘一般用于沏茶、斟酒、端送咖啡等。

二、托盘实训的分类

托盘实训可分为:轻托(腰托)、重托(肩托)和端盘(徒手低托)。

实训工作内容如下。

实训项目一:轻托

轻托(腰托)就是托送较轻的物品或进行分菜、斟酒,所托的物品重量一般在 5 千克以下,因托送物品的总体重量较轻,所以称之为轻托。因为托盘的位置在皮带上方一点,又称为"腰托"或"胸前托"。轻托用途较广,需经常在客人面前操作,因此要求动作熟练、优雅和准确。轻托水平的高低往往决定了客人对饭店餐饮服务水平的评价。

(一) 实训目的

通过学习,使学生掌握餐饮工作中最基础的一项技能。在餐饮工作中使用托盘,为服务工作提供便利,同时可以展现餐饮工作者的文明操作水平。

(二) 实训内容

姿势正确,行动自如;有效控制,清洁卫生;摆放有序,动作规范;切忌双手端托或手指捏拿托盘。

(三) 实训准备

圆托盘若干,2只/组,装满水的啤酒瓶、饮料瓶、易拉罐和白酒瓶若干,计时秒表1块。

(四) 实训指导

先由教师进行示范讲解,然后将学员分成5人/组,在操作室或户外的大场地按"S"字形托盘路线进行操作练习,可按1瓶走4次、2瓶走3次、3瓶走2次、4瓶走1次的规律进行。

(五) 实训步骤及操作要领

轻托实训主要包括理盘、装盘、起托、托盘行走、托盘服务、卸盘几个环节。

1. 理盘

根据所托的托盘选择好清洁合适的托盘。如果不是防滑托盘,需要在盘内垫上干净的垫盘布,将其铺平,四边与盘底相齐,尽量做到整齐美观,防止盘内物品滑动。

2. 装盘

根据物品的形状、体积大小和使用的先后顺序进行合理装盘,以安全稳当和方便操作为宜。一般重物、高物在托盘里档(即靠向身体的一侧),轻物、低物在外档(远离身体的一侧);后用后拿的物品放在里档,先用先拿的物品放在外档。同时还要注意托盘内的物品重量分布均匀才能在托送的过程中保持托盘的整体平衡。

3. 起托

① 左手五指分开,掌心向上置于圆托盘下部,手掌自然成凹形,掌心不与盘底接触,五指与掌根的二点接触托盘,使七个接触点连成一平面。

② 左大臂与左小臂弯曲呈90°,与大臂形成直角。

③ 托盘平托在胸前,高度处于胸部下方和腰部上方的中间位置。

④ 手指和掌根部随时根据托盘上各侧面的轻重变化而做相应的调整,保持托盘的重心平稳。

4. 托盘行走

① 行走时头正肩平,上身挺直,两眼正视前方,脚步轻快;手腕要灵活,托盘不能贴腹,随着走路的节奏摆动。

② 行走时上臂不靠身体,右手随着走路的节奏自然摆动,保持重心,转向灵活自如。

③ 常步:即在厅内不拥挤的情况下走路的方法。要求步幅均匀,快慢适当,节奏适中。

④ 快步:端火候菜时急行的步法。有的菜做时要快做,上时要快上,吃时也要快吃,如拔丝类的菜,因此需要用快步。要求步幅较大,速度较快,但不能形成连跑带颠,否则既不雅观,又容易撒汤或碰撞人。

⑤ 碎步:端汤菜或托盘多用这种步法。要求步子小,速度稍快,保持身体平稳,上下前后波动小,目视前方,保证汤菜不颠不撒。

⑥ 垫步:依服务员工作的实际要求,服务员端菜上桌前应稍停,先和客人打招呼,说"菜来了",然后上半步,这就是垫步。即一只脚在前,一只脚在后,前脚进一步,后脚跟一步的行

进行走法。

⑦ 巧步：是服务员端菜行走时，对面突然走来顾客或遇到其他障碍时所用的步子。此时应一手端菜，一手护菜，灵活躲闪。这种走法不固定，随机应变，以防止发生冲撞。

总之，托盘行走时，要做到举止大方，姿态端正，步法轻快；上身要稳，下身要紧，脚步稳健，动作敏捷，不能任意而行。

5．托盘服务

① 行走时托盘可以略有摆动，但摆动幅度不可过大。

② 某些场合的某些物件，可用托盘直接递予与客人自取。

③ 服务要侧身立于客人身旁，盘悬于客位之外，严禁将托盘越过宾客的头顶，将身体的重心放于右腿，左脚后跟抬起，双脚呈"丁"字形。

④ 托盘服务时右手取拿物件。根据托盘中物品数量、重量分布的不断变化，左手手指不断移动，以便保持托盘的平衡。

6．卸盘

到达目的地后，要先将托盘一边平稳地放到工作台上，向内将托盘完全推进桌面上，再安全取出物品。

（六）注意事项

（1）时刻保持托盘干净清洁；

（2）物品摆放井然有序；

（3）重心不稳或盘中物件减少时，要随时用右手进行调整；

（4）对客服务时，托盘需悬于客位之外；

（5）严禁端托盘在餐厅内奔跑。

实训项目二：重托

重托（肩托）主要用于托运大型菜点、酒水和盘碟，一般所托的重量在10～20千克，因为盘中所托送的物品较重，故称重托。

重托的托盘一般选用质地坚固（塑胶、木制品）的大、中长方形盘。与轻托最大的不同是将托盘在肩上托，也称肩托，多用于西餐的上菜与派菜。目前国内饭店为了安全起见使用重托的不多，一般用小型手推车递送重物，既省力又方便。

重托的优点：

（1）可以托起较重的物品。

（2）托盘放在肩部容易被看到，可以及时调整避让，避免碰撞等事故发生；同时对就餐者来说，又能起到吸引视线、激发客人的联想，调节情趣之用。

（3）西餐宴会时就餐人数较为集中，派菜与切配有时使用同一托盘，而同种菜点需同时分派给不同客人，故盘中需要同时装较多的菜肴避免主客冷场。

（一）实训目的

通过本节学习，使学生掌握餐饮工作中最基础的一项技能。在餐饮工作中合理使用重托，为工作中重物的运输提供便利，同时可以展现餐饮工作者的文明操作水平和技巧。

(二) 实训内容

姿势正确，行动自如；有效控制，清洁卫生；摆放有序，动作规范；如若盘内物品用于分派，掌握好分量。

(三) 实训准备

长方形托盘若干，装满水的矿泉水瓶、饮料瓶和练习专用空盘碟若干。

(四) 实训步骤及操作要领

重托实训主要包括理盘、装盘、托盘、重托服务、落台等几个环节。

1. 理盘

由于重托的托盘经常与菜汤接触，易沾油腻，所以每次使用前都要擦洗、消毒，根据需要在盘内铺上洁净的垫布，垫布上洒上少量清水。

2. 装盘

重托装盘时，因其特点是"重"，所以要将托盘内物品分类码放均匀得体稍有间距，物品的重量要在盘中分布均匀，并注意把物品按高低、大小摆放协调；同时要注意到重托装盘时常常要重叠摆放，其叠放方法是：

① 上层的菜盘要搁在下层两盘、三盘或四盘的盘沿上。

② 叠放形状一般为"金字塔"形。如托五盘菜需叠放时，可叠成两层，下层可摆四盘，在四盘中间搁一盘。

③ 如是六个大鱼盘，可叠成三层，底层摆三盘，中层摆二盘，上层摆一盘。

④ 装盘时冷热食物分开装，咖啡壶与茶壶嘴应靠盘中央，以免溅出。

3. 托盘

① 起托时，用双手将托盘（以大方形托盘为例）一边拖移至工作台外，用右手扶住托盘一边，左手伸开五指（可以垫上垫布防止打滑）托住盘底，双腿下蹲成马步式，腰向左前弯曲，左臂弯曲成轻托姿势，左手掌调整好重心后，用右手协助将托盘托起至胸前，向上转动手腕，将托盘稳托于肩上。

② 托起后，托盘应悬空擎托于左肩外上方。盘底约离肩2厘米，盘前不近嘴，盘后不靠发。右手扶住托盘的前内角，或自然下垂随时准备排挡他人的碰撞。重托也可以用右手，根据个人习惯决定。

③ 起托、后转、擎托和放盘这四个环节都要掌握好重心以保持平衡，不使汤汁外溢或翻盘。要盘平、肩平、两眼看前方。

④ 擎托盘底稳，不晃动，不摇摆，让别人看了有稳重、踏实的感觉。

4. 重托服务

在使用重托运送菜点和餐后收拾餐具时，姿势正确，距离适当，不可将汤汁、残羹喷洒在宾客身上。收餐时，先将残余汤汁集中于一只碗或盘中，将其余餐具分类摆放。对盘中堆物大小、轻重要调度得当，分档安放，高位物品和分量重的餐具靠里档。操作时要做到平、稳、松。

① 平：就是托送时掌握好平衡，平稳轻松。行走时要保持盘内平、肩平、动作协调。

② 稳：指的是装盘合理稳妥，不要在盘内装力不能及的物品。托托盘时不晃动，行走时

不摇摆,转动灵活不碰撞,使人看了有稳重、踏实的感觉。

③ 松:就是在手托重物的情况下,动作表情要显得轻松自如。上身保持正、直,行走自如。

5. 落台

首先站稳双腿,腰部挺直,双膝弯曲,手腕移动,手臂移动,呈轻托状后,再将托盘先放在落菜台上或其他空桌上,再徒手端送菜盘上台。

(五)注意事项

(1) 时刻保持托盘干净清洁;
(2) 物品摆放井然有序;
(3) 托盘需落稳后再对客人进行服务;
(4) 严禁肩负重托在餐厅快速奔走,在行走过程中避免冲撞客人。

实训项目三:端盘

端盘也称为徒手端托。目前,餐厅普遍采用了端托形式为就餐者服务。此法主要用于西餐上菜和撤盘,一般均用左手单手端托,端时左手上下臂呈 90°,右手用于做其他工作。西餐撤盘时,右手主要用于举剩菜。由于端盘是在客人面前完成,具有表演性,要求技艺高,难度大。

目前,中餐常用于自助餐服务,其运送方便、快速,通过端盘(徒手端托)来向客人展示菜品的精致,以刺激客人的购买欲。

(一)实训目的

通过学习,使学生掌握餐饮工作中最基础的一项技能和技巧。在餐饮工作中使用徒手端托,为工作提供便利,增加餐厅卖点,同时也可以展现餐饮工作者的文明操作水平和技能。

(二)实训内容

(1) 合理运用指力、腕力和臂力;
(2) 徒手端盘。

(三)实训准备

西式大盘 4 只、西餐刀、西餐叉各 4 把。

(四)实训步骤及操作要领

徒手端托实训主要包括健手操、徒手端盘、单手端单盘、单手端两盘(碗)、单手端三盘、撤盘等几个环节。

1. 健手操

两臂伸直,双手握拳、分开、再握拳 50 次。

2. 徒手端盘

服务人员上身要垂直,两臂放松,一般用左手单手端盘(端盘时大小臂呈 90°),右手腾出做其他工作(可以在行走时随时排除前方障碍等)。

3. 单手端单盘

用食指、中指、无名指托住盘底,拇指和掌根鼓起部位压住盘边,以正常速度前进至桌前,双手朝桌面上轻放,如端鱼盘(椭圆形盘),应端住直径较短的一边,方法同上。

4. 单手端两盘(碗)

方法有以下三种。

① 用食指勾托住盘底,拇指跷起压住盘边,端起第一个盘子,用中指、无名指支撑,然后再用拇指和小指托住第二个盘,使其平稳;

② 将左手拇指压住第一只餐碟的碟边,食指和中指托住碟底,第二只餐碟压在拇指、无名指、小手指和手腕上;

③ 将左手的拇指压在第一只餐碟的边缘,食指和中指托住碟底,第一只夹在第一只餐碟和中指之间,并用无名指和小手指托住碟底。

5. 单手端三盘

将左手的拇指压住第一只餐碟的边缘,食指和中指托住碟底,空出无名指和小手指,将第二只餐碟夹在第一只餐碟与食指中间,中指和无名指托住餐碟的底部,将第三只放置与拇指、小手指和手腕三点构成的平面上。为了避免烫到手和手腕,上热菜时可以在手部和手腕上铺放服务巾。

6. 撤盘

西餐进餐结束后,应向前迈进右脚,从宾客右侧用右手完成举菜动作。

(五)注意事项

(1) 保持双手的干净清洁;

(2) 盘子摆放位置要井然有序;

(3) 严禁端托在餐厅奔跑;

(4) 重心不稳或盘子减少时,要随时用另一只手进行调整。

第三节 餐巾折花、铺台布实训模块

餐巾又名口布,是餐厅中常用的一种卫生用品,又是一种装饰美化餐台的艺术品。餐巾折花是餐前准备工作之一,主要工作内容是餐厅服务员将餐巾折叠成各种不同的花样,插在口杯或水杯之中,也可以放置在餐盘或餐碟之内,供客人观赏和用餐过程中使用。

实训工作内容如下。

实训项目一:餐巾折花

餐巾折花常用于中餐宴会,插入杯中或者放入盘中完成造型,客人取出餐巾折花花形即刻散开,方便客人取用。但是因为它有污染餐具的嫌疑,故现在用餐巾装饰台面也有它的不足之处。

(一)实训目的

通过本节学习,使学生能够熟练掌握餐巾折花的七种基本手法。餐巾折花是最基础的也是最能体现餐饮工作者个人技能特色的一项技能。在餐饮工作中合理使用餐巾折花,不仅为工作提供了便利,而且还可以烘托就餐气氛。

(二)实训内容

(1)餐巾干净整洁完好无破损;
(2)辅助工具齐全;
(3)折花动作灵巧娴熟规范;
(4)餐花摆放合理、有序、统一;
(5)餐花摆放的整体效果美观、大方。

(三)实训准备

干净餐巾若干、干净筷子两根以上、光面托盘一个。

(四)实训步骤及操作要领

折花实训主要包括:叠、折、卷、穿、翻、拉、捏等手法。

1. 叠

"叠"是退叠、折叠的意思。就是将餐巾一折二,二折四,单层叠成多层,折叠成正方形、矩形、长条形、三角形、菱形、锯齿形、梯形等各种几何形体。

这是餐巾折花的最基本手法。几乎每朵花形都要用到这种方法。其要领是:熟悉基本的造型,看准角度,一次叠成。避免反复,否则餐巾留下折痕,影响造型挺阔美观,叠的方法如图6-1所示。

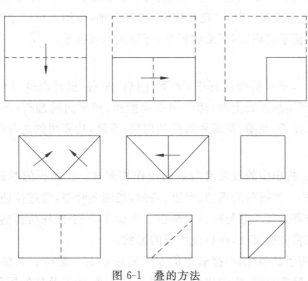

图 6-1 叠的方法

2. 折

"折"包含折叠、折裥二层意思,就是将餐巾叠面折成一裥一裥的形状,使花形层次丰富、紧凑、美观。

这是餐巾折花的一种重要技法。折裥的好坏直接影响花形的挺阔美观。折裥时,用双手的拇指、食指紧握餐巾,两个大拇指相对成一线,指面向外。中指控制好下个折裥的距离,拇指、食指握紧餐巾,向前推折到中指处。中指再腾出去控制下一个折裥的距离,三个指头相互配合向前折。所折的裥要求距离相等,高低大小一致。每裥的宽度根据花形不同而有区别,一般在 2 厘米左右。

3. 卷

"卷"是将折叠的餐巾卷成圆筒形的一种方法,可以分为平行卷和斜卷两种。

"平行卷"即是将餐巾两头一起卷拢,要求卷的平直。"斜角卷"就是将餐巾一头固定,只卷一头,或者一头少卷,一头多卷的卷法。如果按卷筒的形状来分,可以分为"螺旋卷"和"直卷"两种。前者所卷成的圆筒呈螺旋状;后者形如直筒。

卷的要领是:平行卷要求两手用力均匀,一起卷动,餐巾两边形状必须一样;斜角卷要求两手能按所卷角度的大小,互相配合好。不管采用哪种卷法,都要求卷紧。卷松了就显得软弱无力,容易软塌弯下,影响造型。

4. 穿

"穿"是使用工具从餐巾的夹层折缝中穿过去,形成皱褶,使造型更加逼真美观的一种方法。穿的工具一般用圆形的筷子,根据需要有用一根的,有用两三根的。穿之前,餐巾一般都要打折,这样容易穿紧,看上去饱满,富有弹性。

穿时,左手握住折好的餐巾,右手拿筷子,将筷子细的一头穿进餐巾的夹层折缝中。另一头顶在自己身上或桌子上,然后用右手的拇指和食指,将巾布慢慢往里拉,把筷子穿过去。皱褶要求拉得均匀。

穿筷褶皱后的折花,一般应先将它插进杯子,再把筷子抽掉,否则皱褶容易散开。所以筷子的数量要根据花形而定。如:"花枝蝴蝶"体形纤细,可用一根筷子穿;"孔雀开屏"上下两根折裥,可用两根筷子;"鸡冠花"形状粗壮,可以用三根筷子。

5. 翻

"翻"的含义较广,餐巾折叠过程中,上下、前后、左右、里外改变部位的翻折,均可称为"翻"。如将中角从下端翻折到上端;两侧向中间翻折;前面向后翻折;或将夹层的里面翻到外面等。折叠花朵、叶子、花瓣、花蕊和鸟类的翅膀、头尾,均要用到这种折法。

6. 拉

"拉"就是牵引。折巾中的拉常常与翻的动作相配合。在翻折的基础上为使造型挺直,往往要使用拉的手法。如折鸟的翅膀、尾巴、头颈,花的茎叶等,通过拉使折巾的线条曲直鲜明,花形就显得挺拔有生气。翻与拉一般都在手中操作,一手握住所折的餐巾,一手翻折,将垂下的中角翻上,或将夹层翻出,拉折成所需的形状。

在翻拉过程中两手必须配合,握餐巾的左手要根据右手翻拉的需要,该紧则紧,该松则松。配合不好,就会翻坏拉散,影响成形。在翻拉花朵瓣、叶子及鸟的翅膀时,一定要注意左右前后大小一致,距离对称。拉时用力要均匀,不要猛拉,否则往往损坏花形,前功尽弃。

7. 捏

"捏"主要用于做鸟与其他动物的头。方法是:用一只手的拇指、食指、中指三个指头进行操作。将所折餐巾巾角上端拉挺,然后用食指将餐巾角端向里压下。中指与拇指将压下的巾角捏紧,捏成一个尖嘴,作为鸟头。

(五)注意事项

(1)双手保持干净,口布整洁。

(2) 按照规范动作进行操作。
(3) 注重花形的整体效果。

实训项目二：铺台布

铺台布作为服务员最基本的服务技能之一，是餐厅服务员必须掌握的一门技术。由于中西餐饮服务中餐台的台形有所差别，因此铺台布的技能方法也有区别。台布也称桌布，有很多不同的样式和多种颜色。

以台布的质地来分，可分为提花台布、织棉台布和工艺绣花台布；从颜色来分，有白色、红色、绿色和黄色等多种。铺台布是为了保证卫生、美观而且便于服务。台布的规格是根据餐桌的大小来选择的。由于餐桌的尺寸大小不同，台布规格也要做出相应的调整。

常见的台布尺寸有：
(1) 180cm×180cm　一般供 4～6 人餐台使用
(2) 220cm×220cm　一般供 8～10 人餐台使用
(3) 240cm×240cm　一般供 10～12 人餐台使用
(4) 260cm×260cm　一般供 14～16 人餐台使用
(5) 280cm×280cm　可供 16～18 人餐台使用

在零点餐厅使用台布较多为 180cm×180cm 的正方形台布和 220cm×220cm 正方形台布，宴会厅里则以准备一些 240cm×240cm 的台布较为理想。有些餐厅在铺台布前会先铺台布垫（衬布），这样会使台布显得更平整，并且可以避免餐具的滑动。台布的常用铺设方法一共有三种，中式撒网式、中式推拉式和西式铺台式。

本节实训将中、西式铺台布结合在同一个实训项目中。在中餐宴会中一般大量使用圆形桌面，所以我们通常习惯站在副主人位铺设台布。正确地掌握铺设台布的方法有助于服务员提高工作效率，减少不必要的工作环节。

（一）实训目的

通过学习，使学生掌握餐饮工作中必须掌握的一项技能。由于在餐饮工作中使用的台形有所差别，铺台布的方法也分为推拉式和撒网式两大类。

（二）实训要求

(1) 台布正面朝上，凸缝统一方向（正直穿过主人位与副主人位）；
(2) 台布两条凸凹缝交叉点与台面中心点吻合；
(3) 台布干净平整，四边垂下的部分均匀对称；
(4) 铺台布的整个过程流畅轻巧，动作敏捷简练；
(5) 掌握各类台型铺设方法，熟悉不同台布的铺设方法。

（三）实训步骤及操作要领

铺台布实训主要包括折叠台布、撒网式铺台布操作、推拉式铺台布操作几个环节。

1. 折叠台布

方法因人而异，多为单人折叠法和双人折叠法两大类。

2. 撒网式铺台布操作

① 抖台布：服务人员面朝餐桌站立于副主人位前，双手同时将台布向两侧餐位拉开，随

后抖动台布使其尽量舒展。

② 收台布：用双手食指、中指和拇指捏住台布靠近身体一边的布角，身体略向前倾，将台布收拢于自己身前；同时将右臂略微抬高，形成左边低右边高的姿势。

③ 撒台布：身体先略微向左扭转，腰部再从左至右转动，当身体调整至正面朝向桌面时，手臂也随着腰部的转动向侧前方挥动，双手除了捏紧台布边缘的食指、中指和拇指外，其余手指迅速松开，使台布向前自然铺撒开来，很像渔民撒网捕鱼的样子。

④ 台布定位：在台布落下的过程中，三指（食指、中指和拇指）捏住台布的边缘，及时调整好台布最后的落点，达到台布均匀下垂、中心点吻合的要求。

⑤ 放转盘：台布铺好之后，将转盘底座放置于台面的中心位置，随后将转盘放于底座之上，轻轻转动并用手指测试，看看转盘中心是否有所偏斜、转动是否灵活自如。

3. 推拉式铺台布操作

① 抖台布：服务人员面朝桌面立于主人位前，双手同时将台布向两侧餐位拉开，随后抖动台布使其尽量舒展。

② 收台布：用双手食指、中指和拇指捏住台布靠近身体的一边的布角，身体略向前倾，用剩余的手指将台布迅速收拢于自己身前（类似于餐巾折花中的打褶动作）。

③ 撒台布：身体先略微向前倾，腰部微弯，双手把台布沿着桌面迅速用力地推出，推出时除了捏紧台布边缘的食指、中指和拇指外其余手指迅速松开，使台布呈放射状向前自然铺撒开来，台布放射的角度大约以80°为较佳，同时要注意掌握力度的大小。

④ 台布定位：在台布的前端刚刚过台面时，双手轻轻地调整台布偏差，在落下的过程中，三指（食指、中指和拇指）紧捏台布边缘，及时调整好台布最后的落点，达到台布均匀下垂、中心点吻合的要求。

⑤ 放转盘：台布铺好之后，将转盘底座放置于台面的中心位置，随后将转盘放于底座之上，轻轻转动并用手指测试，看看转盘中心是否有所偏斜、转动是否灵活自如。

（四）要点及注意事项

（1）铺设台布时注意动作幅度不要过大，影响到客人；
（2）更换台布时，台面尽量裸露于客人面前；
（3）铺设台布的过程中台布不能碰到地面。

第四节　餐厅与宴会服务摆台实训模块

摆台是为客人就餐摆放餐桌、餐具，确定席位是餐厅备餐工作中的一个重要环节，也是餐饮服务人员必须掌握的一门基本功。摆台工作做得如何，不仅可以反映餐厅服务人员的专业素质，而且能让就餐人员体会到餐厅的品位。摆台工作包括布置餐桌、铺放台布、安排席位、摆放餐具、装饰台面等。

实训工作内容如下。

实训项目一：中餐零点摆台

（一）实训目的

通过学习，使学生掌握餐饮工作中较复杂的一项综合技能。在餐饮工作中正确、规范地进行中餐零点摆台，为餐饮工作打下良好的基础，同时可以展现餐厅布置的特有风采。

（二）实训要求

(1) 餐具应保证洁净完好无破损；

(2) 轻拿轻放，不落地、不碰撞；

(3) 餐具摆放合理、有序、统一；

(4) 摆台过程中动作要求灵巧娴熟；

(5) 餐台摆放的整体效果美观、大方。

（三）实训步骤及操作要领

中餐零点实训主要包括铺台布、围台裙、摆放骨碟、摆放味碟、摆汤勺、摆筷子和筷架、摆杯具、叠摆口布花、摆公用餐具、摆椅子等几个环节。

(1) 铺台布：要求参照第六章第三节实训项目二。

(2) 围台裙：沿顺时针方向用大头针、胶带或者台裙扣固定台裙，台裙的褶要均匀平整。用大头针固定台裙时，针尖向内，以防对客人造成伤害。

(3) 摆放骨碟：从主人位开始摆放，按顺时针方向进行骨碟定位，骨碟边沿距桌边1厘米，盘间距离均匀。公用骨碟摆放在距离正、副主人位骨碟正上方10厘米处。四个骨碟成一条直线与桌子的中线相重合。

(4) 摆放味碟：同样从主人位开始，按顺时针方向进行摆放，味碟放于骨碟正上方1厘米处，味碟的中线与骨碟的中线重合。

(5) 摆汤勺：在味碟中心放置汤勺，汤勺的勺子部位居于味碟正中心，汤勺与桌边切线平行，勺把向右。公用勺放于公用碟内上方三分之一处，勺柄向右。

(6) 摆筷架、筷子：筷架应放在骨碟的右侧，高度与骨碟和味碟的中缝同高，注意造型、图案。如果是动物造型，头应朝左摆放。筷子放于筷架之上，筷子图案或字要朝上对正(筷子套同样)，筷子头超出筷架5厘米，筷子末端距离桌边1厘米。筷子距离骨碟3厘米，与骨碟的中线平行。公用筷摆放在公用碟下方三分之一处，筷头和筷尾两端超出骨碟的部分长度均等。

(7) 摆杯具：味碟中线正上方1厘米处摆放葡萄酒杯，葡萄酒杯左手1厘米处摆放口杯，葡萄酒杯右手1厘米处摆放白酒杯，距离以三杯的底座为准，三杯间距相等，中线同在一条直线上，和汤勺平行。

(8) 叠摆口布花：餐巾折花，餐巾折花根据情况选择花型，位置摆放得当；要一次成形，形象逼真，巾褶宽窄均匀，美观大方，并且符合卫生要求。摆放时如果是杯花可以直接摆放水杯，如果是盘花，将折叠好的餐巾折花放于骨碟之内。两种方法都需将餐巾折花的观赏面朝向客人。

(9) 摆公用餐具：在圆桌摆放时，调味壶摆在餐桌的中间左侧，牙签盅在中间右侧，烟灰缸摆放四只,两两对称成正方形;方桌摆放,调味壶摆在餐桌的右下角,牙签盅、烟灰缸放在左上角;花瓶无论方圆桌均居中而放,台号放置于一侧,面朝向餐厅门口的方向。

(10) 摆椅子:圆桌摆放多为三三两两式;方桌摆放一般为两两一一式,对称式,椅面内沿紧贴垂下的桌布。

(四) 要点及注意事项

(1) 摆台操作时一律使用托盘;
(2) 摆台后要检查台面摆设有无遗漏;
(3) 摆放是否规范、符合要求。

中餐零点摆台图样如图 6-2 所示。

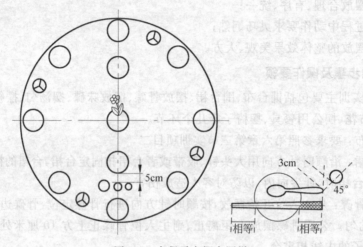

图 6-2 中餐零点摆台图样

实训项目二:中餐宴会摆台

(一) 实训目的

通过对中餐宴会摆台步骤和方法的学习,掌握中餐宴会摆台技巧。

(二) 实训准备(以十人台为例)

1. 设备

中餐餐台、服务桌、椅子。

2. 餐具和用品

不同规格的台布、口布、展示盘;第一托盘餐具,包括餐碟 10 个、勺垫 10 个、勺 10 把;第二托盘餐具,包括葡萄酒杯 10 个、白酒杯 10 个;第三托盘餐具,筷子架 10 个、筷子 12 双、公用餐碟 2 个、公用勺 2 把、牙签盅 2 个;第四托盘餐具,水杯 10 个、餐巾 10 块;第五托盘餐具,烟灰缸 5 个、火柴 5 盒、菜单、台号。

(三) 实训步骤及操作要领

(1) 中餐零点摆台要双手洗净,定好座位,铺好台布。
(2) 铺完台布后,开始围椅。从正主人位开始,顺时针方向依次摆放餐椅,正、副主人餐椅与台布股缝呈一直线,餐椅均匀摆放,餐椅椅座边与下垂的台布平行。

（3）准备第一托盘餐具,包括餐碟 10 个、勺垫 10 个、勺 10 把。

（4）摆餐碟。从正主人位开始按照顺时针依次摆放。碟边距桌边 1 厘米。正、副主人位置餐碟应在台布股缝的中心位置,与餐椅中心线呈一线。

（5）摆勺垫、勺。勺垫摆在餐碟的正前方,勺垫边沿距餐碟边 1 厘米,勺垫的中心与餐碟的中心线重合。勺摆在勺垫的中央,勺把朝右。

（6）准备第二托盘餐具,包括葡萄酒杯 10 个、白酒杯 10 个。

（7）摆酒具。葡萄酒杯的杯柱与餐碟、勺垫的中心线一致。间距 1 厘米,白酒杯摆在葡萄酒杯的右侧,间距 1 厘米。摆放时应扣放于托盘内,操作时,手拿酒杯的杯座,不可碰触杯口。

（8）准备第三托盘餐具,筷子架 10 个、筷子 12 双、公用餐碟 2 个、公用勺 2 把、牙签盅 2 个。

（9）摆筷子架、筷子。筷子架与勺垫和葡萄酒杯的中心线平行,注意造型,一般为头朝左侧摆放。筷子放于筷子架上,如果有筷子套,筷子套上的图案或字要朝上对正,筷子尾端距桌边 1 厘米,筷身与勺把距 1 厘米。

（10）摆公用餐碟、公用勺、公用筷。公用餐碟应摆在正、副主人的正前方,碟边距葡萄酒杯 3 厘米。公用勺放在公用碟内靠桌心一侧,勺把朝左。公用筷放在公用碟内靠桌边一侧,尾端朝右。公用勺与公用筷间距 1 厘米,对称摆放。

（11）摆牙签盅。牙签盅应摆在公用餐碟的右侧,右不超出筷子末端,左不超出碟边外切线。

（12）准备第四托盘餐具,水杯 10 个、餐巾 10 块。

（13）将水杯摆放在葡萄酒杯的左侧,三个杯子的中心在横向应成为一条直线,水杯的上口与葡萄酒杯的上口相距 1 厘米,将餐巾折花的观赏面朝向客人。

（14）准备第五托盘餐具,烟灰缸 5 个、火柴 5 盒。

（15）摆烟灰缸、火柴。从正主人位右侧开始,每隔两个座位摆一个。

（16）摆菜单、台号。一般 10 人以下餐台摆放 2 张菜单,摆在正、副主人位的左侧。大型宴会一般在每张餐台的下首摆放台号,朝向宴会厅的入口处。

（17）对台面进行检查,适当调整,将餐椅归位。

（四）质量标准

（1）摆台应达到的质量标准是:卫生整洁、方便就餐,摆放集中,距离相等;餐用具配套齐全,适应需求、清洁卫生、整齐划一、便于服务。

（2）每个餐位的餐具摆放后形成餐位构图,一张餐桌的餐具形成台面构图。餐位、台面和整个宴会厅的空间构图要美观、整齐、协调、大方,有舒适感。

实训项目三：西餐宴会摆台

（一）实训目的

通过对西餐宴会摆台步骤和方法的学习,掌握摆台技巧。

(二)实训准备

1. 设备

西餐餐台、服务桌。

2. 餐具和用品

不同规格的台布、口布、展示盘、面包盘、黄油碟、主刀叉、鱼刀叉、汤勺、头盘刀叉、甜食叉、甜食勺、黄油刀、水果刀叉、水杯、红白葡萄酒杯、蜡烛台、调料瓶、烟灰缸、火柴。

(三)实训步骤及操作要领

(1) 双手洗净,按要求采用拼接方法铺好台布。

(2) 围椅。摆放整齐,坐椅边与台布下垂部分相切。

(3) 摆展示盘。从主人位按顺时针方向用右手将餐盘摆放于餐位正前方,距桌边1.5厘米,盘间距相等。

(4) 摆面包盘、黄油碟。在展示盘左侧1厘米摆面包盘。与展示盘中心轴齐,黄油碟摆在面包盘右前方,间距1.5厘米图案摆正。

(5) 摆餐刀、叉、勺。

(6) 摆酒具。

(7) 摆口布花。

(8) 摆蜡烛台。

(9) 摆烟灰缸、火柴。

(四)质量标准

西餐摆台应达到的质量标准是:餐台摆放合理,餐用具配套齐全,适应需求、清洁卫生、整齐划一、便于服务,同时具有美感。

第五节 中餐席位安排和迎宾服务实训模块

在中餐宴请活动中,一般多采用圆桌布置菜肴、酒水,偶尔使用方桌。每桌人数从8人、10~12人不等。作为礼仪之邦的中国非常重视席位的安排,尤其注重"主位"的安排,也就是我们常说的"首席"或"首座"。具体来说宴会的席次安排,以礼宾次序为主要依据。

一般按照国际惯例,主桌上男女交叉安排,以女主人为准,主宾在女主人右上方,主宾夫人在男主人右上方。而我国习惯按个人本身职务排列以便交谈。如夫人出席,通常把女方安排在一起,即主宾坐在男主人右上方,其夫人在女主人右方。

一、排列位次的基本方法

(1) 主人大都应面对正门而坐,并在主桌就座;

(2) 举行多桌宴请时,每桌都要有一位主桌主人的代表在座。位置一般和主桌主人同向,有时也可以面向主桌主人;

(3) 各桌位次的尊卑,应根据距离该桌主人的远近而定,以近为上,以远为下。

(4) 各桌距离该桌主人相同的位次,讲究以右为尊,即以该桌主人面向为准,右为尊,左为次。另外,每张餐桌上所安排的用餐人数应限在 10 人以内,最好是双数。比如,六人、八人、十人。人数如果过多,不仅不容易照顾,而且也可能坐不下。

二、大型宴会圆桌的排列顺序

1. 由两桌组成的小型宴请

这种情况,又可以分为两桌横排和两桌竖排的形式。当两桌横排时,桌次是以右为尊,以左为次。这里所说的右和左,是由面对正门的位置来确定的。当两桌竖排时,桌次讲究以远为上,以近为下。这里所讲的远近,是以距离正门的远近而言。

2. 由三桌或三桌以上的桌数所组成的宴请

在安排多桌宴请的桌次时,除了要注意"面门定位"、"以右为尊"、"以远为上"等规则外,还应兼顾其他各桌与距离主桌的远近。通常,距离主桌越近,桌次越高;距离主桌越远,桌次越低。在安排桌次时,所用餐桌的大小、形状要基本一致。除主桌可以略大外,其他餐桌都不要过大或过小。

为了确保在宴请时赴宴者及时、准确地找到自己所在的桌次,可以在请柬上注明对方所在的桌次、在宴会厅入口悬挂宴会桌次排列示意图、安排引位员引导来宾按桌就座。工作人员和主人除要及时加以引导指示外,应在每位来宾所属座次正前方的桌面上,事先放置醒目的个人姓名座位卡。举行涉外宴请时,座位卡应以中、英文两种文字书写。我国的惯例是,中文在上、英文在下。必要时,座位卡的两面都书写用餐者的姓名。

三、排列便餐的席位遵循的原则

1. 右高左低原则

两人一同并排就座,通常以右为上座,以左为下座。这是因为中餐上菜时多以顺时针方向为上菜方向,居右坐的人因此要比居左坐的优先受到照顾。

2. 中座为尊原则

三人一同就座用餐,坐在中间的人在位次上高于两侧的人。

3. 面门为上原则

用餐的时候,按照礼仪惯例,面对正门者是上座,背对正门者是下座。

也有特殊的情况,在高档餐厅里,室内外往往有优美的景致或高雅的演出,供用餐者欣赏。这时候,观赏角度最好的座位是上座。在某些中低档餐馆用餐时,通常以靠墙的位置为上座,靠过道的位置为下座。本项目操作主要以图例进行讲解。

实训项目一:中餐席位安排

(一) 实训目的

通过学习,使学生掌握餐饮工作中备餐工作中的一个重要环节,也是一门基本功。在备餐工作中合理安排席位,为后续工作提供便利,同时也可以展现餐饮工作者的专业素养。

(二) 实训内容

掌握相关的技能和知识,按照餐饮标准进行合理的席位安排。

(三) 实训步骤及操作要领

席位安排实训主要包括单桌席位安排和多桌席位安排几个环节。

1. 单桌席位安排

① 先在题板上画出一桌四人席位和十人席位的座次安排图,位置如图6-3所示。

(a) 一桌四人席

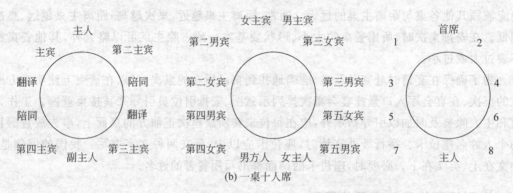

(b) 一桌十人席

图6-3 四人席位和十人席位的座次安排图

② 让学生按照题板上所画的座次安排表,给每张餐台的每个餐位放上相应的席位签(四人台、八人台、十人台)。

2. 多桌席位安排

(1) 先在题板上画出餐桌不同的摆放格局。

① 小型宴请餐桌摆放

两桌小型宴请:横排、竖排。

② 三桌或三桌以上的桌数所组成的宴请

a. 三桌可以摆放成品字形(餐厅为正方形)或者一字形(餐厅为长方形)。

b. 四桌可以摆放成正方形(正方形)或菱形(长方形)。

c. 五桌可以中心一桌,四角方向各一桌,摆放成梅花形(正方形);将第一桌摆于正上方,其余四桌摆成正方形(长方形)。

d. 六桌可以摆放成梅花形,也可以摆放成菱形、三角形或者长方形。

e. 七桌可以摆放成六瓣花形,中心一桌,周围五桌(正方形);也可以一主桌,六副桌(长方形)。

f. 八桌可摆放成舰队形,也可摆放成梯形(正方形);同样可摆放成方形或长菱形(长方形)。

g. 九桌可摆放成横三竖三的形状（正方形）；也可摆成三角形、长方形等形状。

h. 十桌可摆放成三角形、箭头形或囧形。

③ 中型宴会餐桌安排

a. 11～12人桌宴会多摆放为双角形、囧形、松树形、多边形和塔形。

b. 15～17人桌宴会摆放为岛形或囧形，突出主桌，一般由一主、两副组成。

④ 大型宴会餐桌安排

a. 将宴会厅划为若干区：服务区、主宾区、来宾区。

b. 乐队安排在主宾席的两侧或主席台对面的宴会区外侧。

（2）将学生进行分组，每四人为一组，每组自行设定宴会主题，餐厅规模及形状，按照所设定的场景设计台形。

（3）每组派一名学生向大家讲解本组的设计思路。

（四）要点及注意事项

（1）餐台摆放合理，符合传统习惯；

（2）餐具卫生，摆设配套齐全，规格整齐一致；

（3）既方便用餐又利于席间服务，同时富有美感。

实训项目二：迎宾服务实训

（一）实训目的

通过迎宾服务实训，使学生掌握餐饮开餐工作中的一个重要环节，也是一门基本功。在开餐工作中有座位时的合理安排席位，餐厅已满时的迎宾服务是以最快速度为客人准备好餐台，为后续工作提供便利，同时也可以展现餐饮工作者的专业素养。

（二）实训内容

掌握相关的技能和知识，按照餐饮标准进行服务。

（三）服务程序与标准

1. 餐厅有座位时的迎宾服务实训

餐厅有座位时的迎宾服务程序和标准，如表6-1所示。

表6-1　餐厅有座位时的迎宾服务程序和标准

服务程序	服务标准
迎接客人	客人来到餐厅时，引位员应面带微笑，主动上前问好
引位	1. 如客人已预订，引位员应热情地引领客人入座 2. 如客人没有预订，引位员则礼貌地将客人引领到客人满意的餐台 3. 引领客人时，应走在客人右前方1米处，且不时回头，把握好客人与自己的距离
拉椅让座	1. 当引位员把客人带到餐台时，服务员应主动上前问好并协助为客人拉椅让座，注意女士优先 2. 站在椅背的正后方，双手握住椅背的两侧，后退半步的同时将椅子拉后半步 3. 用右手做请的手势，示意客人入座 4. 在客人即将坐下的时候，双手扶住椅背的两侧，用右腿顶住椅背，手脚配合将椅子轻轻往前送，使客人不用自己移动椅子便能恰到好处地入座 5. 拉椅、送椅的动作要迅速、敏捷，力度要适中、适度

续表

服务程序	服务标准
送上菜单	1. 引位员在开餐前应认真检查菜单,保证菜单干净整洁,无破损 2. 按引领客人人数,拿取相应数量的菜单 3. 当客人入座后,打开菜单的第一页,站在客人的右后侧,按先宾后主,女士优先的原则,依次将菜单送至客人手中
服务茶水	1. 服务茶水时,应先询问客人喜欢何种茶,适当做介绍并告之价位 2. 按照先宾后主的顺序为客人倒茶水 3. 在客人的右侧倒第一杯礼貌茶,以8分满为宜 4. 为全部客人倒完茶,将茶壶添满水后,放在转盘上,供客人自己添茶
服务毛巾	1. 根据客人人数从保温箱中取出小毛巾,放在毛巾篮中用毛巾夹服务毛巾 2. 服务毛巾时,站在客人右侧 3. 按女士优先,先宾后主的原则依次送上 4. 热毛巾要抖开后放在客人手上 5. 冷毛巾直接放在客人右侧的毛巾盘中 6. 客人用过的毛巾在征求客人同意后可撤下 7. 毛巾要干净无异味
铺餐巾	1. 服务员依据女士优先,先宾后主的原则为客人铺餐巾 2. 一般情况下应在客人右侧为客人铺餐巾,如果在不方便情况下(如一侧靠墙),也可以在客人左侧为客人铺餐巾 3. 铺餐巾时应站在客人右侧,拿起餐巾,将其打开,注意右手在前,左手在后,将餐巾轻轻铺在客人腿上,注意不要把胳膊肘送到客人面前(左侧服务相反) 4. 如有儿童用餐,可根据家长的要求,帮助儿童铺餐巾
撤、加餐具	1. 按用餐人数撤去多余餐具(如有加位则补上所需餐具),并调查桌椅间距 2. 如有儿童就餐,需搬来加高童椅,并协助儿童入座
撤筷套	1. 在客人的右侧,用右手拿起带筷子套的筷子,交与左手,用右手打开筷子套封口,捏住筷子的后端并取出,摆在原来的位置上 2. 每次脱下的筷子套握在左手中,最后一起撤走
记录	在协助服务员完成上述服务后,引位员回到迎宾岗位,将客人人数、到达时间、台号等迅速记录在迎宾记录本上

2. 餐厅已满时的迎宾服务程序与标准

餐厅已满时的迎宾服务程序与标准,如表6-2所示。

表6-2 餐厅已满时的迎宾服务程序与标准

服务程序	服务标准
迎接客人	客人来到餐厅时,引位员应面带微笑,主动上前问好
服务	1. 礼貌地告诉客人餐厅已满 2. 询问客人是否可以等待,并告知大约等待时间 3. 安排客人在休息处等待,为客人服务茶水 4. 与餐厅及时沟通,了解餐位情况,以最快速度为客人准备好餐台 5. 为客人送上菜单,可提前为客人点菜
引位	1. 尽快地将客人带到客人满意的餐台前 2. 引领客人,应走在客人右前方1米处,且不时回头,把握好客人与自己的距离 3. 通知服务员尽快提供上菜服务

续表

服务程序	服务标准
服务毛巾	1. 根据客人人数从保温箱中取出小毛巾,放在毛巾篮中用毛巾夹服务毛巾 2. 服务毛巾时,站在客人右侧 3. 按女士优先,先宾后主的原则依次送上 4. 热毛巾要抖开后放在客人手上 5. 冷毛巾直接放在客人右侧的毛巾盘中 6. 客人用过的毛巾后,征求客人同意后方可撤下 7. 毛巾要干净无异味,热毛巾一般保持在 40°
铺餐巾	1. 服务员依据女士优先,先宾后主的原则为客人铺餐巾 2. 一般情况下应在客人右侧为客人铺餐巾,如果在不方便情况下(如一侧靠墙),也可以在客人左侧为客人铺餐巾 3. 铺餐巾时应站在客人右侧,拿起餐巾,将其打开,注意右手在前,左手在后,将餐巾轻轻铺在客人腿上,注意不要把胳膊肘送到客人面前(左侧服务相反) 4. 如有儿童用餐,可根据家长的要求,帮助儿童铺餐巾
撤筷套	1. 在客人的右侧,用右手拿起带筷子套的筷子,交于左手,用右手打开筷子套封口,捏住筷子的后端并取出,摆在原来的位置上 2. 每次脱下的筷子套握在左手中,最后一起撤走
记录	在协助服务员完成上述服务后,引位员回到迎宾岗位,将客人人数、到达时间、台号等迅速记录在迎宾记录本上

(四) 要点及注意事项

1. 当客人来到餐厅时,引位员要礼貌热情地问候客人

① 可说:"早上好/晚上好,先生、小姐,欢迎光临××餐厅。请问几位?/请问需要几个人的餐桌?"

② 询问客人姓名,便于称呼客人。

③ 询问客人是否预定,如客人尚未定桌,立即按需给客人安排座位。

④ 询问客人是否吸烟,如客人不吸烟,要为客人安排在不吸烟区就座。

⑤ 协助客人存放衣物,提示客人保管好贵重物品,将取衣牌交给客人。

⑥ 引位员右手拿菜单,左手为客人指示方向,要四指并拢手心向上,同时说:"请跟我来/请这边走。"

⑦ 引领客人进入餐厅时,要和客人保持1米左右的距离。将客人带到餐桌前,并征询客人意见。

⑧ 帮助客人轻轻搬开坐椅,待客人落座前将坐椅轻轻送回。

2. 如何安排客人座位

① 一张餐桌只安排同一批的客人就座;

② 要按照一批客人的人数去安排合适的餐桌;

③ 吵吵嚷嚷的大批客人应当安排在餐厅的包房或餐厅靠里面的地方,以避免干扰其他客人;

④ 老年人或残疾人尽可能安排在靠餐厅门口的地方,可避免多走动;

⑤ 年轻的情侣喜欢被安排在安静及景色优美的地方;

⑥ 服饰漂亮的客人可以渲染餐厅的气氛,可以将其安排在餐厅中引人注目的地方。

3. 客人入座后的内容
① 为客人提供毛巾和茶水服务;
② 为客人铺餐巾;
③ 为客人撤筷套和多余餐具;
④ 为客人送上菜单。

第六节　客人就餐时的服务实训模块

实训项目一：客人就餐时的服务实训

(一) 实训目的

通过客人就餐时服务的实训,使学生掌握餐饮工作中开餐工作中的一个重要环节,也是一门基本功。掌握在开餐工作中就餐服务的工作内容为后续工作提供便利,同时也可以展现餐饮工作者的专业素养。

(二) 实训内容

掌握相关的技能和知识,按照餐饮标准进行服务。

(三) 服务程序与标准

客人就餐时的服务程序与标准如表 6-3 所示。

表 6-3　客人就餐时的服务程序与标准

服务程序	服务标准
上菜、分菜服务	1. 服务技巧同上菜、分菜服务技能 2. 把握上菜时机,合理适时分菜
餐桌卫生清洁	1. 时刻保持餐台清洁卫生,出现杂物或空盘应征得客人同意后及时撤去 2. 如果餐桌台面上有剩余食物,要用专用的服务用具,切记不可用手直接操作
餐盘餐具的撤换	1. 撤换餐盘时要待客人将盘中食物吃完方可进行。如果客人放下筷子而菜未吃完,应征得客人的同意才能撤换 2. 按先宾后主的顺序依次撤换 3. 使用托盘撤换应先在客人的左侧送上干净的餐盘,再把客人的右侧脏的盘撤掉,左手托盘右手撤餐具,动作要轻稳 4. 徒手撤盘时站在客人的右侧用手撤下将其放入左手,左手要移到客人身后 5. 将用过的餐具及时撤下
烟灰缸的撤换	1. 在客人的烟灰缸有两个烟头或明显的杂物时要给客人撤换 2. 撤换时应用托盘上干净的烟灰缸用右手的拇指和中指掐紧一个干净的外壁,从客人的右侧将干净的覆盖在脏的上 3. 将两只同时移入托盘然后将清洁的放在餐桌,这样可以避免烟灰污染菜点及落在客人身上

续表

服务程序	服务标准
服务香烟	1. 服务员左手持火柴盒,右手的食指和拇指持火柴底部,向里将火柴头划着 2. 右手除食指拇指外的其余三个指头稍向内呈弧形避免划燃的火苗被风吹灭或火柴棍断裂火星溅出发生意外 3. 在划火柴的过程中服务员应侧身避开待火柴完全燃烧后再送到客人面前 4. 点着香烟后摇熄或吹熄火柴将剩余火柴棍装入火柴盒 5. 使用打火机为客人点烟应事先检查 6. 操作时用手握打火机大拇指按住打火机开关在客人侧面将打火机打着再从下往上移送过去
服务酒水	1. 随时观察客人用酒情况,在客人饮用剩至1/3时及时斟酒 2. 掌握客人酒水情况及时推销提供添酒服务
加菜处理	1. 服务员应细心观察分析主动了解客人加菜的目的。客人提出加菜的原因有三:所点的菜不够吃,想买菜带走,对某一菜欣赏想再吃 2. 主动介绍帮助客人选择菜肴 3. 根据客人的需要开单下厨

(四)要点及注意事项

1. 就餐服务的工作内容

就餐服务是点菜服务的继续,也是餐饮服务中时间最长、环节最复杂的服务过程。进行上菜、分菜服务;服务员必须经常在客人台旁巡视,及时为客人更换餐盘;为客人撤换烟灰缸,收去餐台上的空瓶、空罐等杂物;点菜后30分钟,应检查客人的菜是否上齐;处理客人在用餐过程中出现的各种问题;为客人斟添酒水饮料;再次推销菜肴、酒水。

2. 撤换餐盘的时机

上翅、羹或汤之前,上一套小汤碗,待客人吃完后,送上毛巾,收回翅碗、换上干净餐碟;吃完芡汁多的食物之后,应该换上干净餐碟;上甜菜、甜品前应该更换餐碟;上水果之前,换上干净餐碟和水果刀叉;残渣骨刺较多或有其他脏物的餐碟,要随时更换;客人失误将餐具跌落在地时要立即更换。

实训项目二:结账与收银的服务实训

(一)实训目的

通过结账与收银的服务实训,使学生掌握餐饮工作中开餐工作中的一个重要环节,也是一门基本功。结账服务对整个服务过程来说十分重要。结账中出现问题会影响客人对饭店的印象,影响到整体服务质量,同时也可以展现餐饮工作者的专业素养。

(二)实训内容

掌握与结账相关的技能和知识,按照标准进行服务。

(三)服务程序与标准

结账与收银的服务程序与标准,如表6-4所示。

表 6-4 结账与收银的服务程序与标准

服务程序	服务标准
结账准备	1. 在给客人上完菜后,服务员要到账台核对账单 2. 当客人要求结账时,请客人稍候,立即去收银处取回账单 3. 服务员告诉收款台号,并核查账单台号、人数、食品及饮品消费是否准确无误 4. 将账单放入账单夹内,并确保账单夹打开时,账单正面朝向客人 5. 注意先上小毛巾,后递账单 6. 随身准备结账用笔
递交账单	将取回的账单夹在结账夹内,走到主人右侧,打开账单夹,右手持账夹上端,左手轻托账夹下端,递至主人面前,请主人检查,注意不要让其他客人看到账单,并对主人说:"这是您的账单。"
现金结账	1. 客人付现金时,服务员要礼貌地在餐桌旁当面点清钱款 2. 请客人等候,将账单及现金送给收款员 3. 核对收款员找回的零钱及账单上联是否正确 4. 服务员站在客人右侧,将账单上联及所找零钱夹在结账夹内,送给客人 5. 现金结账应注意唱收唱付 6. 真诚感谢客人 7. 在客人确定所找钱数正确后,服务员迅速离开客人餐桌
支票结账	1. 支票结账,应请客人出示身份证或工作证及联系电话,然后将账单及支票、证件同时交给收款员 2. 收款员结账完毕后,记录证件号码及联系电话 3. 服务员将账单第一联及支票存根核对后送还客人,并真诚地感谢客人 4. 如客人使用密码支票,应请客人说出密码,并记录在一张纸上,结账后将账单第一联、支票存根、密码纸交与客人并真诚地感谢客人 5. 如客人使用旅行支票结账,服务员需礼貌地告诉客人到外币兑换处兑换成现金后再结账
信用卡结账	1. 如客人使用信用卡结账,服务员请客人稍候,并用信用卡和账单送回收款员处 2. 收款员做好信用卡收据,服务员检查无误后,将收据、账单及信用卡夹在结账夹内,拿回餐厅 3. 将账单、收据送给客人,请客人在账单和信用卡收据上签字,并检查签字是否与信用卡上一致 4. 将账单第一页、信用卡和收据中客人存根页递还给客人 5. 真诚感谢客人 6. 将账单第二联及信用卡收据另外三页送回收银处
签单结账	1. 如果是住店客人,服务员在为客人送上账单的同时,为客人递上笔 2. 礼貌地要求客人出示房间钥匙 3. 礼貌地提醒客人写清房间号,用楷书签名 4. 客人签好账单后,服务员将账单重新夹在结账夹内,拿起账夹 5. 真诚感谢客人 6. 迅速将账单送交收银员,以查询客人的名字与房间号码是否相符

(四) 要点及注意事项

1. 结账种类

① 现金结账——适用于店外的零散客人和团队客人;

② 支票结账——适用于大企业,大公司的长期包餐或大型宴会旅游团队用餐;

③ 信用卡结账——适用于零散客人;

④ 签单——适用于住店客人与饭店签订合同等单位饭店高层管理人员及饭店的 VIP 客人等。

2. 结账单要求

① 结账服务对整个服务过程来说十分重要。结账中出现问题会影响客人对饭店的印象,影响整体服务质量。

② 要注意结账时机:服务人员不可催促客人结账,应由客人主动提出以免造成误会,同时账单递送要及时,不可让客人久等。

③ 要注意结账单对象尤其是在散客结账时应分清由谁付款,如果搞错收款对象容易造成客人对饭店不满。

④ 要注意服务态度:餐饮服务中的服务态度要始终如一,结账阶段也要体现出热情和有礼貌的服务风范,绝不要在客人结账后就停止服务,而应继续为其端茶倒水,询问他们的要求直至离开。

实训项目三:送客与收尾服务实训

(一) 实训目的

通过送客与收尾服务实训,使学生掌握餐饮工作中开餐工作中的一个重要环节,也是一门基本功。掌握热情送客是礼貌服务的具体体现,表示餐饮部门对客人的尊重、关心、欢迎和爱护。

送客时服务员的态度和表现,直接反映出饭店接待工作的等级、标准和规范程度,体现出服务员本身的文化素养与修养。收尾整理工作往往在其他客人仍在用餐或已有客人在等待餐桌的情况下进行,所以文明和速度是该程序的重要标准。

(二) 实训内容

掌握与结账相关的技能和知识,按照标准进行服务。

(三) 服务程序与标准

1. 撤台服务程序与标准

撤台服务程序与标准如表 6-5 所示。

表 6-5 撤台服务程序与标准

服务程序	服务标准
撤台要求	1. 零点撤台需在该桌客人离开餐厅后进行,宴会撤台必须在所有客人均离开餐厅后才能进行 2. 收撤餐具要轻拿轻放,尽量不要发生碰撞声响 3. 收撤餐具要为下道工序创造条件,叠碗时大碗在下,小碗在上 4. 收撤时,要把剩有汤或菜的餐具集中起来放置
撤台	1. 按摆台规范对齐餐椅 2. 将桌面上的花瓶、调味瓶和台号牌收到托盘上,暂放于服务桌 3. 用托盘开始收撤桌面上的餐具,并送至洗碟机房清洗,收撤的顺序为:银器、餐巾、瓷器、餐具、玻璃酒杯 4. 桌面清理完后,立即更换台布 5. 用干净布巾把花瓶、调味瓶和台号擦干净后按摆台规范摆上桌面 6. 使用转盘的餐桌,需先取下已用过的转盘罩及转盘,然后更换台布,再摆好转盘,套上干净的转盘罩

2. 送客服务程序与标准

送客服务程序与标准如表 6-6 所示。

表 6-6 送客服务程序与标准

服务程序	服务标准
协助客人离开座位	1. 客人起身准备离开时,上前为客人拉椅 2. 客人起身后,向客人致谢并提醒客人勿遗漏物品
向客人致谢	礼貌与客人道别,向客人表示感谢,诚恳欢迎客人再次光临
送客人离开餐厅	1. 走在客人前方,将客人送至餐厅门口 2. 当客人走出餐厅门口时,引领员或餐厅经理再次向客人致谢,道别 3. 引位员应帮助客人叫电梯,并在电梯来后,送客人进入电梯,目送客人离开 4. 正门直接有车道的餐厅,引位员要帮客人叫出租车,雨天要为客人打伞,为客人开车门,目送客人坐车离开
餐厅检查	1. 服务员立即回到服务区域再次检查是否有客人遗留物品 2. 如果有遗留物品尽快交还客人,如客人已经离开,要向餐厅经理汇报,将物品交到大堂经理处

3. 收尾服务程序与标准

收尾服务程序与标准如表 6-7 所示。

表 6-7 收尾服务程序与标准

服务程序	服务标准
减少灯光	1. 当营业结束,客人离开后,服务员开始着手餐厅的清理工作 2. 关掉大部分的照明灯,只留适当的灯光供清场用
撤器具收布草	1. 先清理桌面,再撤走服务桌上所有的器皿,送至洗碟机房清洗 2. 把布草分类送往备餐间(干净的与脏的要分开)
清洁	清洁四周护墙及地面,清洁地毯,如有污迹,通知绿化部清洗
落实安全措施	1. 关闭水、电开关 2. 除员工出入口以外,锁好所有门窗 3. 由当值负责人做完最后的安全防患复查后,填写管理日志 4. 落实厅面各项安全防患工作,最后锁好员工出入口门,方可离岗

(四)要点及注意事项

1. 送客服务

热情送客是礼貌服务的具体体现,表示餐饮部门对客人的尊重、关心、欢迎和爱护。送客时服务员的态度和表现,直接反映出饭店接待工作的等级、标准和规范程度,体现出服务员本身的文化素养与修养。因此在送客服务过程中,服务员应做到礼貌、耐心周到,使客人满意。其要点为:

① 客人不想离开时不能催促,不要做出催促客人离开的错误举动。

② 客人离开前,如有未吃完的菜肴,在征求客人同意的情况下,可主动将食品打包,切不可有轻视的举动,不要给客人留下遗憾。

③ 客人结账后起身离开时,应主动为其拉开座椅,礼貌地提醒他们不要遗忘物品。

④ 要礼貌地向客人道别,欢迎他们再次光临。

⑤ 要面带微笑地注视客人离开,或亲自陪同客人到餐厅门口。引位员应礼貌地欢送客人并欢迎他们再来。如遇到特殊天气如雨天,可为没带伞的客人打伞,扶老携幼,帮助客人叫出租车,直至客人安全离开。

⑥ 重大餐饮活动客人的欢送要隆重、热烈,服务员可列队相送,使客人真正感受到服务的真诚和温暖。

2. 收尾服务

待客人全部离开餐厅后,要在不影响其他就餐客人的前提下收拾餐具、整理餐桌、并重新摆台。这项收尾整理工作往往在其他客人仍在用餐或已有客人在等待餐桌的情况下进行,所以文明和速度是该程序的重要标准。在服务中应注意以下要点:

① 在 4 分钟之内清桌完毕并及时摆台。

② 清桌时如发现客人遗忘的物品,应及时交还客人或上交有关部门。

③ 清桌时应注意文明作业,保持动作沉稳,不要损坏餐具物品,也不应惊扰正在用餐的客人。

④ 清桌时要注意周围的环境卫生,不要将餐纸、杂物、残羹剩菜等乱撒乱扔。

⑤ 清桌完毕后,应立即开始规范摆台,尽量减少客人的等候时间。

⑥ 营业结束,要对餐厅进行全面的检查,结算一天账务,关闭水、电、火等设备开关,关闭好门窗,一天服务工作即告结束。

实训项目四:客房餐饮服务实训

(一)实训目的

通过客房餐饮服务实训,使学生掌握餐饮工作中的一个重要环节,也是一门基本功。同时也可以展现餐饮工作者的专业素养。

(二)实训内容

掌握相关的技能和知识,按照餐饮标准进行服务。

(三)服务程序与标准

客房送餐服务程序与标准如表 6-8 所示。

表 6-8　客房送餐服务程序与标准

服 务 程 序	服 务 标 准
了解当天食品供应情况	1. 电话员了解当天食品供应情况:上午 10:30,下午 2:30 2. 准确记录菜单上食品实际供应的变动情况,详细记录特荐食品原料、配料、味道及制作方式 3. 将食品信息通知到客房餐饮部的每一位工作人员
接受客人预订	1. 电话铃响三声之内接听电话 2. 聆听客人预订要求,掌握客人订餐种类、数量、人数及特殊要求,解答客人提问 3. 主动向客人推荐,说明客餐服务项目,介绍当天推荐食品,描述食品的数量、原料、味道、辅助配料及制作方法 4. 复述客人预订内容及要求,得到客人确认后,告诉客人等候时间并向客人致谢 5. 待客人将电话挂断后,方可放下听筒

续表

服务程序	服务标准
填写订单并记录	1. 订单一式四联：厨房、冷菜、收款、餐厅 2. 电话员按用餐顺序将客人所订食品依次填写在订单上 3. 若客人需要特殊食品或有特殊要求需附文字说明，连同订单一同送往厨房，必要时可向厨师长说明 4. 在客餐服务记录本上记录客人订餐情况，包括订餐客人房间号码、订餐内容、订餐时间、服务员姓名、账单号码
备餐摆台	1. 准备送餐用具(送餐车、拖盘)和餐具 2. 取回客人所订食品和饮料 3. 依据客人订餐种类和数量，按规范摆台 4. 热菜一定要放入保温箱内
送餐	1. 在送餐途中，保持送餐用具平稳，避免食品或饮品溢出 2. 食品、饮品、餐具需加盖洁净盖布，确保卫生 3. 核实客人房号，敲门三下，报称"Room Service"
客房内服务	1. 待客人开门后，问候客人，并询问是否可以进入房间，得到客人允许后进入房间，并致谢 2. 询问客人用餐位置 3. 如果是早餐，询问客人是否需要帮助其打开窗帘 4. 按照客人要求放置，依据订餐类型和相应规范进行服务
结账	1. 双手持账单夹上端，将账单递给客人 2. 将笔备好，手持下端，将笔递给客人 3. 客人签完后向客人致谢 4. 询问客人是否还要其他要求，若客人提出要求要尽量满足
道别	1. 请客人用餐 2. 退出房间
收餐	1. 检查订餐记录，确认房间号码 2. 早餐为30分钟后打电话收餐，午、晚餐为60分钟后打电话收餐 3. 问候客人，称呼客人名字并介绍自己，询问客人是否用餐完毕 4. 服务员收餐完毕即刻通知订餐员，订餐员要详细记录 5. 当客人不在房间时，请楼层服务员开门及时将餐车餐盘等用具取出 6. 若客人在房间，收餐完毕需询问客人是否还要其他要求并道别

（四）实训步骤及操作要领

1. 客房餐饮服务

客房餐饮服务亦称送餐服务，是星级饭店为方便客人所提供的一项服务，也是饭店的创收渠道之一。送餐部通常为餐饮部下属的一个独立部门，由于服务周到，涉及环节多，人工费用高，所以产品和服务的价格一般比餐厅售价高20%～30%。

2. 客房餐饮服务的主要内容

① 早餐：早餐是客房餐饮最主要的项目，主要供应正式的欧式、美式零点早餐。

② 午餐、晚餐、夜宵：供应容易烹调、速度快、不易变味的菜品。

③ 点心：三明治、面点、主食、甜点、水果等。

④ 饮料：只要是饭店有的饮料都可向客人提供。

⑤ 特别服务：总经理赠送给VIP客人的花篮、水果篮、欢迎卡等都由客房餐饮服务人员负责送入客人房间。

⑥ 送给VIP客人的生日礼物，如鲜花、蛋糕等。

⑦ 送给全部或部分客人的礼物。

3. 客房餐饮的菜单

① 门把手菜单。为方便客人而挂在门把手上的一种纸质的一次性菜单，一般适用于早餐。上面列有各种菜肴、酒水饮料，各式套餐的名称、供餐时间、价格。客人订餐时，只要简单地在菜单名称前的小方框内打"√"挂在门外把手上即可，由客房服务员收取并及时送到客房用餐办公室。

② 床头柜菜单。通常摆放在客房的床头柜上，菜单中一般列出饭店中西餐厅的部分菜肴，但都是较容易烹制和制作速度快的菜肴，适用于午餐、晚餐及夜宵。

4. 客房餐饮订餐方式

① 门把手菜单预订：只需挂在门外即可，一般适用于早餐预订。

② 电话预订：电话铃响三声之内接听电话，首先要向客人问好，问清人数、姓名、房号、用餐时间、菜肴名称及特殊需要，可提供建议性说明。复述上述内容，防止出错，然后按客人需要开出订单，马上做好准备并开出账单，以便结账。

本章小结

本章介绍了餐饮实务实训实习教学目标与计划。主要介绍了餐饮实训模块的托盘实训模块：轻托（腰托）、重托（肩托）、端盘（徒手端托）。餐巾折花、铺台布实训模块：餐巾折花、铺台布。餐厅与宴会服务摆台实训模块：中餐零点摆台、中餐宴会摆台、西餐宴会摆台。中餐席位安排和迎宾服务实训模块：中餐席位安排、迎宾服务实训。

客人就餐期间的服务实训模块：客人就餐时的服务实训、结账与收银的服务实训、送客与收尾服务实训、客房餐饮服务实训。

本章思考题

1. 简述餐饮部与相关部门的联系。
2. 常用的服务实训模块的内容有哪些？
3. 回答以下服务程序与标准相关知识。

(1) 餐厅和宴会服务中抖铺式、推拉式和撒网式三种方法有什么区别？其质量标准是什么？

(2) 中餐便餐摆台和宴会摆台的主要区别是什么？

(3) 中餐宴会的最小规格人数是多少？

(4) 中餐宴会摆台的质量标准是什么？

(5) 西餐宴会和中餐宴会的主要区别是什么？

(6) 西餐宴会应达到的质量标准是什么？

(7) 结账的种类和要求有哪些？

实战演练

酒店餐饮服务的职业意识与职业态度——餐厅常见疑难问题的处理

1. 设备的突发事件。

餐厅服务开餐期间,设备应能正常地运转,但是有时因为种种原因,出现了问题,作为餐厅服务人员有责任及时处理。

参考答案:

① 停电突发事件

开餐期间如遇突然停电,服务人员要保持镇静,首先要设法稳定住客人的情绪,请客人不必惊慌,然后立即开启应急灯,或是为客人餐桌点燃备用蜡烛。说服客人不要离开自己的座位,继续用餐。

马上与有关部门取得联系,搞清楚断电的原因,如果是餐厅供电设备出现了问题,就立即要求派人来检查修理,在尽可能短的时间内恢复供电。如果是地区停电,或是其他一时不能解决的问题,应采取相应的对策。此时,对在餐厅用餐的客人要继续提供服务,并向客人表示歉意。在停电时暂不接待新来的客人。

在平时,餐厅里的备用蜡烛,应该放在固定的位置,以便取用时方便。如备有应急灯,应该在平时定期检查插头、开关、灯泡是否能正常工作。

② 失火突发事件

餐厅开餐期间,如遇到失火的突发事件,服务人员要保持镇静,根据情况采取相应措施。第一,应立即电话通知本饭店的保卫部门,或直接与消防部门联系,要争取时间。第二,要及时疏导客人远离失火现场。疏导客人离开时,要沉着冷静、果断,对有些行动不便的客人,要立即给予帮助,保证客人的生命和财产安全。第三,服务人员要做一些力所能及的灭火和抢救工作,把损失降低到最小。

分值:10分,答题时间:10分钟。

评分标准:①5分;②5分。

2. 宾客发病突发事件。

在餐厅用餐时,有的客人可能会因为心情激动,或是饮酒过量而发生一些突然的情况。服务人员应了解、掌握一些有关的知识和应急救护办法,以便正确、及时处理突发事件。

如有心脏病客人在用餐时突然发病,不省人事,服务员应如何处理?

参考答案:

① 首先打电话通知急救部门和饭店的有关部门,同时服务员要保持冷静,采取一些可能的抢救措施。如人已躺倒在餐厅里,服务人员不能因为客人躺在地上很不雅观把客人抬起来,或架到别处,因为此时的任何移动都有可能加重客人的病情。服务员应该及时移开餐桌椅,让出一块地方,然后用屏风围起来。

服务人员要认真观察客人的病情,帮助客人解开领扣,打开领带,在客人身下铺垫一些椅垫、桌布等柔软的织物,等待抢救医生的到来。医生到来之后,按照医生的吩咐,做一些力所能及的具体事情。

② 心脏病突发事件是比较典型的,除此之外,高血压、脑溢血也有突发的可能,要掌握

有关急救知识,提供特殊的服务。对于一些有慢性疾病或传染病的客人,服务人员应该有针对性地为其提供服务,同时注意对有传染病的客人使用过的餐酒具单独清洗,严格消毒。

另外,有些客人在进餐时,或进餐后没有离开餐桌以前,突然有肠胃不适的感觉,这可能是因为就餐的食物出现问题引起的。此时,服务员要尽可能地帮助客人,如帮助打电话叫急救车,帮助客人去洗手间,有时要清扫呕吐物等。与此同时,服务员不要急于清理餐桌,要保留下客人食用过的食物,以备检查化验,分析客人发病的原因,以分清责任。

分值:10分,答题时间:10分钟。

评分标准:①5分;②5分。

3. 宾客醉酒突发事件的处理方法?

参考答案:

① 在餐厅、宴会和餐厅间,有时客人饮酒过量,发生醉酒的情况。客人醉酒后言语失常,举止失态,甚至个别人寻机闹事,严重影响餐饮部门的正常营业。服务人员在服务过程中,对于那些要酒过多的客人要随时注意观察,热情礼貌地为客人服务。

② 对于有些客人已接近醉酒时,服务人员可以有礼貌地婉言拒绝其继续要酒的要求,并为客人介绍一些不含酒精的饮料,如咖啡、各种果汁等,同时为客人送上热餐巾。

③ 对于发生重度醉酒的客人,服务人员要认真服务。有的客人喝多酒后烂醉如泥,呕吐不止,服务人员要及时清扫污物。如是住在本店的客人要及时派专人送客人回房间休息,同时告知客房的值班人员。有的客人重度醉酒后,寻机闹事,服务人员要尽量让客人平静下来,有条件的把客人请入单独的厅堂,不要影响餐厅的正常营业。

④ 如果服务人员的种种努力完全不能奏效,服务员应及时向上级领导请示,由专职的保安或是公安部门协助解决问题。在处理这类问题时,餐厅的女服务员最好离开现场,由男同志和领导去解决。在处理醉酒客人损坏餐具、用具的问题时,要执行照价赔偿的原则。

⑤ 事故及处理结果应记录在工作日志上。

分值:10分,答题时间:10分钟

评分标准:①2分;②2分;③2分;④2分;⑤2分。

4. 汤汁、菜汁撒在客人身上往往是由于服务员操作不小心或是违反操作规程所致。在处理这种事件时应有以下几种方法。

参考答案:

① 由餐厅的主管人员出面,诚恳地向客人表示歉意。

② 及时用毛巾为客人擦拭衣服,注意要先征得客人的同意。女客人应由女服务员为其擦拭,动作轻重适宜。

③ 根据客人的态度和衣服被弄脏的程度,主动向客人提出为客人免费洗涤的建议,洗涤后的衣服要及时送还给客人并再次道歉。

④ 有时衣服被弄脏的程度较轻,经擦拭后已基本干净,餐厅主管应为客人免费提供一些食品或饮料,以示对客人的补偿。

⑤ 在处理此类事件的过程中,餐厅主管人员不要当着客人的面,批评指责服务员,内部的问题放在事后处理。

有时由于客人的粗心导致衣服上撒了汤汁,服务人员也要迅速到场,主动为客人擦拭。同时要安慰客人。若汤汁撒在客人的菜台或布台上,服务员要迅速清理,用餐巾垫在台布上,并请客人继续用餐,不得不闻不问。

分值:10分,答题时间:10分钟

评分标准:①2分;②2分;③2分;④2分;⑤2分。

5. 宾客在进餐过程中损坏餐具的突发事件的处理。

参考答案:

① 绝大多数用餐宾客在餐厅损坏餐具或用具是不小心所致。对于此种情况,餐厅服务人员首先要收拾干净破损的餐具或用具。

② 服务人员要对客人的失误表示同情,不要指责或批评客人,使客人难堪。

③ 要视情况,根据餐厅有关财产的规定决定是否需要赔偿。如是一般的消耗性物品,可告诉客人不需要赔偿了。如是较为高档的餐用具,需要赔偿的话,服务人员要在合适的时机用合适的方式告诉客人,然后在收款时一起收即可,要讲明具体赔偿金额,开出正式的收据。

分值:10分,答题时间:10分钟

评分标准:①3分;②3分;③4分。

6. 如何提高工作效率。

参考答案:

在餐厅服务工作中,节省时间,掌握好服务节奏,提高服务效率是很重要的。

① 不要空手走路

② 缩短为客人服务的时间

③ 有效地服务

④ 要方便客人

⑤ 培养观察很多客人的能力

⑥ 工作中的默契、真诚合作

不出或少出差错,注意观察,随时保持头脑灵活,工作有条理,争取能够自己纠正差错,避免客人的抱怨和投诉。

分值:10分,答题时间:10分钟

评分标准:①1分;②1分;③2分;④2分;⑤2分;⑥2分。

7. 如何接待年幼客人。

参考答案:

① 要从诚恳的态度出发照顾他们,提供耐心、愉快的照应,帮助其父母使他坐得舒适。

② 注意椅子及座位,把糖缸、盐瓶等易碎的物品移到小孩够不到的地方,不要在他们面前摆放刀叉、菜单等。

③ 不要把水杯斟得太满,不要用高脚酒杯。最好用短小的甜食餐具。

④ 尽可能为小朋友提供围兜儿、新的坐垫和餐厅送的小礼品,使父母更开心。

⑤ 如在过道玩耍或打扰其他客人,要向其父母提出建议。

⑥ 不要抱逗小孩或抚摸小孩的头,没征得父母同意不要随便给小孩吃东西。

分值:10分,答题时间:10分钟

评分标准：①1分；②1分；③2分；④2分；⑤2分；⑥2分。

8. 如何接待残障客人。

参考答案：

① 要理解残障客人的不便之处，恰当地、谨慎地帮助他们；

② 应将坐轮椅来的客人推到餐桌旁，尽量避免将其安排在过道上，有拐杖的也要放好，以避免绊倒他人；

③ 盲人需要更多的照顾，但要适当，不要过分关照而引起客人的不愉快，要小心地移开桌上的用品，帮助他选择菜肴，上菜或饮料，要告诉他放置的地方；

④ 对耳聋的客人要学会用手势示意，上菜或饮料时，要轻轻地用手触一下客人表示从这边上菜服务。

分值：10分，答题时间：5分钟

评分标准：①2分；②2分；③3分；④3分。

第七章
酒店其他部门专业实训

【实训项目】
1. 训练同学观察、判断与搜集相关资料的能力；
2. 常用的服务实训模块的内容；
3. 常用的服务实训模块的服务程序与服务标准。

【实训目标】
1. 了解酒吧销售部和康乐部工作任务；
2. 了解体会认识工作环境，体验并适应职业生活；
3. 具有督导并训练基层服务员每日工作的能力；
4. 常用的服务实训模块的内容；
5. 常用的服务实训模块的服务程序与服务标准。

【实训时间】
实训教学 4 学时。

【实训方法】
教师讲授为主，学生按要求搜集资料，小组讨论并互评，教师指导并点评。

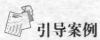 引导案例

输入计算机错误的风波

销售公关部接到一个日本团队住宿的预订，在确定了客房类型和统一安排在 10 楼，销售公关部开具了"来客委托书"，交给了总台石小姐。由于石小姐工作疏忽，输入计算机错误，而且与此同时，又接到一位台湾石姓客人的来电预订。因为双方都姓石，石先生又是饭店的常客与石小姐相识，石小姐便把 10 楼 1015 客房许诺订给了这位台湾客人。

当发现客房被重复预订之后，总台的石小姐受到了严厉的处分。不仅因为工作出现了差错，而且违反了客人预订只提供客房类型、楼层，不得提供具体房号的店规。

台湾石先生如期来到饭店，当得知因为有日本客人来，才使自己不能如愿时，表现出了极大的不满。换客房是坚决不同意的，无论总台怎么解释和赔礼，这位台湾客人仍指责饭店背信弃义，崇洋媚外。

销售公关部经理向石先生再三致歉,并道出了事情经过的原委和对总台失职的石小姐的处罚,还转告了饭店总经理的态度,一定要使石先生这样的饭店常客最终满意。

"看在饭店和石小姐的面子上,同意换楼层。但房型和陈设、布置各方面要与1015客房一样。"石先生做出了让步。

"14楼有一间客房与1015客房完全一样。"销售公关部经理说,"事先已为先生准备好了。"

"14楼,我一向不住14楼的。什么叫14,不等于是'石死'吗?"石先生脸上多云转阴。

"那么先生住8楼该不会有所禁忌了吧?"销售公关部经理问道。

"您刚才不是说只有14楼有同样的客房吗?"石先生疑惑地问。

"8楼有相同的客房,但其中的布置、家具可能不尽如石先生之意。您来之前我们已经了解石先生酷爱保龄球,现在我陪先生玩上一会儿,在这段时间里,饭店会以最快的速度将您所满意的家具换到8楼客房。"销售公关经理说。"我同意。"石先生惊喜地说。

销售公关部经理拿出对讲机,通知有关部门:"请传达总经理指令,以最快速度将1402客房的可移动设施全部搬入806客房。"

思考题:
销售公关部经理做了哪些超值的服务?

评析:
饭店的这一举措,弥补了工作中失误,赢得了石先生的心。为了换回饭店的信誉,同时也为了使"上帝"真正满意,饭店做出了超值的服务。

(资料来源:中国酒店招聘网 http://www.hoteljob.cn,2011)

第一节 酒店酒吧专业实训

实训项目一:鸡尾酒调制训练

(一)实训目的

熟悉相关鸡尾酒的配方,掌握摇和法的调制方法,养成良好的操作习惯。

(二)实训要求

严格按配方调制,方法和载杯选择要正确,动作要熟练、准确、优雅;成品口味纯正、装饰美观。

(三)预备知识

摇和法是将饮料放入调酒器,通过手臂的摇动完成各种材料混合的方法,有单手摇和双手摇两种。操作时要注意保持体态,是靠手臂的摇动而不是身体乱摇动。

1. 单手摇的方法

将调酒器盖好,用右手按住调酒器的壶盖,大拇指抵住滤冰网兼盖子与壶体的结合部,其余三指夹住壶体,不停地上下或左右摇动。此种摇法比较适用于中、小型的调酒器,因大的摇酒器只靠单手不易握好,尤其是初学者,稍有不慎,可能将摇酒器摇飞。

2. 双手摇的方法

右手的拇指按住调酒器的壶盖,用无名指及小指夹住壶身,中指及食指并拢撑住壶身,左手的中指及无名指置于壶体底部,不停地上下摇动。手中的调酒器要放在肩部与胸部之间,前后做有规律的活塞式运动。当调酒器的表面出现一层薄薄的霜雾时,应立即打开壶盖,然后用食指拖住滤网,将材料倒入事先冰好的酒杯中。

(四) 实训课题

1. 调制红粉佳人(Pink Lady)

(1) 配方:30ml Gin;15ml Lemon Juice;7.5ml Grenadine Syrup;One Albumen

(2) 器具及材料准备

① 器具:调酒器、量酒杯、鸡尾酒杯、吧匙、冰桶及冰夹。

② 材料:金酒、柠檬汁、柠檬、白糖水。

(3) 操作步骤

① 双手洗净、擦干。

② 将鸡尾酒杯加入冰块,溜杯。

③ 将调酒器分三部分放在台面上。

④ 取适量冰块,放入调酒器内。

⑤ 将公杯内的蛋白放入调酒器内。

⑥ 量入柠檬汁和红石榴糖浆。

⑦ 用量酒杯量入金酒,倒入调酒器内。

⑧ 盖好滤冰网盖和小盖子,用单手或双手摇混均匀至外部结霜即可。

⑨ 将鸡尾酒杯中的冰块倒掉,滤入鸡尾酒。

⑩ 用吧匙将红樱桃取出,用刀在底部划一口子,置于鸡尾酒杯上。

(4) 成品特点

酒度低,是传统的鸡尾酒,具有提神醒脑作用。

(5) 操作要点与注意事项

① 由于蛋白较难与其他材料混合,在调制时,一定要摇匀。

② 从调酒器中滤酒时要滤得彻底。因为这款酒需要酒面上浮些泡沫,而泡沫往往在最后才能倒出。

③ 摇混时手掌绝对不可紧贴调酒器,否则手温会透过调酒器使壶体内的冰块溶解,导致鸡尾酒酒味变淡。调制这款酒的关键是红石榴糖浆的用量,少了,酒色呈粉红;多了,酒色呈深红,口味也会变化。由于量酒杯容量较大,很难准确地量出7.5ml,因此建议使用吧匙,2吧匙的量为7.5ml。

2. 调制金菲士(Gin Fizz)

(1) 配方:30ml Gin;30ml Lemon Juice;15ml Sugar Syrup;Some Soda Water

(2) 器具及材料准备

① 器具:调酒器、量酒杯、海波杯、公杯、吧勺、冰桶及冰夹。

② 材料:金酒、蛋白、柠檬汁或柠檬、红石榴糖浆。

(3) 操作步骤

① 双手洗净、擦干。
② 将海波杯加入冰块,溜杯。
③ 将调酒器分三部分放在台面上。
④ 取适量冰块,放入调酒器内。
⑤ 量入柠檬汁和糖水。
⑥ 用量酒杯量入金酒,倒入调酒器内。
⑦ 盖好滤冰网盖和小盖子,用单手或双手摇混均匀至外部结霜即可。
⑧ 将海波杯冰块及冰水倒掉,再加入适量冰块。
⑨ 将鸡尾酒滤入海波杯。
⑩ 将苏打水加入8分满,饰以柠檬片。

(4) 成品特点

色泽鲜艳,美味芬芳,酒度适中,属酸甜类的餐前短饮,是传统鸡尾酒,深受女士欢迎。

(5) 操作要点与注意事项

① 菲士类是鸡尾酒的一大类。种类很多,如银色菲士、金色菲士、皇家菲士等。
② 其基本材料为烈酒、柠檬、糖水和苏打水,通常用摇和或调和法,用海波杯。
③ 传统习惯上菲士饮料在杯中不需要加冰服务,现在为了控制泡沫,所以先在杯中加冰。

实训项目二:酒会服务实训

(一) 实训目的

通过酒会服务实训,使学生掌握餐饮工作中的一个重要环节,也是一门基本功;同时也可以展现餐饮工作者的专业素养。

(二) 实训要求

掌握相关的技能和知识,按照餐饮标准进行服务。

(三) 服务程序与标准

1. 鸡尾酒会服务程序与标准(如表7-1所示)

表7-1 鸡尾酒会服务程序与标准

服务程序	服务标准
准备工作	1. 根据酒会预订要求,在酒会开始前45分钟布置好所需的酒水台、小吃台、食品台、酒会餐桌 2. 准备好酒会所需的酒水饮料及配料,辅料 3. 准备好与酒水配套的各式酒具,注意洗净擦干 4. 做好员工工作的分配
迎接客人	1. 酒会开始时,引位员站在门口迎接客人,向客人问好,对客人的光临表示欢迎 2. 用计数器统计客人人数 3. 服务员、酒水员在规定的位置站好,迎接客人并问好

续表

服务程序	服务标准
酒会服务	1. 酒会开始后,服务员要随时、主动地为客人服务酒水,服务酒水时,要将酒杯用小口纸垫着递给客人 2. 随时清理酒会桌上客人用过的餐具 3. 随时更换烟灰缸,添加小口纸,牙签等 4. 保持食品台的整洁,随时添加餐具和食品 5. 酒会中保证客人有充分的饮料和食品
收尾工作	1. 酒会结束后,服务员要站好并礼貌地目送客人离开 2. 酒会的结账。有些鸡尾酒会不是包价的,其收费方式有两种:先记账,最后由主办单位一次付清;每位客人点喝一杯即点即付。所以管理人员事先要向服务员讲明收费方式 3. 撤掉所有物品,清理现场,为下一餐准备 4. 管理人员填写酒会服务报告,存档备案

2. 冷餐酒会服务程序与标准(如表 7-2 所示)

表 7-2 冷餐酒会服务程序与标准

程序服务	服务标准
准备工作	1. 根据酒会预订要求,了解参加人数、酒会形式、台型设计、菜肴品种、布置主题等信息 2. 在酒会开始前 1 小时布置好所需的食品台 3. 食品台的摆设应方便客人迅速方便选取菜肴,要考虑客人流动方向,科学安排取菜顺序 4. 准备好食品台上的保温餐炉,提前 45 分钟摆好,并在保温餐炉中加入适量的热水,点燃酒精加热,上齐各种食品 5. 设座冷餐酒会的餐桌摆放要突出主桌,要预留通道 6. 准备好足量的餐盘 7. 酒水台的布置 8. 准备好酒会所需的酒水饮料及配料、辅料 9. 准备好与酒水配套的各式酒具,注意洗净擦干 10. 做好员工工作的分配 11. 落实消防工作
迎接客人	1. 酒会开始时,引位员站在门口迎接客人,向客人问好,对客人的光临表示欢迎 2. 用计数器统计客人人数 3. 服务员,酒水员在规定的位置站好,迎接客人并问好 4. 客人自由入座或选择位置站好,服务员先为客人提供冰水服务,同时询问是否需要饮料
酒会服务	1. 主办单位待全部客人就座(到齐)后致辞、祝酒,宣布酒会开始后,服务员要随时、主动地为客人服务食品、酒水等 2. 较高档次的酒会要有厨师值台,随时向客人介绍、推荐、夹送菜肴,分切大块烤肉,及时更换和添加菜肴并检查食品温度,回答客人的提问 3. 服务员随时清理酒会桌上客人用过的餐具,更换烟灰缸,添加口纸,牙签等 4. 服务菜台的服务员要保持菜台的整洁,随时添加餐盘、餐具等 5. 酒会中要保证客人有充分的饮料和食品 6. 管理人员现场协调督导,处理突发事件,指挥员工圆满完成服务任务
收尾工作	1. 酒会结束后,服务员要站好礼貌地目送客人离开 2. 酒会的结账。酒水员及时清点饮用的酒水饮料使用数量,价格上报,由主管或经理负责结账 3. 厨师负责将剩余食品撤回厨房 4. 服务员撤掉餐台、菜台所有物品,清理现场,为下一餐准备 5. 管理人员填写酒会服务报告,存档备案 6. 第二天宴会推销人员要及时发出"征求意见"函,以期得到客人对本次宴会的反馈意见

(四) 服务内容及注意事项

1. 鸡尾酒会

鸡尾酒会是一种简单活泼的宴会形式,通常在下午、晚上举行,以供应各种酒水饮料为主,略备小吃点心和少量热菜。鸡尾酒会一般不拘形式,客人可以迟到、早退,席间常有主人主宾即席致辞。

2. 鸡尾酒会服务员分工

① 酒水服务员。用托盘端上倒入的各种酒水和饮料,巡回向客人敬让,自始至终不应间断。同时,要及时收回用过的酒杯以保持台面的整洁。

② 菜点服务员。在酒会开始前15分钟在桌上摆好干果,酒会开始后端上菜点和各种小吃,在席间巡回敬让。

③ 吧台服务员。在酒会前备好各种所需的酒水冰块等物品。打好供洗刷的消毒水和清水,酒会开始后负责倒酒兑酒和洗刷用过的酒杯,保证酒水和酒杯的供应,并随时整理吧台鸡尾酒会用酒的品种,既要满足客人的需要,又要注意节约。

3. 举行鸡尾酒会的要点

① 时间:通常在下午5:00~7:00或6:00~8:00。一般介于一个小时到两个小时之间;

② 出席对象:通常商业团体较多;

③ 人数:50人以上;

④ 宴会厅选用:可在任何宴会厅举行,由于是站立式且周转率高,可在一定程度上超容量接待;

⑤ 餐桌布置:不设座位只设菜台和吧台;

⑥ 所需设备:讲台立式麦克风长椅标题横幅;

⑦ 花卉:根据主办单位的要求和宴会厅的情况选用预订,属于收费项目;

⑧ 菜单:为客人服务牛排火腿等,也可选用特定的菜单;

⑨ 酒水饮料:如包价中含有酒水、则根据标准选用酒水品种;

⑩ 音乐:一般采用轻音乐、古典音乐,还要备有主办国的国歌磁带、古典音乐磁带等;

⑪ 其他:冰雕是鸡尾酒会的常见装饰品,需根据主办单位要求,起装饰作用。

4. 冷餐酒会

(1) 冷餐酒会服务:冷餐酒会又称自助餐会,是当今最为流行的一种用餐方式,适用于会议团队用餐和各种大型活动。

(2) 冷餐酒会的服务方式:不设座冷餐酒会,又称立餐。菜点摆在菜台上由客人自己选用,酒水由服务员端至席间巡回敬上。

(3) 设座冷餐宴会有两种。

① 使用小圆桌,每张置6把椅子,桌上摆酒水杯、牙签盅、烟灰缸、小毛巾或扣纸筒。不设座酒会。在厅内布置若干张餐台,将菜点和餐具摆上。酒会开始后客人到菜台前自己取用然后到小桌的座位上用餐。服务员的主要任务是照看餐台和为客人斟酒。

② 使用10人桌,摆10把椅子,将菜点和餐具按照中餐宴会的形式摆在餐桌上,客人按席位就座用餐,服务员的主要任务是斟酒水。这种设座形式的冷餐酒会往往设宾主席,主人可根据出席的人数用12~24人大圆桌或长条桌进行布置,用餐方式和服务程序与中餐宴会

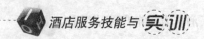

相同。

(4) 冷餐酒会服务员的分工。

① 服务菜台的服务员,酒会开始前负责餐台上端取和摆设菜点、餐具(供自取用餐的盘、刀、叉、筷子等);酒会开始后,照顾客人取菜,整理餐台,撤除空盘,调整菜点。如果兼有热菜点,应负责端取和摆设在菜台上。如餐具不够用,要随时补充(这类餐具的数量一般应为客人数量的2~3倍)。一般由两名服务员管理一张餐台。

② 敬让酒水的服务员。在酒会开始前负责摆设小圆桌上的用品,如烟灰缸、花瓶、牙签盅等。酒会开始后负责敬让酒水,撤回用完的杯、盘、刀、叉等。

③ 服务酒台服务员。兑倒酒水、整理酒台。有时客人直接到酒台上取用酒水,应主动照顾和介绍酒的品种。

(5) 菜点的摆设。

冷餐宴会的菜点具有拼摆精美、色彩绚丽、味美鲜香、花色繁多的特点,因此在摆设时要有所讲究,充分体现出特点来。它要求把菜点摆设成协调对称的图案,并做到荤素交错、色调和谐,距离对称、取菜方便。菜点摆好后在每种菜点的盘子右侧放上一套大号服务叉勺,供客人选取菜用。供客人用餐的盘子、刀叉、筷子等分别放置在菜台的两端。

(6) 酒会进行过程中的服务。

在客人取菜时,管理餐台的服务员要主动上前照顾取菜,并随时准备回答客人对菜点提出的问询,对于坐在厅室周围不便取菜的年老体弱者应主动送去酒菜,加以关照。敬让酒水的服务员在酒会开始前要端上各种酒水不时地向客人敬让,并随时不声不响地撤回小圆桌上用完的餐具、酒杯等。在敬让酒水时,行走要轻捷,要防止碰撞客人。

第二节 酒店经营与公关销售部门专业实训

一、计算机管理系统模块

饭店计算机管理系统包括客房预订、销售、前台管理、财务管理等模块。其中最基本、最主要的是前台管理模块,主要从客人的预订、登记、排房、入账、饭店客史档案等,一直到结账,进行自动管理,使饭店各有关部门随时掌握房间使用状况,以及管理所需要的各种信息。

二、计算机管理系统的主要功能

(一) 客房预订功能

利用计算机进行预订业务操作是指应用管理信息系统中的预订功能模块接受和处理客人的订房信息,并对客房预订状况实施有效控制。通常计算机处理预订信息的功能体现为以下几项具体内容:

① 受理在系统设定期限内任意一天的预订;

② 利用房号提前为客人排房;

③ 设有超额预订的信息提示,同时也接受强制超额预订;

④ 每项预订记录都可通过姓名、账号(预订号)、抵离店日期、公司名称等方式查询;

⑤ 设置预订单,特殊要求(VIP留言)功能;
⑥ 接受新输入的预订信息,自动建立一个不重复的账号,提供给客人作为预订号;
⑦ 设有专门处理团队订房的功能,可为团队客人建立总账单;
⑧ 自动将预订状况按国籍、抵达饭店日期、订房方式等进行分类统计;
⑨ 可更改或取消预订记录,并对更改和取消进行存档记录;
⑩ 设有客房协议价格提示;
⑪ 对预订记录进行修改、取消并作存档记录;
⑫ 调出客史档案生成预订。

如何调出客史档案生成预订

1. 新建预订单

输入预订客人基本资料。注意"客人账号"由计算机自动递增生成。下列表框资料(如客人类型、折扣编码)等在"参数设置"主菜单中增加或修改。

2. 调出历史资料生成预订单

输入客人姓名、历史账号及单位名称后,单击"确认"按钮自动生成预订单。单击"退出"按钮返回调出菜单。

(二) 总台接待功能

总台接待员利用计算机为客人办理入住登记手续,可以尽量缩短客人滞留总台的时间,为客人提供快捷高效的服务。总台接待功能主要包括下列具体内容:

(1) 在预订客人抵店前,录入入住登记资料,打印登记单,并提前排房。

(2) 预订客人抵店时,可按预订号、姓名、国籍、公司名称等查寻相关资料,进行接待。

(3) 在计算机中为客人办理入住登记手续,包括客人详细资料、住宿时间、房号,输入或更改房价,自动为客人建立账单。

(4) 在接待无预订客人时,系统可提供现时空房表。

(5) 设有可调用的即时显示的客史档案,以简化手续接待无预订回头客;而对初次到店的客人,则可以自动为其建立饭店客史档案。

(6) 预订单、饭店客史资料生成入住登记表。

(7) 对于客人入住后提出的诸如更改房费、变更住宿时间和付款方式等要求,可以随时在系统中进行修改,并对每次变更保留记录,以备核查。

(8) 设有专门的团队客人入住登记功能,可以定义团队公付项目,将团队结账按公付、自付分类处理。

(9) 离店客人重新入住功能。

(10) 随时显示客房状况,包括出租率、房态、可售房、住店人数、当日预抵离房数等。

(11) 对于当日预期离店而尚未离店的客房,设有专门提示,并可自动在设立的离店时间,将这些房号打印出来。

(12) 按客人姓名,系统自动调出回头客信息及历次住店统计信息,以确定房价优惠。

在计算机中查询各种数据

1. 散客入住

功能描述：输入散客入住资料。注意"客人账号"由计算机自动递增生成。具体显示资料（如客入类型、折扣编码）等在"参数设置"主菜单中增加或修改。

2. 预订入住功能描述

输入预订客人姓名、房号、客人账号及单位名称等条件，单击"确认"按钮，自动生成入住单。

3. 回头客登记

功能描述：回头客登记时，系统自动调出客人历史信息（根据姓名从档案库查找）。

（三）问讯功能

该模块主要对住客信息及历史资料进行查询。根据前厅部管理要求及对客服务的需要，系统中的问讯功能做到快捷、准确和高效，同时应具有多种方式的查询途径。问讯员应能够随时快速地从计算机中查询每位住店客人或已预订客人的资料。

问讯功能主要通过姓氏、日期、客人占用情况、客人账单、公司名称、团队查询等内容来提供相关信息。

（1）按各种条件查询打印现住及离店的散客或团体客人信息。

（2）按各种条件查询打印房态信息、可用房的信息（房数、房号及类别、指定日期内某房类住房率）。

（3）可按多种条件查询，包括房号、姓名、旅行社、团名、地区等。

（4）可查本日抵离店客人，明日应到的客人，今日、明日应离店的客人等情况。

（5）可查 VIP 客人、历史客人信息。

（6）客房占用情况查询。

（7）一个月按客源、按房间类型预测分析。

总台计算机问讯系统极大地提高了查询速度，减轻了问讯员的工作量。

在计算机中如何查询——住客查询

功能描述：问讯员输入、"客人账号"、"客人姓名"、"房号"以及"单位名称"后，单击"确认"按钮，系统就会显示符合条件的住店客人的详细资料。单击"消费明细查询"按钮，系统则以列表方式显示"客人消费明细表"。

（四）客房状况控制功能

通过计算机可以快速、准确地掌握客房的使用情况，使得前厅部与客房部之间的信息沟通更快、更准确。另外也能使服务员及时掌握客房状况，做好销售工作，更好地为客人服务，提高客房出租率。管理信息系统中的房态控制功能是客房管理和总台接待工作能否成功的

关键,其功能主要包括以下内容:

(1) 显示可售房状况,随时动态查询客房可用房情况。

(2) 反映和更改每一客房的状况(包括空房、待修房、住客房、预订房等)。并有维修房、非出租房提示,客人信息、现住或预订状态、VIP客人标志、长包房标志等。

(3) 提供客房占用情况报告。

(4) 反映客房维修情况。

(5) 按楼层、房间类型、房号等方式显示客房状况。

(五) 客人账单管理功能

客人账单管理功能是一项保证饭店经济利益和保证客人住店期间各种消费数据准确可靠的工作。运用计算机系统则可以随时直接地将每位客人的消费情况,以各种方式记入各自的客账,并自动累积和显示客人当前的消费状况。客人在离店结账时,只需在计算机中输入客人的房号或姓名,客人的账单就会自动打印出来。客人账单管理功能主要包括以下方面:

(1) 自动为客人建立账单,能为每间客房至少建立一个账单。

(2) 饭店各营业点消费额自动转账。

(3) 显示客人账单细目和各分类账细目。

(4) 打印出客人账单并制作标准结算账单。

(5) 夜间审核自动化并打印相关报告。

(6) 制作账目汇总表。

(7) 自动加收房费提醒。可根据客人的结账时间自动提醒加收半天房费及一天房费并根据实际情况进行加收。

(8) 消费追记。可根据查房及其他收费点的传单在结账时追记客人的消费。

(9) 支持多种方式结账。现金、支票、信用卡等及现付、挂账、全免和部分免费等。

(10) 转账处理。一个客人替另几个客人付账,可以提前设置这几个客人的转账关系,在产生客人账目时,系统自动把账转到付账客人账户上。

(11) 系统数据检查。对客人状态、房态、账目进行数据一致性检查,方便饭店的各个部门对当日账务进行查询。

(六) 建档功能

当客人首次入住饭店:接待员把客人的各种资料输入计算机后,计算机中的建档功能就会自动地为客人建立饭店客史档案。以后随着客人的消费和不断光顾,计算机就会不断记录客人在店时的各种有用信息(如客人的特殊要求、消费金额、住宿次数与时间、信用情况、饭店曾给予的优惠等),作为饭店今后为客人提供针对性服务的参考。

饭店可以根据饭店客史档案,一方面给不同的客人、不同的单位以不同的优惠政策;另一方面可以对那些不守信用的客人予以适当处理。

饭店客史提示栏目功能

(1) 饭店客史档案查询。根据来店次数、姓名、房号查询回头客,如果需要了解回头客详细信息(基本信息、消费信息、爱好习惯信息),可双击某行,在此窗口中,用户可录入修改信息。

(2)饭店客史档案管理。客人离店后系统自动将其信息记入回头客档案,但对于习惯爱好信息,需要服务员补充录入。该窗口可录入回头客习惯爱好信息,可产生在店回头客习惯爱好信息报表。

(七)经营统计功能

在前厅部的运用中,计算机能随时显示当前及未来客房经营情况,并向管理者提供每日的营业额、平均房价、抵达饭店的客人情况等信息。管理者还可通过计算机直接获取营业日报(客房营业日报、前台收入日报、前台收款日报、宾客账务日报、消费营业日报、消费收款日报、综合营业日报、综合收款日报)、客人情况预测、价格分析报告等必要的辅助决策分析资料,使管理者能迅速掌握可靠的信息资料,改善经营管理。

第三节 酒店康乐项目专业实训

一、康乐项目的含义与内容

1. 康乐活动的含义

康乐活动是人们在闲暇时间,借助一定的设备设施、环境和服务,为达到身心健康、愉悦的目的而进行的一种休闲性、消遣性活动。

2. 康乐活动的内容

康乐活动所包括的项目内容很多,包括康体类活动、保健类活动、娱乐类活动、休闲类活动。其中康体类活动包括球类活动(如高尔夫球、保龄球、台球)和其他类活动(如健身房、游泳池);保健类活动包括桑拿浴、按摩、美容美发等;娱乐类包括电子游戏、文艺演出、卡拉OK、夜总会等;休闲活动包括过山车、摩天轮、游艇等。

二、康乐项目的现状与发展前景

(一)康乐项目的现状

1. 康乐项目的种类层出不穷

康乐项目随着时间的推移,内容越来越丰富、越来越新颖。世界范围内康乐项目逐渐增多,现在风行的就有高尔夫球、保龄球、沙壶球、飞镖、射箭、射击、攀岩、蹦极、骑马、台球、摩天轮、过山车、滑车、桑拿浴、按摩、滑雪、沙滩排球、游泳、潜水、滑板、卡丁车、壁球、网球、漂流、冲浪、网吧、氧吧、SPA水疗等几十种。

2. 康乐项目的文化色彩日益浓厚

康乐项目的消费是一种高雅的精神消费,它为人们提供的主要是消除疲劳、缓解压力、舒畅心情、恢复精力、提高兴致、陶冶情操等方面的精神享受。因此,康乐活动具有一定的文化色彩。

3. 康乐设施和经营场所大幅增加

我国的康乐业基本上是从20世纪80年代开始发展起来的,最初的康乐项目档次低、服务差,康乐需求处在低层次。进入90年代以后,尤其是90年代后期,高档的、先进的娱乐方式,率先在经济发达省市出现,并随之带动沿海及内地各大城市。

如保龄球馆、洗浴中心、夜总会、歌舞厅、俱乐部、KTV、酒吧、娱乐城等遍布城市的大街小巷,尤其是一些高档饭店的康乐场所更是装修豪华,环境舒适,设施完备。

4. 参与康乐活动的人数越来越多

随着经济的发展和社会文化水平的提高,人们的康乐需求也不断提高,越来越多的人希望在闲暇时参与一些有益于身心健康的康乐活动,而且呈现出不同的消费人群。

5. 康乐项目的收费水平趋于合理

随着市场经济的发展和人们消费观念的转变,康乐业的收费水平越来越合理,大多数康乐企业都能从我国消费者的实际收入情况出发,制定出符合实际的收费标准,采取降低收费的经营策略,例如,曾经属于"贵族"的康乐项目——台球开始大规模地走向寻常百姓。

6. 康乐场所的综合功能日益增强

在市场竞争日益激烈的今天,一个康乐区域中如果不能给客人提供综合性的康乐活动项目,它的经营将会受到巨大挑战。在饭店经营中要考虑满足顾客的食、住、行、游、购、娱的需求,同样在康乐经营中也需十分重视这一点。

如何考虑宾客需求

如果客人在游泳后一般希望喝些茶水饮料,或者在打完保龄球后也许希望进桑拿房消除疲劳,之后或许就想去KTV包房唱歌,这就涉及了运动、保健、娱乐三个类别的项目,这些都属于正常需求的范畴,而且是现代都市人最普通、最现实的需求,所以经营者一定要考虑到宾客的这些需求。

(二)康乐项目的发展前景

随着世界经济的迅速发展,康乐经营在经济活动中所占的比重将会增加。随着人类进入"休闲时代"或称为"体验经济"和"梦幻社会",21世纪的康乐休闲、旅游产业将有许多新的变化和更大的发展,康乐消费在人们生活消费中所占的比例将会增长,康乐项目将会越来越受到人们的青睐。

三、康乐中心的地位

在饭店的众多部门中,康乐中心是现代饭店一个新兴起的部门,按照中华人民共和国《旅游饭店星级的划分及评定》GB/T 14308—2003标准规定,三星级以及三星级以上的饭店应具备会议康乐设施设备,并提供相应服务。

在改革开放的三十多年来,旅游饭店及时地引进了"康乐"这一有益的新观念。一些中外合资的大饭店都设立了康乐中心或成立了康乐部。如上海的希尔顿饭店、新锦江饭店、喜来登饭店、华亭宾馆;北京的长城饭店、丽都假日饭店;广州的白天鹅宾馆、中国大酒店等四、五星级宾馆、饭店都具有较完备的康乐设施,其他一些三星级饭店也不同程度地拥有自己的康乐设施。为客人增加了服务项目,也增加了饭店收入。

案例分析

最早的康乐项目

据考证,保龄球和地掷球的活动历史可以追溯到距今7200年前的古埃及;世界上最早的游艺机起源于欧洲。"欧洲游乐城"(Furo Fun Fair)在英国具有悠久的历史。

最早的游艺设备是人力推动的儿童转椅,后来发展成为经久不衰的旋转木马。正因为如此,世界游艺机游乐园协会就把木马作为自己的标志。

早期的游艺活动采取巡回演出的形式,意大利、德国、新加坡、日本等100多个国家都被光顾过。

全世界最早的高尔夫球场,于1754年成立于苏格兰的圣安卓市(St. Andrews);全美第一个高尔夫球场,于1898年成立于纽约的圣安卓俱乐部(St. Andrews Club);最早的木制过山车建在1843年建园的丹麦蒂沃丽公园;共享型度假区于1964年创立于法国阿尔卑斯山区。但人们把康乐活动作为一门学问进行较系统地研究和开发,则是近些年才开始的。

思考题:

案例中哪些属于康乐项目?

(资料来源:阙敏.康乐服务.北京:中国人民大学出版社,2007)

四、饭店康乐部运营

(一)康乐项目设置的原则

1. 适应饭店的经营理念的原则

如以商务客人为主的饭店,为适应客人电子信息方面的需求,饭店特设电子商务中心和24小时商务秘书服务,为商旅、休闲生活提供各种便捷;度假饭店强调的则是休闲。

2. 经济效益原则

目前,大部分康乐设施是单独收费的。如保龄球、台球、美容美发等项目,但是,很多饭店的康乐项目采用少收费或不收费的经营方式。

3. 社会效益原则

一些饭店的康乐设施在对住店顾客提供服务的同时,又对非住店顾客提供服务,而且取得了很好的经济效益和社会效益,既得到了较好的门票收入,又提高了饭店的知名度,并为稳定饭店的客源作出了贡献。

4. 满足宾客正当需求的原则

总体来讲宾客的需求可以分为以下几类:一是要有趣味性;二是要有健身性;三是要有高雅性;四是要有新奇性;五是要有刺激性。

5. 因地、因店、因时制宜的原则

饭店场地范围过小,就不适宜设置占地面积很大的高尔夫球场;如果饭店的规模较小,就不必开设夜总会等项目;寒冷地区的饭店一般不宜建室外游泳池。

(二)康乐项目设置的主要依据

1. 市场需求

在具体确定市场需求时,还要分析每个服务项目的市场需求量,即服务项目利用率的高低,要防止某个项目的规模和接待能力过大或不足而影响经济效益。

2. 饭店星级

康乐活动是具有现代意识的旅游新观念,在西方国家的"休假性饭店"和"公寓式饭店"的标准中,都明文规定要有健身、娱乐等康乐设施,并要求设有康乐中心,如果达不到标准,饭店就会被"降星"。

3. 资金能力

建设一个综合娱乐项目所需要的资金可能与建一座相当规模的饭店差不多,但建一个饭店附设的适度规模的康乐部门则用不了那么多资金。因此投资者、设计者要心中有数。

4. 客源消费层次

饭店康乐设施的设置要在调查研究的基础上根据客源层次及其相应需求来决定。市场定位要准,要注意工薪阶层与商务阶层,商务旅游者与度假旅游者需求的不同,要根据不同顾客的不同需求设置相应的项目。

5. 客房接待能力

在一般情况下,从饭店客房接待能力可以推算出饭店康乐部的接待能力,从而决定康乐设施的设置规模,这是对只接待住店旅客的饭店而言。但有的饭店康乐部在接待本店旅客的同时还接待店外散客,这时就要考虑该市场的客流量,并依此决定饭店康乐部的规模。

6. 康乐项目经营的社会环境

(1)地区经济环境

如果某地区经济发展规模大、速度快,经贸商务活动会越来越频繁,外来经商、洽谈、投资的人会越来越多,这也必然会导致对康乐需求的增加,预示着康乐经营在该地区具有广阔的前景。

(2)人文环境

这是指社会各种文化现象,包括文化传统、教育水平、社会习俗、宗教信仰、价值观念、审美情趣等。不同地区、不同民族的习俗、爱好、情趣会有很多差异,即使同一地区的人们,由于文化、年龄、习惯、性别等方面的不同,他们的康乐需求也会不同。

(3)社会政治环境

稳定的政治环境、良好的社会治安、地方的经济政策,尤其是对饭店的税收政策将直接影响到康乐经济的发展,是康乐业经营发展的前提。

(三)康乐部的协作

康乐部的协作是指在康乐部的经营过程中,康乐部内部各项目间和各服务岗位之间的协同配合,以及康乐部与外部单位之间的互相配合。

1. 康乐部内部的协作

康乐部内部的协作精神体现在两个方面:

(1) 在某个项目提供服务的过程中协作,能使顾客体验到某项目的环境、设备、服务员的行为达到完美的统一。

例如保龄球场,保洁员营造优美的环境,设备维修人员保障提供完好的设备,服务员提供周到细致的服务,只有这三者紧密协作,才能共同为顾客提供满意的服务。

(2) 在康乐部内部各项目之间的协作。例如,网球陪打员不失时机地向顾客推介按摩服务,既为顾客推荐了一个解除运动后疲劳的项目,又为本部门增加营业收入作了一次宣传。

2. 康乐部与饭店内部其他部门的协作

康乐部要注意与餐饮部、客房部、工程部、公关销售部等的协作关系。同时,康乐部还应该处理好与财务部、采购部、安保部等部门的关系,搞好与友邻部门的协作。

3. 康乐部与饭店外部的协作

康乐部与饭店外部的协作包括两方面:

(1) 康乐部的业务工作需要与饭店外部发生协作关系;

(2) 饭店或康乐企业与外部的联系,往往由康乐部来落实。

康乐部对外的业务联系很多,例如卡拉 OK 厅或咖啡厅常需要外请乐队和演员来表演节目;如果在多功能厅举办画展、书法交流活动,需要请画家、书法家现场作画写字。

(四) 康乐部的营销

康乐部的营销是指在以顾客为中心的经营思想的指导下,以康乐项目的设置、定价、销售渠道和促销策略为主要内容和手段的经营活动。

1. 康乐部的营销渠道

营销渠道是指产品从生产者到消费者所经过的途径以及相应设置的市场分销机构。它是通过企业认真策划而开辟和建立的,通过销售人员巡访提供资料、宣传和通过计算机网络定期联系所维持的。

康乐部是通过广告等手段形成对消费需求的刺激,通过营销渠道促成购买行为的。康乐部的营销渠道有以下两种。

(1) 直接销售系统

直接销售系统的特点是没有中间环节,这种销售形式是一种传统的销售形式。就康乐部而言,散客依然是主要的消费者,这种销售渠道是主要渠道。

(2) 间接销售系统

这种销售系统是企业通过中间商,将产品销售给顾客销售系统。

2. 康乐项目的推广

康乐服务产品的推广也可以称作促销,就是把康乐部的服务产品对消费者进行报道、说服,以影响消费者的购买行为和消费方式,从而达到扩大销售的目的。

康乐产品的促销方式有三种。

(1) 人员推销

这种方式是康乐企业派出推销人员或委派专职推销机构向目标市场的顾客介绍和销售康乐产品的促销活动。人员推销与其他促销手段相比具有不可替代的作用,是一种重要的促销方式。很多康乐企业都采用这种促销方式,特别是每到重大节假日之前,它们便派出销售人员到重点客户单位或家庭登门推销。

人员推销具有灵活性强、双向沟通、即时交易多、针对性强、双向沟通、成本效率高等优点。但是,人员推销也有市场面窄、声势小,可能出现因推销人员选择不当而损坏康乐企业声誉的现象等缺点。

(2) 营业推广

这是采用陈列、展示、表演、优惠销售、奖励购买等方式刺激市场,以使市场产生较快、较强的反应,从而促进销售的方式。

营业推广的具体方式很多,例如在报纸上刊登优惠券;允许消费者在特定的时间免费试用;向顾客赠送有纪念意义的小礼品,以鼓励其增加消费;抽奖促销;折扣减免;设立俱乐部的形式以稳定客源、增加销售等。

(3) 广告推销

广告推销是指康乐企业通过支付费用给大众传播媒体,购买时间或版面,用以向目标购买者及公众传达商品和劳务的特征,以及顾客可能得到的利益,激起消费者的购买欲所进行的活动。有一些大型康乐企业都曾采用这种方式,例如北京康乐宫、沈阳夏宫、苏州乐园、香港海洋公园等。

案例分析

如何处理

一位客人到饭店大堂副理处投诉:客人持饭店的足浴赠票券,到四楼消费,赠券上写明可免一人足浴,但消费时服务员没有说明只能洗中药足浴,向其推荐了鲜花足浴,结账时才知道不能免单,客人认为饭店有欺骗行为。

思考题:

你认为大堂副理该如何处理此事?

评析:

饭店的大堂副理委婉地向客人解释赠券使用操作程序,并联系康乐部经理,同意此券抵消费,客人表示满意。

五、康乐项目管理分类

(一) 按功能特征分类

1. 康体类

康体类包括球类、健身器械运动、游泳和滑雪等。这类活动主要是体育竞技项目。

2. 娱乐类

娱乐类包括歌舞、影视、游戏和棋牌等。

3. 保健类

保健类包括按摩、桑拿、健身浴和氧吧等。保健类是一种医疗性质的活动。

（二）按活动状态分类

1. 观赏性活动

这主要指观赏各种体育竞赛和休闲体育表演。在观看比赛和表演的过程中，人们会表现出赞赏、激动、惊叹、沮丧、愤怒等各种情绪，心理压力得到充分的释放。

2. 相对安静状态的活动

这主要指棋牌类休闲活动。这类活动的参与者身体活动量较小，脑力支出大。棋牌类活动通常是由多人参加的集体活动，需要默契与配合，良好的心理素质是这类活动的主要特征。垂钓也属于这类活动，但体力与脑力的支出都比较小，是一种很好的修身养性的方式。

3. 运动性活动

运动性活动是休闲体育的主体。根据各种休闲活动的特性，通常分为以下几种类型。

（1）眩晕类运动

眩晕类运动是借助特定的运动器械和设备，使人在运动中获得在日常生活中难以体验到的空间运动感觉，感受身体与心理极限的刺激。如游乐场上各种产生滑动、旋转、升降、碰撞的游艺项目。过山车、蹦极等是典型的眩晕类运动项目。

（2）命中类运动

命中类运动是运用自身的技巧和能力，借助特定的器械击中目标。如射击、射箭、投篮、保龄球、台球等。

（3）冒险类运动

冒险类运动是人类对大自然的一种具有挑战性的休闲活动，须有严密的组织措施和安全保障，如沙漠探险、长江漂流、游泳横渡海峡、滑翔伞等活动。

（4）户外运动

这里的户外运动并不仅指在室外进行体育活动，而是指人们回归自然的各种体育休闲方式。如野营、远足、登山、攀岩等。

（5）技巧类运动

技巧类运动指人运用自身的能力，借助特定的轻器械所表现出的高度灵巧和高技艺的运动。主要有花样滑板、自行车越障碍等。

六、康乐项目管理

（一）康体类娱乐项目

1. 保龄球

保龄球又称地滚球，是在地面上滚球击打木柱的一种室内体育运动。

保龄球运动是人类历史上最古老的运动之一，起源于7200年前古埃及的一种用大理石制出球来打倒石柱的游戏。

1875年,美国纽约地区9个保龄球俱乐部的27名代表组成世界上第一个保龄球协会。1895年9月,美国保龄球协会成立。为便于球瓶被连续击倒,这个协会决定将保龄球的钻石形状排列改为倒三角形的排列,并制定了标准的保龄球用具及其他有关规则。从此,保龄球运动成为一项正式的体育项目。

保龄球道的材料按硬度分为软质球道和硬质球道两种,球上开有3个持球用的指孔。保龄球有通用球和专用球之分,适合一般人使用的以及一般保龄球馆使用的,都是通用球。

保龄球瓶排列成倒的等边三角形,10个瓶以30.48cm的间距依次排列成四行。参加运动的人在投掷线前将球滚掷出去以撞击瓶柱。每人投掷两次为一格,每10格为一局。以用最少的掷球次数击倒所有瓶柱者为优胜者。

2. 台球

台球也称桌球或弹子球。

台球种类很多,就地区而言,可分为三大类:英式台球、法式台球、美式台球;按球台结构和运动方法,可以分成两类,英式台球和美式台球属于落袋式台球,法式台球属于无袋式台球。有袋式台球又分为英式斯诺克、比列、美式落袋三种,目前在我国主要流行英式斯诺克(snooker)和美式落袋。

台球运动是一项高雅、文明、健康的体育活动,被人们称为大众化的"绅士运动"。

3. 网球

由于网球这项运动有很多的运动价值和特点,现在已盛行全世界,被誉为仅次于足球的"第二大球类运动"。

网球是在长23.77m、宽8.23m(单打)或10.97m(双打)、中间挂一张0.914m高的网的场地上,由二人或四人进行单打或双打比赛的一项小型球类运动。网球场地按环境结构划分为室内和室外两种,按地面材质可分为草地、沙地、涂塑合成硬地等数种。

4. 壁球

壁球是从网球派生出来的一种对着墙打的球类运动,所以又叫墙网球。

壁球的场地面积较小,类似一个矩形的盒子。世界壁球联合会(WSF)所规定的标准壁球馆尺寸如下:

(1) 单打场地:长9.75m,宽6.40m,高4.57m;

(2) 双打场地:长9.75m,宽7.62m,高4.57m。

壁球场地的墙面与地面呈90°角。现在大多数的壁球场地都采用"透明"材料,允许观众观看选手的比赛。壁球运动所用的球为直径4厘米的充气橡皮球,球的重量为24克。球的弹性有四种,分别用蓝、红、白、黄四种颜色的小圆点标明,蓝点球弹性最高,红点适中,白点较低,黄点最低。

5. 高尔夫球

高尔夫球运动的产生与发展。高尔夫是荷兰文的音译。高尔夫球场的要求很高,它需要一大片绿化极好的丘陵地带,所以,一般繁华地区的饭店宾馆根本无法在所在地区建设高尔夫球场,但可在郊区选择有利地形建设,饭店可设有高尔夫练习场、电子模拟高尔夫球场、高尔夫球场(至少9洞)。

6. 健身房

健身房集多项运动于一体,具有较强的综合运动特点。运动健身项目往往集田径、体操和举重等活动为一体,宾客可以根据自身情况进行选择和有计划的健体活动。健身房环境设计具有一定要求,使宾客如同在大自然中运动健身;健身房内设有各种具有模拟运动的器械,还要为初学者提供轻松易学的锻炼设备;健身房还提供运动鞋、运动衣,配有经验丰富的健身教练,为每位宾客做出科学详细的健身计划。

7. 游泳池

游泳池在高档饭店是不可缺少的康体设施。很多饭店和度假村都建有室内外游泳池。

游泳池的形状包括长方形、圆环形、泪珠形、腰子形和任意形等。其中长方形的游泳池最适合教学或比赛之用。

(二)娱乐类康乐项目

娱乐类康乐项目是指通过提供一定的设施、设备和服务,使顾客在参与中得到精神满足的游戏活动。

1. 游戏类娱乐项

游戏类娱乐项目主要是指为客人提供一定的场面设施和设备条件,使客人在各种限制、规则的约束下与对手进行各种各样的竞赛、争取胜利以获得乐趣的娱乐项目。

(1)棋牌游戏

棋牌游戏,是人们运用棋牌和布局或组合方式进行的对抗性游戏,较量智力水平,提高智力的游戏。主要有围棋、中国象棋、国际象棋、桥牌、扑克牌、麻将牌等。

(2)镖类游戏

镖类游戏主要有掷镖和飞镖两种。

掷镖也称飞标,它是通过人体的手部力量,把掷镖投向靶板的游戏,又可以锻炼娱乐者的敏感性和准确性,是一项有益于身心健康的活动。飞镖可以促进人的反应,开发人的智力,有较大的知识性和娱乐性。

(3)游戏机室

由于电子科技高速发展,特别是电子计算机的普及和提高,促进了电子游艺机的产生和发展。初期是研制出能在电子计算机上玩的游艺软件供个人娱乐,不久又研制出专用的游艺软件和只能使用这类软件的电子计算机硬件,这就是目前正在流行的电子游戏机。

2. 歌舞类娱乐项目

(1) KTV

KTV是卡拉OK的一种,不同的是一组客人在一个独立的空间里唱卡拉OK。不仅具有餐厅中的雅室的优点,使客人感到安全、舒适,而且它的独立性也免去了客人娱乐相互之间的干扰并能随时点唱而不必要等候。

(2) PTV

PTV是一种更为新颖的卡拉OK形式,是在KTV基础上发展起来的,它在演唱舞台配置专业演出灯光和音响的基础上,面对舞台安装一个或多个摄影镜头,并增添高保真的录音设备。

这些设备由控制室的专业人员控制,当客人演唱时,专业控制人员针对演唱者进行灯光和音响最佳配置,通过不同的摄像镜头拍下演唱者演唱时的不同侧面,结合卡拉OK碟片中的画面,用各种电视制作手法简单地将以上各种画面编辑、串联起来,随着歌曲的韵律播放到巨大的投影银幕上。给人增添了极大的情趣。

(3) 量贩式歌厅

这种经营形式的歌厅起源于日本,风行于我国台湾地区,现在又在全国盛行。量贩式歌厅与传统歌厅相比有其明显特点:首先,在经营形式上,采用严格地计时计量收费的方式。其次,在经营品种上,增加了内部自选市场,饮料、食品由顾客自选;有的还设有自助餐厅,以方便顾客用餐。最后,在经营规模上,比普通歌厅大得多。包厅的数量,少到几十个,多到上百个。

(4) 迷你电影厅与动感电影厅

这类电影厅并非全用电影机播放,有很多是使用录像机和激光视盘机播放。近来也有使用数字多用途激光视盘机(DVD)来播放的。每个放映厅的座位都比较少,有的仅能容纳10人以内。

动感电影坐椅的动作有四个自由度的,也有六个自由度的。在观看动感电影时,观众必须系好安全带,身体随着图像和声音传递的情景上下、前后、左右运动,从而强烈地体会到虚拟的多维空间的奇妙感觉。

(5) 夜总会

夜总会是由西方引进的,原文为Night Club,直译为"夜间俱乐部"。简单地说,夜总会是夜间吃喝玩乐的场所,其形式为顾客一边吃喝一边观看多种形式的文艺表演。演出形式为唱歌、舞蹈、杂技等。有的夜总会还有伴舞乐队和舞池,除表演节目外,顾客还可以即兴跳舞。供应的食品可以是精美的小食品,也可以是筵席大菜。

(6) 舞厅

国际标准交谊舞作为一项高贵优雅的运动,我国自1986年正式引进后,随着这几年的大力推广,发展迅速。

舞厅开展的舞蹈种类是国际标准交谊舞,又称体育舞蹈,有摩登舞和拉丁舞两大类。交谊舞起源于英国伦敦,有华尔兹、探戈、狐步、快步四种舞步,总称摩登舞;非洲和拉美一些国家的民间舞经过规范加工后又增加了拉丁舞的比赛。拉丁舞有五种舞:伦巴、恰恰、桑巴、牛仔、斗牛。

3. 文化艺术娱乐项目

文化艺术项目是客人通过观赏表演或通过画面文字得到精神享受和获取知识的独特娱乐项目。根据娱乐表现形式可分为以下五类。

(1) 音乐演奏

音乐演奏在夜总会,尤其是宾客层次较高的歌舞厅最为常见。一般由钢琴、小提琴、萨克斯管和小型乐队表演,人们可随音乐的节奏翩翩起舞。

(2) 戏曲表演

戏曲是具有民族特色的传统娱乐项目,在今天人们的生活中仍然占有很重要的位置。戏曲进入夜间娱乐场所不仅满足戏曲爱好者的需要,而且能吸引中外宾客。

(3) 影视中心

影视中心是指利用现代化声光技术,在较小的场地内播放投影或通过电视屏幕播放激光影片,俗称"小电影"。影视中心分大厅和包厢两种。大厅一般设有几十个沙发座位,用大屏幕投影机放映;席间还提供饮料、小食品等服务;包厢服务则不同,将所备影碟的电影、电视名称打印成册,供客人随意点播,费用按进房到结束出场的时间计算。

(4) 闭路电视

闭路电视是饭店通过本企业闭路电视系统对本饭店播放影视节目和国情及饭店介绍的娱乐项目。这类项目不仅丰富宾客的业余生活,还为宾客更好地了解我国国情,为宾客更好地在我国旅游创造了条件。

(5) 书报阅览

阅读可以调节精神、带来乐趣,同时还可增加知识、开阔视野。饭店在康乐中心设立的小型阅览室,为客人提供当地画报或介绍世界各地风土人情的书报画刊,让客人在优雅的环境和轻柔的背景音乐中浅斟慢饮,细细品味茶、酒或文章的意境。

(三) 保健项目

保健项目是指通过提供相应的设施、设备或服务作用于人体,使顾客达到放松肌肉、促进循环、消除疲劳、恢复体力、养护皮肤和改善容颜等目的的活动。

1. 健身浴

(1) 桑拿浴

桑拿亦称"桑那",原意是指芬兰式的蒸汽浴,现在则泛指蒸汽浴。桑拿浴分干桑拿和湿桑拿两种。

干桑拿浴也叫芬兰浴。洗芬兰浴时,浴者坐在木结构的浴室内根据自己的需要向桑拿炉内烧着的灼热的石头上淋水,水迅速蒸发成灼热的蒸汽,温度也随之上升到39℃~50℃。在这灼热的蒸汽环境中,浴者体内水分迅速变成汗液排出体外,再去搓澡和洗淋浴或盆浴。对消除疲劳、恢复体力、治疗寒症、损伤等病及减肥有良好效果。

湿桑拿浴起源于土耳其,所以又称土耳其浴。沐浴时,需不断往散热器上淋水,或是根据需要控制专用的蒸汽发生器的开关,使浴室内充满浓重的湿热蒸汽,其湿度极大。浴者置身其间,仿佛于热带雨林之中,在这又湿又热的浴室里只需很短时间,浴者就会大汗淋漓,浑身轻松。

(2) 足浴

足浴时,水温宜在40~45℃,应让水把脚踝全部淹没。一般浸泡5~10分钟后,再用双手在脚趾及脚心处揉搓2~3分钟。多活动大脚趾,可舒肝健脾,增进食欲。

(3) 温泉浴

温泉是地壳深处的地下水受地热作用而形成,一般含有多种活性作用的微量元素,有一定的矿化度,泉水温度常高于摄氏30℃以上。温矿泉水具有医疗保健作用,是通过物理作用和化学作用两个方面来实现的。其物理作用是指通过温泉的温度、热度、浮力、静水压力、摩擦等方式,对身体的神经末梢产生刺激,通过神经体液的反射作用,对疾病发挥治疗作用。

(4) 日光浴

日光浴是利用阳光照射裸体的锻炼方法。紫外线可以加强血液、淋巴循环,促进物质代谢,提高人体免疫能力,调节钙、磷代谢,促进骨骼正常发育,防止发生佝偻病或骨软化症。此外,紫外线具有强大的杀菌能力,是一种良好的天然消毒剂,但应避免紫外线照射过多对皮肤造成损害。

(5) 空气浴

这是将身体暴露在新鲜空气中的锻炼方法,可增强人体抵抗力。20～30℃为热空气浴,15～20℃为凉空气浴,4～15℃为冷空气浴,应该从热至冷循序渐进。浴前稍活动,使身体发热后再开始,时间从15分钟渐增到两小时。

(6) 冷水浴

这是利用水温、机械和化学作用增加体质或防治慢性病的锻炼方法。形式有擦身、冲洗、淋浴、洗澡和游泳等。

(7) 汉方药浴

将由丹参、当归、首乌、石菖蒲等十余种名贵药材组成的沐浴秘方之精华注入浴池后洗浴,能通经活络、溢脂爽身、消疲养神、抑菌消毒。

2. 按摩

按摩就是根据运用不同的按摩手法,按穴道、通经络,以改善经络的功能活动,调节营卫气血,并通过经络的传导作用,调整脏腑组织器官的功能,从而扶持正气、祛除邪气,达到保健、防病和治病的目的。

3. 护肤美容项目

护肤美容是涉足现代人注重追求容貌和肌肤的保养需求而出现的一种以养颜护肤、修身养性为主的保健休闲活动。

高档的美容院应包括四个部分:

第一部分是宾客接待区域。这里除了设置沙发,提供阅读刊物为等候的客人提供服务外,还应设专人为客人提供发型、形象设计、皮肤类型鉴定、皮肤护理等咨询服务。

第二部分是美发区域。

第三部分是皮肤护理区域。包括包厢和大房间,内置按摩床、蒸汽发生器、电子理疗仪等各种皮肤护理设备。

第四部分是医学美容区域。即一个小型的美容手术室,这里必须有受过专门医学训练的医师主持,手术室必须有除菌设备,为客人提供美容手术服务。

4. 氧吧

氧吧是近几年才出现的休闲康乐项目。现代社会紧张的工作和快速的生活节奏,使人体的耗氧量增大,可能使人因供氧不足而疲劳或患病。

其症状可能是:心理压力加重、记忆力减退、神经衰弱、头痛、失眠、反应迟钝、消化不良、免疫力下降、内分泌失调、生物钟紊乱、心肺功能减退等。这时,应设法增加体内的氧含量,提高血红蛋白的供氧能力。较为简单、有效的办法就是吸入纯氧,于是氧吧就应运而生了。

(四) 室外游乐项目

室外游乐园占地面积都很大,比较正规的可达几十公顷。室外项目的种类有:河面漂流、碰碰船、惊险冲浪、激流勇进、大型水滑梯、神峰大峡谷滑道、碰碰车、矿山车、过山车、小赛车、疯狂老鼠、观光缆车、脚踏观览车、观光摩天轮、蜗牛爬树、仿真野战、吃惊房屋、机械章鱼、勇敢者转盘、超级太空船、空降伞兵、浪卷珍珠、旋转飞碟、旋转木马、太空战机、飞荡转椅、超级秋千、摇荡滚摆、阿拉伯飞毯、海盗船等。还有一些与上述项目名称不同但机械原理差不多的项目。

七、康乐服务的基本内容及岗位服务操作程序

（一）健身服务员的岗位服务操作程序

（1）客人到来时要上前迎接、问好，核对票券及有关会员证、房卡，做好登记，报服务台。

（2）仪容整洁，精神饱满，接客时要热情、大方礼貌，能熟练地运用和讲解健身器材，善于引导客人参加健身项目。

（3）对于初次来运动的客人要细心引导，并做示范动作。

（4）保持健身场地的清洁，及时清洁毛巾和清理垃圾，使客人有个舒适的环境锻炼身体。

（5）及时补充毛巾，并询问客人是否需要饮料。

（6）坚守岗位，严格执行健身房规定，注意客人健身动态，随时给予正确指导，确保客人安全运动，礼貌劝阻一切违反规章的行为。

（7）负责运动器材的检查、保养及报修工作，对音响系统实行控制管理。

（二）游泳服务员的岗位服务操作程序

（1）巡查机房，检查水温、气温、做好池水净化工作。

（2）密切注意进入泳池的客人，要求进池前须过净脚池。

（3）提醒客人注意保管好私人物品。

（4）看客游泳要坐在救生岗上，看游泳池时精力要集中，注意观察泳池弯角位、深水位有无不安全因素，如初学者、儿童等。

（5）经常围绕泳池一周巡查，检查水中泳客情况，检查水中有无杂物要清理。

（6）热情为泳池客人提供饮料、订餐、派发救生圈。

（7）下班前抽检余氯量一次，关闭有关电源，做好收尾工作。

（三）桑拿服务员的岗位服务操作程序

（1）开启机房内的蒸汽阀和电磁阀、循环水泵和按摩水泵。卫生清理完毕，开启干蒸房与湿蒸房的开关。

（2）做好营业前场地卫生，检查卫生器具是否齐备，补充棉织品。

（3）客人冲完淋浴后，如果是直接按摩，将客人带至换衣间，请客人更换按摩衣裤及拖鞋，服务员在休息室等候。

（4）向洗桑拿的客人介绍干蒸、湿蒸位置，并引领客人进入，关好蒸汽房门。

（5）将冰毛巾递给客人。

（6）每隔5分钟检查蒸房内客人是否有不适现象或晕倒现象。

（7）向客人介绍桑拿浴的科学标准洗法，劝阻未经淋浴而直接进行桑拿浴的客人。

（8）及时清理浴场内的卫生，及时收取客人任意放置的冰毛巾、浴巾、拖鞋等物品。

（9）注意水温、水位变化，随时调节、补充。

(10) 关好所有动力设备开关,做好收尾工作。

(四) 保龄球服务员的岗位服务操作程序

(1) 服务员带领消费者到总服务台买局,即预先说明预计的消费量并预先交费或先打球然后再计局付款。

(2) 买完局后,客人向服务台索取合适的球鞋,同时将自己的鞋和包放入指定储物箱保管或交鞋柜服务员代为保管。

(3) 服务人员为客人开球道。在客人娱乐时,球道服务员必要时为客人讲解打球方法、规则,并为客人提供饮料服务。

(4) 客人欲离去时,服务员应与账台联系,注明客情,填写饮料报表,并将其交至服务台签字;提醒客人换鞋。

(5) 送客人。

(五) 舞厅服务员的岗位服务操作程序

(1) 到岗检查设备状态,包括沙发、电视、灯光是否正常,舞池地板是否干净。

(2) 客人到达,由迎宾员引领客人到合适的座位入座,并递送酒水单和曲目编码集。

(3) 随时注意客人的动态和服务要求,适时向客人推销酒水,客人用后的饮料罐及小吃碟,应及时收走,并询问是否还需添加。

(4) 客人结束娱乐时,快速将账单送至客人的手中,核对埋单,送客后迅速恢复场所,做好卫生,以备翻台。

(5) 娱乐结束,客人走后要清场。当经理或领班检查合格后,切断电源方可离开。

(六) 多功能厅服务程序和服务规范

(1) 去保安部值班室领取大门钥匙。

(2) 换好工作服,签到。

(3) 打扫卫生(大厅、看台、办公室)。

(4) 检查各项设备是否完好,设施有无损坏。

(5) 由领班召集班前会。

① 检查仪表、仪容;

② 总结前日工作情况;

③ 布置当日工作;

④ 及时总结前一段出现的问题,并提出相应的改进措施。

(6) 岗前准备。

① 提前10分钟到岗;

② 将前一天的工作日志交至康乐部办公室;

③ 检查岗位上有无异常情况,做好开业准备。

(7) 门岗行为规范。

① 精神饱满,彬彬有礼,微笑服务;

② 热情、礼貌地接待顾客;

③ 耐心解答顾客的问题,与顾客对话时眼睛要正视顾客,音量适中;

④ 使用敬语,不与顾客争辩,更不能与顾客争吵;

⑤ 站姿标准,双手轻握,自然交叉在前或自然下垂于身体两侧,不叉腰,不抱肩,不插兜,不倚靠他物。

(8) 大厅流动岗行为规范。

① 引导顾客入座;

② 随时打扫厅内卫生;

③ 协助顾客在厅内的一切活动。

(9) 下岗后及时反映岗上所出现的问题及其他一些情况。

(10) 如有大型活动,岗位设置可有所变化。活动结束时,全体人员列队于门口,欢送顾客。

(11) 活动结束后及时清理场地,搞好卫生。

(12) 经主管或领班确认无事后,方可签退下班。

(七)音响控制室的服务程序和服务规范

(1) 到保安部值班室领钥匙。

(2) 打扫室内卫生及喷泉池卫生。

(3) 将前一天的工作日志交至康乐部办公室。

(4) 岗前准备:

① 检查设备情况;

② 准备当日所需物品。

本章小结

本章介绍了酒店其他部门实务实训实习教学目标与计划。主要介绍了酒吧、销售部、康乐部工作任务,常用的服务实训模块的内容;服务实训模块的服务程序与服务标准。训练同学观察、判断与搜集相关资料的能力等。掌握酒店的基础技能是做好酒店实务的根本与必要条件。

本章思考题

1. 康乐项目按功能分为哪几种类型?它们各有哪些主要项目?
2. 康乐服务的基本内容及员工岗位职责?
3. 康乐项目定价方法有哪些?
4. 简述销售部与相关部门的关系。
5. 酒吧调酒技能和酒会服务实训模块的内容有哪些?
6. 酒吧调酒技能和酒会服务实训模块的服务程序与服务标准是什么?

① 鸡尾酒会与冷餐酒会的区别是什么?

② 举办鸡尾酒会的要点有哪些?

③ 冷餐酒会服务程序;鸡尾酒会服务程序。

7. 康乐部工作任务是什么?服务程序与服务标准有哪些?

第七章 酒店其他部门专业实训

实战演练

1. 实践内容：带领学生去当地的一家四星级或五星级的饭店康乐中心参观。
2. 实践课程学时：4学时。
3. 实践目的：通过实际操作，使理论与实践相结合，达到活学活用。
4. 实践环节。

第一步：以班为单位，走访相关饭店，并查阅相关资料。

第二步：以班为单位，讨论康乐项目管理的难点，并请工作人员现场解答。

5. 技能要求：能够了解康乐项目。初步掌握康乐项目管理过程。
6. 实践结果：能够了解饭店康乐项目包括的内容，能够简单分清康乐项目的种类与管理。

第八章
中英文礼貌服务用语实训

【实训项目】
　　酒店常用中英文礼貌服务用语。

【实训目标】
　　通过学习酒店常用中英文服务礼貌用语,使学生掌握基础交流用语,熟练掌握本章各实训项目的服务程序和服务标准的练习。

【实训时间】
　　实训教学20学时。

【实训方法】
　　教师讲授和情景演示为主,学生按要求完成实训项目,分组讨论项目作业,教师指导并点评。

第一节　前台客房服务用语实训

实训项目一：电话订房

（C＝酒店职员　　G＝酒店客人）

C：客房预约部,您早！乐意为您服务。
　　Good morning. This is Room Reservation. At you service.

G：早上好！我想预订一个房间。
　　Good morning. I'd like to reserve a room.

C：谢谢！要订在什么时候？
　　Thank you. What date would that be?

G：我们将在6月3号到达,5号离开。
　　We will arrive on 3 and check out on 5th.

C：从6月3号到6月5号。请问您要哪种房间？
　　From 3th to 5th. And what kind of room would you prefer, sir?

G：双人间。顺便问一下，双人间的房价是多少？

　　A double room. By the way, how much is a double room?

C：双人间价格是每晚960元。

　　A Double room is 960 yuan per night. Will that be all right?

G：就这样，我订了。

　　OK, I will take it.

C：谢谢！您能告诉我您的姓名和您的日常联络电话号码吗？

　　Thank you. May I have your name and your daytime telephone number?

G：可以。我叫汤姆·史密斯，我的电话号码是34565859。

　　Sure. My name is Tom Smith. My phone number is 34565859.

C：谢谢您，史密斯先生！我想再确定一下您的预约。史密斯先生要一个双人间，每晚960元，从6月3号到5号，2个晚上。您的电话是34565827。我叫李华，我们期待能为您服务。

　　Thank you. I'd like to confirm your reservation. A double room for Mr. Smith at 960 yuan per night for two nights from June 3th to 5th. Your telephone is 34565827. My name is Li Hua. And we look forward to serving you.

实训项目二：帮客人送行李到服务台

C：晚上好！欢迎来到长富宫！

　　Good evening, welcome to CHANGFUGONG Hotel.

G：谢谢！

　　Thank you !

C：你们有多少件行李？

　　How many pieces of luggage do you have?

G：只有这三件。

　　Just the three.

C：我带你们到前台，请跟我来。

　　I'll show you to Front Desk. This way, please!

C：你们办完住宿登记后，服务员会带你们到房间去。祝你们入住愉快！

　　A bellman will show you to your room as soon as you finish checking in. Please enjoy your stay.

实训项目三：办理住宿登记

C：欢迎光临长富宫！

　　Welcome to CHANGFUGONG Hotel.

C：先生，您预订了房间吗？

　　Do you have a reservation with us, sir?

G：三天前，我在贵酒店预订了房间。我叫汤姆·史密斯。

　　I had a reservation with you three days ago. My name is Tom Smith.

C：谢谢您，史密斯先生！请稍候。您预订了一个双人间，共住两个晚上，每晚960元，是这样吗？

Thank you, Mr. Smith. Just a moment, please! Your reservation is a double room at 960 yuan for two nights, correct?

G：是的。

Yes, that's right.

C：请填写这张住宿登记表，好吗？另外，我还要看一下您的护照。

Please fill in this form. And I have got to see your passport.

G：好的。这是我的护照。

Sure. This is my passport.

C：谢谢！您打算如何付款？

Thanks a lot. How would you like to settle your bill?

G：用美国运通信用卡（用现金）。

By American Express Card. (In cash.)

C：让我刷一下您的信用卡，好吗？谢谢您，史密斯先生！您的房间是十一楼的1156号。这是您房间的钥匙卡片。请稍候，服务员会带您到房间。希望您住得愉快！

May I take a print of the card, please?

Thank you, Mr. Smith. Your room is 1156 on the eleventh floor. This is your key card. Just a moment, please. A bellman will show you to your room. I hope you will enjoy your room.

G：非常感谢！

Thank you very much.

实训项目四：送客人到房间

C：晚上好！我带你们到房间。电梯在这边。这是你们的房间。你们认为这个房间怎样？

Good evening! I'll show you to your room. Your elevator is this way. This is your room. What do you think of it?

G：很好！

Very good!

C：我把你们的行李放在哪儿？

Where can I put your suitcases?

G：随便放吧。

Just put them anywhere.

C：要打开空调吗？

Shall I open the air conditioner?

G：打开吧，谢谢你。

Yes, please. Thanks.

C：桌上有酒店服务简介。如果有什么事，请打电话给我，我随时愿意为您效劳。祝你们住宿愉快！

There is a hotel service guide on the desk. If you need something, just call me. And I'm always at your service. Enjoy your stay here!

实训项目五：回应客人的要求

C：晚上好！这里是前台，很高兴为您服务！

Good evening, Front office! Can I help you?

G：我是1156的史密斯先生，刚入住。卫生间里只有一条浴巾，也没有卫生纸。

This is Mr. Smith in Room 1156, and I've just checked in. There is only one towel and there is no toilet paper in the bathroom.

C：非常抱歉！我们可能忽略了一些细小的地方。请稍等一会儿，我马上派一个服务员给你们把浴巾和卫生纸送去。

I'm very sorry to hear that. We might have overlooked some points. Wait a minute, please! I'll send a chambermaid to bring a towel and the toilet paper to your room at once.

G：谢谢！我能多要个枕头吗？我们还需要个吹风机。

Thank you! Can I have an extra pillow? And we need a hair dryer.

C：当然可以！我们的服务员会将枕头和电吹风一同送去。

Certainly! Our chambermaid will bring the pillow and hair dryer as well to your room.

G：非常感谢！

Thanks a lot!

C：别客气，史密斯先生！我叫李华，如果有什么我能做的，请尽管打电话。

You are welcome, Mr. Smith! My name is Li Hua. If there is anything I can do for you, please don't hesitate to call me.

G：真是太感谢了！

It's very kind of you!

实训项目六：清理客房

C：（敲门）我是客房服务员，可以进来吗？

(*Knocking at the door*) Housing-keeping, may I come in?

G：请进！

Come in, please!

C：您好！现在我可以清理房间吗？

Hello! May I do your room now?

G：当然可以！

Certainly!

C：谢谢！一会儿就好。
　　Thank you! It will only take a minute.

C：（清理完房间）我已做完，还有别的事吗？
　　(Finished cleaning the room) I've done. Anything else?

G：你有送洗衣服的袋子吗？
　　Do you have the bags for laundry?

C：衣柜里有。
　　You can find a few bags for laundry in the closet.

G：谢谢！
　　Thank you!

C：不客气！祝你们愉快！
　　You're welcome! Have a nice day!

实训项目七：电话转接及留言

C：下午好！亚洲大酒店，很高兴为您服务！
　　Good afternoon! Asian Grand Hotel, may I help you?

G：我找1156房间的史密斯先生。
　　I'd like to speak to Mr. Smith in Room 1156.

C：请别挂断，我这就给您接过去。
　　Please hold the line, and I'll put you through.

C：恐怕史密斯先生不在房间。
　　I'm afraid Mr. Smith isn't in his room.

G：我可以给他留个口信吗？
　　May I leave him a message?

C：当然可以！
　　Sure, go ahead.

G：请告诉他给我回电话。我叫比尔·史密斯，电话号码是64261671。
　　Please ask him to call me back. My name is Bill Smith at 64261671.

C：比尔·史密斯小姐，电话是64261671。还有其他事情吗？
　　Miss Billie Smith at 64261671. Is there anything else?

G：就这样吧，谢谢！
　　That's all. Thank you!

实训项目八：处理投诉

C：您好！前台，为您服务。
　　Good afternoon, Front Office! How can I help you!

G：抽水马桶不能用了。
　　The water closet can not be used.

C：请问您住哪个房间？

which room do you live in?

G：810。

810 room.

C：请问有什么问题吗？

May I know what is wrong?

G：抽水马桶堵住了。

The water closet is clogged.

C：首先我们为给您带来的不便深表歉意，我们的修理工即刻来修理。

We do apologize for the inconvenience first, and our repairman will come to your room to repair it right away.

G：好吧。

That's fine.

实训项目九：订票服务

C：下午好！为您服务！

Good afternoon! At your service.

G：七月十九号有飞往纽约的班机吗？

Is there any flight to New York on July 19th?

C：我看一下，有两个班机，一个在上午九点，还有一个在下午四点。

Let me see. Yes, there are two flights. One is 9 o'clock in the morning, the other is 4 o'clock in the afternoon.

G：我想订上午九点的班机。

I'd like to book the 9 AM flight.

C：好！请出示你的护照好吗？

OK. Please show me your passports.

G：给你看吧。

Here you are.

C：要经济舱还是头等舱？

First class or economy class?

G：经济舱。

Economy.

C：座位是要靠近窗户的还是靠近通道？

And a window seat or aisle seat?

G：要靠窗户的座位。多少钱？

A window seat. How much is it?

C：7600元。

7600 yuan.

G：我在什么时候什么地方去取机票？
When and where do I pick up the tickets?

C：明天早上在这儿取票。
You can pick up the ticket here tomorrow morning.

C：玩得愉快！
Have pleasant day!

实训项目十：办理退房

G：我想退房。
I'd like to check out.

C：好的，请把房间的钥匙给我好吗？
Sure. May I have your room key, please?

G：给你吧。
Here it is.

C：请稍后，我帮您结算账单。
Wait a minute, please! I'll draw up your bill for you.

C：您的账单为3680元。
Mr. Smith, your bill total is 3680 yuan.

G：我想用美元结账。
I'd like to pay with U.S. dollars.

C：好的！汇率是七比一，共计460美元，我能划一下您的美国运通信用卡吗？
The exchange is seven yuan for one U.S. dollars. You should pay 460 dollars altogether. Can I print your American Express Card?

G：好的。
Here you are!

C：请您在这儿签字。
Could you sign here?

G：好的。
Sure.

C：谢谢！这是您的卡和收据。祝您旅途愉快！
Thank you! Here is your card and your receipt. Have a good trip!

第二节 餐饮酒吧服务用语实训

实训项目一：客房点餐

C：您早！客房部，很高兴为您服务！
Good evening, Room Service! How can I help you?

G：我想预订早餐。

I'd like to book our breakfast.

C：您要点什么？

What would you like to order?

G：两份鸡蛋色拉三明治，两杯牛奶。馒头？"馒头"是什么？

Two eggs salad sandwiches and two glasses of milk. Mantou? What is mantou?

C：这是一种蒸的"面包"，在中国很受欢迎。

It's a kind of steamed "bread", and it is very popular in China.

G：我们要六个小馒头尝一尝，就这些。

We'll have six little mantou and have a try. That's all.

C：我重复一下您的订餐，两份鸡蛋色拉三明治，两杯牛奶，六个馒头。

I'll repeat your order: two eggs salad sandwiches, two glasses of milk and six little mantou.

G：客房服务要另加费用，是吗？

Is there an extra charge for room service, correct?

C：是。我们会另加10％的服务费。

Yes, we will add 10％ service charge.

G：我们怎样付款？

How can we pay the bill?

C：我们会把您的费用加到您房间的账单上。您贵姓，房间号是多少？

We'll add the cost to your room bill. Can I have your name and your room number?

G：可以。史密斯，房号1156。

Sure, it's Smith in Room 1156.

C：谢谢您，史密斯先生！您的餐点大约在十五分钟后送到。

Thank you, Mr. Smith! Your order will arrive in about 15 minutes.

实训项目二：自助餐服务

C：晚上好！两位用餐，是吗？

Good evening! Two people, please!

G：两位。

Yes, a table for two, please!

C：请将餐券给我好吗？

May I have your meal tickets, please?

G：给你吧！

Here you are!

C：谢谢！你们想坐在哪儿？

Thank you! Where would you like to sit?

G：我们想坐在窗子旁边。这儿真好！
We'd like to sit by the window. It's great here!

C：自助餐柜在那边，您还可以在那里取餐具和餐盘。饮料在东边靠墙处。请自行取用，祝你们用餐愉快！
There is the main buffet table there. And you can get silverware and dishes there as well. Drinks are by the east wall. Help yourself and enjoy the meal!

实训项目三：餐厅点餐

C：可以点菜了吗？
Are you ready to order?

G：可以了。我们想吃中国菜，你可以为我们推荐一些有特色的中国菜吗？
Yes, we want to eat Chinese food. Could you recommend some special Chinese cuisine, please?

C：当然可以！北京烤鸭、松鼠鳜鱼、东坡肉、冰糖湘莲和麻婆豆腐。
Certainly! Roast Beijing Duck, Fried Mandarin Fish in Squirrel Shape, Dongpo Pork, Sugar Candy Lotus Seeds and Ma Po Bean curd.

G：谢谢！我们要一只北京烤鸭、松鼠鳜鱼、冰糖湘莲，它们听起来很特别。还要蔬菜沙拉。
Thank you very much! We'd like to have a Roast Beijing Duck, Fried Mandarin Fish in Squirrel Shape, Sugar Candy Lotus. They sound great. We want to get a vegetable salad, too.

C：您喝点什么？
What would you like to drink?

G：我想尝尝本地啤酒。
I want to try a local beer.

C：燕京啤酒怎样？这种啤酒在我们这儿很受欢迎。
How about Yanjing Beer? It is very popular here.

G：就要它吧！
I'll take it.

C：先生，您还要点别的吗？
Anything else, sir?

G：谢谢！先点这些。
No, thank you! That's all for now.

C：你们要筷子吗？
Shall I bring you chopsticks?

G：要筷子。
We'd like to use the chopsticks.

实训项目四：酒吧服务

C：晚上好，先生！
　　Good evening, sir? At your service.
G：晚上好！我要一杯威士忌。
　　Good evening! I'll have a Scotch.
C：……

第三节　酒店常用中英文对照

一、酒店专用术语中英文对照

（1）Accommodation（住宿）：提供的给予睡觉休息的场所。

（2）Adjoining Room（邻近房）：指两间房间近连在一起。

（3）Advanced Deposit（订金）：客人为了确保能有房间而提前支付给酒店一笔钱。

（4）Advance Payment（预付金/押金）：按照酒店财务规定和有关规定，前台服务员要求客人预先支付房费和不可预测费用的付费方式，如现金担保、信用卡预授权。

（5）Amenity（致意品）：指酒店免费向住店客人提供的一些礼品，如水果、鲜花或饮品等。

（6）Arrival（到店）：指客人入住酒店的日期，如 Arrival Date。

（7）Average Room Rate（平均房价）：指所有住房的平均价格，它是前台的一个常用术语，即 A.R.R.。

（8）Block（预告锁房）：指为了把某间房能够保留下来，而提前把此房间在某日锁起来，使其在该时间段显示被占用，有利于控制房间的预售。

（9）Cancellation（取消）：指客人取消订房。

（10）Check-In：指客人登记入住酒店，包括机场登机手续也是同样的叫法。

（11）Check-Out：指客人结账离开酒店。

（12）Complimentary（免费）：指由总经理批准提供给某个客人的不需要收费的房间，即COMP。

（13）Confirmation（确认）：指酒店发给订房客人的一种十分详细的订房书面协议，承认客人在将来的某一天有权居住在本酒店。另，机票中的往返票、连程票在中转途中要求位置确认，否则航空公司有权取消该位置而转售他人。

（14）Connecting（连通房）：指两间房中间有一扇门连通起来的房间。

（15）Corporate Rate（公司合同价）：指与酒店有协议而提供给公司的客人的房间价格，这类价格通常为特别价，且保密。

（16）Credit Card（信用卡）：指由银行签发的一种可以作为交易的卡片，代替现金支付的凭证。

（17）Expected Departure Date（预离日期）：指客人预计离店的日期。

(18) Double Sale(双重出售)：指两个没有关系的客人,被错误地安排入住同一间房。

(19) Due-out(预离未离房)：指某个房间应该是空房,但到了中午十二点以后,客人仍然没有退房。

(20) Early Arrival(提前抵达)：在下午两点以前到达酒店办理入住手续的客人。

(21) Extension(续住)：经过批准后的客人延长居住。另外,有分机的意思,如 Extension Number 1102,表达分机号 1102,通常表述为 Ext. No. 1102。其动词 Extend,续住又可以说成 Extended stay。

(22) Extra Bed(加床)：一般应收费。

(23) Forecast(预报/预测)：预先计算日后某一段时间的住房或其他计划,例如,Weather Forecast 天气预报,Room Reservation Forecast 订房预计。

(24) Guest Folio(客人账单)：指客人在酒店内消费的详细反映,指被打印出列有消费目录和价格的单子。结账不能叫做 Folio,通常说：check 或者 Bill。

(25) House Use Room(酒店自用房)：它通常包括三方面内容,即酒店高层管理员工短期或长期使用客房,客房短期用作仓库,客房用作办公室。给客人的免费房叫 complimentary room。

(26) Housekeeping(客房部)：指负责清扫公共区域和客人房间卫生的部门。客房部经理,也有称为行政管家,很少叫 Housekeeping Manager,一般称 Executive Housekeeper 比较多。

(27) Housekeeping Report(管家部报表)：也叫"九三九"表,即早上九点、下午三点和晚上九点各出一份报表。是由客房部员工所做的人工检查出来的有关客房使用状态的报告,送给前台与电脑状态进行核对差异的,即房态差异(Room Discrepancy)。

(28) Late Check-out(延时退房)：指超过规定退房时间后的退房,通常酒店规定退房时间为中午十二点,超过这个时间退房的应该加收房租,除非得到批准。

(29) Log Book(交班本)：指本部门之间员工沟通的记录本,记录本班次未做完,需要交代下一个班次跟进的事情,也可以记录一些重点提醒的问题、通知等。

(30) Net Rate(净价)：指不含服务费的房价价格。

(31) Out Of Order(坏房)：指因为需要整修或进行大装修而不能出售的房间。

(32) Package(包价)：指一件包含房费、餐费或其他费用的价格。住房包餐,住房包洗衣等,如本地包价 Local Package,即对本地客人提供的一种比较便宜的价格。

(33) Permanent Room(长包房)：客人长期包房居住,也叫 Long-staying Room。

(34) Rack Rate(门市价/挂牌价)：酒店公开的门市价,即在房价表(Room Tariff)上的原房价。

(35) Register(登记)：指把一个客人变成为住店客人的过程。

(36) Register Card(登记卡)：指客人入住酒店时所必须填写的表格,通常包含以下内容：名字、入住日期、房价等。

(37) Room Change(换房)：指客人从一个房间搬到另一个房间。

(38) Room Rate(房价)：指特别给予某一个房间而定下的收费标准。

(39) Room Type(房型)：房间种类。

(40) Rooming List(住客名单)：指旅行社寄给酒店的团体客人的分房名单。

(41) Share With(同住)：指两个客人同住一间房。

(42) Travel Agent(旅行社)：指专门负责代办客人旅游、住房的机构。

(43) Upgrade(升级)：指基于某些方面的原因,酒店安排客人住高一档价格的房间,而仅收原来的价格。

(44) Vacant Room(空房)：房间空的,且能马上出租的。

(45) V.I.P.(贵宾)：即 VERY IMPORTANT PERSON,由酒店规定的给予特别关注的贵宾。

(46) Voucher(凭证)：通常指由旅行社发出的用于支付房间费用的收款凭证,持 voucher 住房的只收取杂取押金,同时注意房价对其保密,Check-in 和 Check-out 时要避免在账单上出现房价。

(47) Walk-In(敲门客)：客人没有订过房,没有事先约定随意来上门找住宿的客人。

(48) F.I.T.：即 Free Individual Tourist,散客。

(49) G.R.P：即以团体形式入住的,如旅行团和会议,目前也有些集体出游的自驾车客人。一些地方行业规定五间房成团,一些为八间房成团。团队不但有很优惠的房价,同时住房有"十六免一"、"司陪半价"的优惠政策。

(50) Banquet(宴会)：指大型的、正式的宴请。

(51) Concierge(礼宾部)：也叫 Bell Serivce,指为住店客人提供行李服务等特别服务的部门。

(52) Collect Call(对方付费电话)：指由受话人付款的一种形式。

(53) City Ledger(挂账)：指客人使用完酒店各种设施,但并不直接付款,而通过记账以后一起结算的方式,比如公司月结等。

(54) Double Lock(双锁)：指客人出于安全起见,或某种需要,关上门同时反锁,用一般钥匙不能打开。

(55) E.T.A.：即 ESTIMATED TIME OF ARRIVAL,估计的到达时间。

(56) E.T.D.：即 ESTIMATED TIME OF DEPARTURE,估计的离开时间。

(57) Fully-Booked(房满)：指酒店所有房间均已住满。

(58) Late Arrival(迟到)：指客人超过下午六点还没有到达的订房。

(59) Lost And Found(失物招领)：通过管家部员工负责保管的所有住店客人遗留下来的各种物品。

(60) Late Change(离店未结账款)：指那些客人离店后才发现未付的各项必需要收的钱。

(61) Master Folio(总账)：特指为团体而设的主账单,成员账单叫 Branch Folio。

(62) M.T.D.：即 MONTH TO DATE,指当月累计总数。

(63) Morning Call(叫早)：指清晨的叫早(醒)服务,如下午或晚上叫醒,英文统一叫 Wake-up Call。

(64) No-show(没到客人)：指确认好的订房没有经过取消而没来。

(65) Room Status(房态)：指客房部规定的关于房间使用状况的含义。

(66) Skipper(逃账)：指客人没付账就离开酒店。

(67) Suite(套房)：指由两个以上的房间组成的房间。

(68) Turn-Down Service(开床服务)：指由管家部员工为每个住房而做的开床服务。

(69) Day Use(日租房)：指当日进当日退的客房,也有称钟点房,退房时间使用不超过下午六点。

(70) D.N.D(请勿打扰)：即 DO NOT DISTURB,指客人不希望别人打扰。

(71) Double Bed Room(双人房)：有一张大床的房间。

(72) Twin Bed Room(双人房)：一个房间有两张小床。

(73) Guaranteed(担保)：指客人以预付订金或本公司函电确认订房,无论客人是否到店都要保留,而无论是否入住都要付房费。

(74) Discount(折扣)：指为争取更多的客人而给予的折扣,一般给没有协议的散客礼貌性折扣,即 Courtesy Discount。

(75) Rebate(冲减费用)：如客人对服务不满意,酒店给予适当费用的打折或免费,统称为 Rebate。通常行使 Rebate 权利的是大堂副理。当然,前厅部主管以上人员也有相应的 Rebate 权限。

(76) Welcome Drink(欢迎饮料)：通常是给常住客入住时赠送的免费软饮料(不含酒精),在大堂吧或咖啡厅较多,也有夜总会送的。

(77) Breakfast Coupon(早餐券)：用于免费早餐的凭证。

(78) Guarantee Booking(担保订房)：凡是有按金、信用卡、公司(信函、传真、网络订房并市场营销经理批准)、旅行社等担保的订房称为担保订房。无论客人到达与否,酒店有权向担保人或公司收取一晚的房租。

(79) Hold Room Until 6：00 PM(留到下午六点)：在旺季期间,对于没有到达时间、按金、信用卡、公司担保信、旅行社担保之订房,只保留房间至下午六时,以确保酒店的利益。

(80) Late Amendment&Cancellation(旅行社过迟更改与取消)：通常在合同中规定,旅行社要作订房更改或取消时,在淡季必须要求三天之前,旺季必须在七天之前通知酒店,否则酒店会向旅行社收取一晚的房租。

(81) Commission(佣金)：当旅行社的订房是客人自付时,或订房是通过其他订房组织时,酒店往往会将房租的一定比例给旅行社作为报酬。

(82) Allotment(配额订房)：酒店每天以一定数量的房间配额给网络订房公司,以保证他们在房间紧缺时能顺利地订房。

(83) Cut Off Days(截止天数)：为了维护酒店本身的利益,酒店会要求旅行社在规定的天数之前通知使用配额的订房,若在规定的天数之前收不到任何订房资料,酒店会取消所预留的房间,所规定之提前天数称为截止天数。

例如,给甲旅行社的房间配额为每天 5 间,截止天数为 21 天。若甲旅行社想使用其配额来订 12 月 26 日的房,则必须要在 12 月 5 日(即 21 天前)提前通知酒店,否则在 12 月 6 日的早上,酒店便会取消甲旅行社在 12 月 26 日的配额,而在这之前,无论房间如何紧缺,酒店亦无权动用旅行社的配额。

(84) Surcharge(附加费)：又称 Service Charge 服务费,所有房间的收费都应在标价的基础上加上 15%的附加费,其中 10%为服务费,5%为政府税收。例：标价为 100 元,则应收 100×1.15＝115 元,所加收的 15 元便是附加费。

(85) Waiting List(候补订房)：当酒店订房已超订及无法接受更多的订房时,为了保障酒店的收益和满足客人的需要,把额满后的订房列在候补名单上,一旦有机会,酒店便会安排候补名单的客人住房。

(86) Occupancy(入住率):酒店总经理会定时不定期的到前台询问当日的Occupancy,已成酒店的惯例。

二、酒店职务中英文对照

(1) 董事总经理:Managing Director

(2) 经济师:Economist

(3) 总经理:General Manager

(4) 副总经理:Deputy General Manager

(5) 驻店经理:Resident Manager

(6) 总经理行政助理:Executive Assistant Manager

(7) 总经理秘书:Executive Secretary

(8) 总经理室:Executive Office

(9) 机要秘书:Secretary

(10) 接待文员:Clerk

(11) 行政助理:Administrative Assistant

(12) 人力资源开发部:Human Resources Division

(13) 人事部:Personnel Department

(14) 培训部:Training Department

(15) 督导部:Quality Inspection Department

(16) 计财部:Finance and Accounting Division

(17) 财务部:Accounting Department

(18) 成本部:Cost-control Department

(19) 采购部:Purchasing Department

(20) 电脑部:E.D.P.

(21) 市场营销部:Sales & Marketing Division

(22) 销售部:Sales Department

(23) 公关部:Public Relation Department

(24) 预订部:Reservation Department

(25) 客务部:Room Division

(26) 前厅部:Front Office Department

(27) 管家部:Housekeeping Department

(28) 餐饮部:Food & Beverage Department

(29) 康乐部:Recreation and Entertainment Department

(30) 工程部:Engineering Department

(31) 保安部:Security Department

(32) 行政部:Rear-Service Department

(33) 商场部:Shopping Arcade

(34) 人力资源开发总监：Director of Human Resources
(35) 人事部经理：Personnel Manager
(36) 培训部经理：Training Manager
(37) 督导部经理：Quality Inspector
(38) 人事主任：Personnel Officer
(39) 培训主任：Training Officer
(40) 财务总监：Financial Controller
(41) 财务部经理：Chief Accountant
(42) 成本部经理：Cost Controller
(43) 采购部经理：Purchasing Manager
(44) 采购部主管：Purchasing Officer
(45) 电脑部经理：E. D. P. Manager
(46) 总出纳：Chief Cashier
(47) 市场营销总监：Director of Sales and Marketing
(48) 销售部经理：Director of Sales
(49) 公关经理：P. R. Manager
(50) 宴会销售经理：Banquet Sales Manager
(51) 销售经理：Sales Manager
(52) 宴会销售主任：Banquet Sales Officer
(53) 销售主任：Sales Officer
(54) 高级销售代表：Senior Sales Executive
(55) 销售代表：Sales Executive
(56) 公关代表：P. R. Representative
(57) 总行政办公室：Executive Office
(58) 宾客关系主任：Guest Relation Officer
(59) 公关部经理：Public Relation Manager
(60) 公关部主任：Public Relation Supervisor
(61) 客户经理：Account Manager
(62) 高级客户经理：Senior Account Manager
(63) 资深美工：Senior Artist
(64) 美工：Artist
(65) 销售部联络主任：Sales Coordinator
(66) 资深销售中心预订员：Sales Center Senior Reservation Clerk
(67) 销售中心主任：Sales Center Supervisor
(68) 礼宾部经理：Chief Concierge
(69) 行李员：Bellboy
(70) 女礼宾员：Door Girl
(71) 礼宾司：Door Man
(72) 财务部：Accounting

(73) 营销部：Sales & Marketing Dept.

(74) 总经理：General Manager

(75) 人力资源及培训部：Human Resource & Training Dept.

(76) 常务副总经理：Deputy General Manager

(77) 房务部：Room Division

(78) 餐饮部：Food & Beverage Dept.

(79) 采购部：Purchasing Dept.

(80) 保安部：Security Dept.

(81) 工程部：Engineer Dept.

(82) 客房总监：Director of Housekeeping

(83) 前厅部经理：Front Office Manager

(84) 前厅部副经理：Asst. Front Office Manager

(85) 大堂副理：Assistant Manager

(86) 礼宾主管：Chicf Concierge

(87) 客务主任：Guest Relation Officer

(88) 接待主管：Chief Concierge

(89) 接待员：Receptionist

(90) 车队主管：Chief Driver

(91) 出租车订车员：Taxi Service Clerk

(92) 行政管家：Executive Housekeeper

(93) 行政副管家：Assistant Executive Housekeeper

(94) 办公室文员：Order Taker

(95) 客房高级主任：Senior Supervisor

(96) 楼层主管：Floor supervisor

(97) 楼层领班：Floor Captain

(98) 客房服务员：Room Attendant

(99) 洗衣房经理：Laundry Manager

(100) 餐饮总监：F&B Director

(101) 餐饮部经理：F&B Manager

(102) 西餐厅经理：Western Restaurant Manager

(103) 中餐厅经理：Chinese Restaurant Manager

(104) 咖啡厅经理：Coffee Shop Manager

(105) 餐饮部秘书：F&B Secretary

(106) 领班：Captain

(107) 迎宾员：Hostess

(108) 服务员：Waiter, Waitress

(109) 传菜：Bus Boy, Bus Girl

(110) 行政总厨：Executive Chef

(111) 中厨师长：Sous Chef(Chinese Kitchen)

(112) 西厨师长：Sous Chef(Western Kitchen)
(113) 西饼主管：Chief Baker
(114) 工程总监：Chief Engineer
(115) 工程部经理：Engineering Manager
(116) 值班工程师：Duty Engineer
(117) 保安部经理：Security Manager
(118) 保安部副经理：Asst. Security Manager
(119) 保安部主任：Security Manager
(120) 保安员：Security Manager
(121) 商场部经理：Shop Manager
(122 商场营业员：Shop Assistant

本章小结

本章主要介绍了电话订房、帮客人送行李到服务台、办理住宿登记、送客人到房间、回应客人的要求、清理客房、电话转接及留言、处理投诉、订票服务、办理退房、客房点餐、自助餐服务、餐厅点餐、酒吧服务等方面的外语知识。

掌握酒店的基础外语知识，是做好酒店实务的根本与必要条件。

本章思考题

1. 以下常用的服务实训模块的内容、服务程序与服务标准是什么？

服务用语实训项目1：电话订房
服务用语实训项目2：帮客人送行李到服务台
服务用语实训项目3：办理住宿登记
服务用语实训项目4：送客人到房间
服务用语实训项目5：回应客人的要求
服务用语实训项目6：清理客房
服务用语实训项目7：电话转接及留言
服务用语实训项目8：处理投诉
服务用语实训项目9：订票服务
服务用语实训项目10：办理退房
服务用语实训项目11：客房点餐
服务用语实训项目12：自助餐服务
服务用语实训项目13：餐厅点餐
服务用语实训项目14：酒吧服务

2. 请用英文描述酒店主要一线部门及职位。

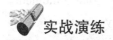实战演练

酒店专业职业技能测试

测试目标：酒店英语　　　　　　　测试时间：每个项目10分钟
测试对象：酒店专业学生　　　　　测试成绩：
酒店专业职业技能测试内容如表8-1所示。

表8-1　酒店专业职业技能测试内容

项目编号	测试项目名称	测试内容	测试要求	测试分值	实际得分
5.1	酒店英语办理预约住宿登记	Mr. Smith 夫妇前来办理预约住宿登记。住宿时间从7月15号到18号三个晚上。房间是十一层的1156	能较流利完成以下内容 1. 使用登记住宿礼貌用语 2. 确认预约登记 3. 要求客人登记 4. 请客人出示证件 5. 告知楼层房号	20 20 20 20 20	

考核时间：　　年　　月　　日　　考评师（签名）：

测试环境：酒店专业校内实训室

测试流程：

1. 两个学生一组看测试内容，准备五分钟。

2. 开始测试。

一个是酒店职员＝C；另一个是酒店客人＝G。

测试说明：

1. 通过在酒店专业实训室测试，了解学生在仿真环境下能否用英语完成未来实际工作所需要的办理预约住房登记。

2. 人员组织：2人/组。

3. 评分等级：85分以上为优秀，70～85分为良好，60～70分为合格，60分以下为不合格。

评分要点：

C：Good evening! Welcome to our hotel!

G：Good evening! I'd like to check in...

(Just a moment, please! Thank you for waiting. May I have your name, please! I hope you will enjoy your stay here.) Would you...

C：Do you have a reservation with us?

G：I had a reservation with you three days ago. My name is Tom Smith.

C：Thank you for your waiting. Your reservation is a double room for three nights, isn't it? Could you fill in the registration card, please?

G：OK! Thank you.

C：Would you show me your passport (ID card)?

G：Here you are.

C: Thank you, Mr. Smith! Your room is 1156 on the eleventh floor. Just a moment, please! Our bellman will show you to your room. I hope you will enjoy your stay.

G: Certainly! My family name is Smith, and my telephone number is …

能够表达每个要求得6~7分，能较流利表达得7~8分，能流利表达且没有严重的语法错误得9~10分。

测试内容：如表8-2所示。

表8-2 测试内容

项目编号	测试项目名称	测试内容	测试要求	测试分值	实际得分
5.2	酒店英语电话订房	Mr. Smith 先生预约一间双人间，每晚960元，从7月15号到18号三个晚上。Smith 的电话号码是65261691	能较流利完成以下内容 1. 使用电话订房礼貌用语 2. 询问或回答订房时间（住宿多长时间） 3. 询问或回答房价 4. 询问或回答订房人姓名和电话 5. 是否确定预约	20 20 20 20 20 100	

考核时间：　　年　　月　　日　　考评师（签名）：

测试环境：酒店专业校内实训室

测试流程：

1. 两个学生一组看测试内容，准备五分钟。

2. 开始测试。

一个是酒店职员＝C；另一个是酒店客人＝G。

测试说明：

1. 通过在酒店专业实训室测试，了解学生在仿真环境下能否用英语完成未来实际工作所需要的办理预约住房登记。

2. 人员组织：2人/组。

3. 评分等级：85分以上为优秀，70~85分为良好，60~70分为合格，60分以下为不合格。

评分要点：

C: Good morning! This is Room Reservation. May I help you?

G: Good morning! I'd like to reserve a double room.

C: Thank you! What date would that be? (For what date?)

G: We'll arrive on July 15th, and stay for three nights.

G: We'll arrive on July 15th.

C: How many nights are you staying?

G: Three nights.

G: How much are double room?

C: Double rooms are 960 yuan.

C: May I have your family name and your daytime telephone?

G: Certainly! My family name is Smith, and my telephone number is 65261651.

C: Thank you, Mr. Smith! Your phone number is 65261651.

C: I'd like to confirm your reservation. A double room for Mr. Smith at 960 yuan per night. You'll stay here for three nights from July 15th to 18th. We look forward to your coming.

能够表达每个要求得6～7分，较流利表达得7～8分，能流利表达且没有严重的语法错误得9～10分。

第九章 实训必备知识

【实训项目】
酒店实训必备知识。

【实训目标】
通过本章实训,使学生了解主要酒店管理集团,掌握主要酒店集团经营理念,培训学生沟通和领导能力,同时了解星级酒店评定标准。

【实训时间】
实训教学4学时。

【实训方法】
教师讲授和学生自学为主,学生按要求搜集资料,分组讨论并完成本章作业,教师指导并点评。

第一节 著名酒店集团

世界旅游组织(WTO)曾预测:2020年中国将会成为世人最为向往的旅游胜地,同时将有一亿中国人到海外观光。国际酒店业更是变化频繁,并购浪潮一浪高过一浪。世界排名也呈不断变化的状态,今年排名第一的公司到了明年说不定就排到了第五位。因此,本教材仅选择几家有代表性的国际酒店集团做简要介绍。

一、洲际酒店集团

洲际酒店集团(Inter-Continental Hotels Group)是一家著名国际酒店管理公司,2007年名列全球酒店300强之首,在全球近100个国家和地区拥有、管理、出租或托管3800多家酒店和563 000多间客房。旗下拥有洲际酒店及度假村、皇冠假日酒店及度假村、假日酒店及度假村、快捷假日酒店、宿之桥套房旅馆等多个品牌,并且拥有世界最大的酒店忠诚客户计划——优悦会,其全球会员超过3300万人。

洲际酒店集团是最早涉足中国的国际酒店企业,1984年即在中国经营业务,对中国市场有深入了解,目前开办67家酒店,还有84家正在建设中。

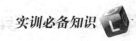

(一) 国别

英国。

(二) 集团标识

InterContinental.

洲际酒店及度假村

(三) 主要品牌

(1) 洲际酒店及度假村(Inter Continental Hotels & Resorts):豪华酒店品牌。

洲际酒店及度假村

(2) 皇冠假日酒店及度假村(Crown Plaza Hotels & Resorts):高端酒店品牌。

皇冠假日酒店及度假村

(3) 假日酒店及度假村(Holiday Inn Hotels & Resorts):假日酒店及度假村是全球最知名的酒店品牌之一,拥有酒店及度假酒店1500多家。这些酒店的风格亲切、友好、随意,而其服务之周到、住宿之舒适、起居之方便都体现了业界高标准的服务水准和一丝不苟的作风。

假日酒店及度假村

(4) 快捷假日酒店(Holiday Inn Express):分布全球各地的1350多家快捷假日酒店风格以清新、洁净、简单著称,是注重实惠的旅客的最佳选择。由于追求风格简洁和物超所值,快捷假日酒店集舒适、可靠、高效和清新的环境于一身。

快捷假日酒店

(5) 宿之桥套房旅馆(Staybridge Suites):洲际集团管理的常住酒店品牌。

(6) 烛木套房旅馆(Candlewood Suites)：洲际集团于 2003 年收购的套房酒店品牌。

二、圣达特公司

圣达特(Cendant Corp.)是全球中档及经济型酒店品牌的最大特许商之一,其在全球特许的酒店品牌有 8 个,酒店总数达 6396 家,客房 520 860 间。

(一) 国别

美国。

(二) 集团标识

Cendant

(三) 主要品牌

(1) 艾美瑞旅馆与套房(AmeriHost Inn)：在美国 18 个州均有特许酒店。

(2) 天天酒店(Days Inn)：在全球 12 个国家和地区拥有 1900 多家酒店。

(3) 豪生酒店(Howard Johnson)：豪生酒店始创于 75 年前。目前在全球 14 个国家和地区拥有 500 多家酒店。是全球最知名的中档酒店品牌之一。

(4) 骑士酒店(Knights Inn)：在美国和加拿大共有 225 家酒店。

(5) 华美达酒店(Ramada)：华美达品牌有着 40 多年的历史,在美国本土特许酒店达 1000 多家。

(6) 速 8 酒店(Super 8 Hotel)：至 2001 年年底,速 8 在北美的特许酒店达到了 2000 家。目前在中国的北京、上海、大连、武汉都有特许店。2003 年年底,加拿大开设的速 8 酒店达到了 100 家。

（7）特威龙酒店（Travelodge）：始创于1966年，今天该品牌已经闻名于世。在北美洲，现有500多家特威龙酒店。

（8）盈门酒店（Wingate Inn）：这是一个全新的酒店品牌，始创于1996年，多为新建的商务酒店。客房总数一般为80～150间。

三、万豪国际酒店集团

由J. W. 马里奥特先生于1927年在华盛顿市郊创办的一家只有9个座位的小餐馆发展起来的万豪国际酒店集团（Marriott International, Inc.）是在全球居领先地位的酒店管理公司，在全世界69个国家和地区经营与管理着2800多家酒店物业，客房总数482 186间。

（一）国别

美国。

（二）集团标识

Marriott.

（三）主要品牌

（1）万豪酒店（Marriott Hotels & Resorts）：高档全功能型酒店及度假酒店的旗舰品牌，在全球共有482家酒店，其中本土312家，国外170家。

（2）JW万豪酒店（JW Marriott Hotels & Resorts）：万豪的豪华酒店品牌，为商务及休闲旅行者提供高档次的个性化服务。全球共有20家JW万豪酒店，其中8家在美国本土，12家在国外。

（3）万丽酒店（Renaissance Hotels & Resorts）：高档全功能型酒店品牌，致力于给客人提供精品酒店的氛围。在全球有130家万丽酒店及度假酒店，其中，美国本土64家，国外66家。

(4) 万怡酒店(Courtyard by Marriott)：专为商务旅客设计的中档价格酒店品牌。在全球拥有 638 家，其中 583 家在美国本土，55 家在国外。

(5) 万瑞酒店(Residence Inn by Marriott)：专为在外停留过夜的客人设计的"家外之家"，房间宽松，家居氛围明显。目前，在全球有 454 家，其中，美国本土 441 家，国外 13 家。

(6) 万发酒店(Fairfield Inn by Marriott)：价格适中的优质酒店，在全球有 530 家，其中美国 527 家，国外 3 家。

(7) 万豪会议中心(Marriott Conference Centers)：专门服务于中小型会议的高档酒店品牌。目前在美国本土有 13 家会议中心。

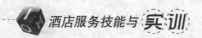

(8) 万通套房酒店(TownePlace Suites by Marriott)：万豪集团于 1997 年推出的中档价位常住品牌，给客人提供家居般的便利。目前在美国本土有 112 家酒店。

(9) 丽嘉酒店集团(The RITZ-CARLTON HOTEL COMPANY, L.L.C.)：超豪华酒店品牌，以最优质的服务著称于世，也是全球范围内住宿、餐饮、服务的标志性品牌。两次荣获马尔科姆·鲍德里格国家质量奖。目前，全球共有 57 家，美国国内 35 家，国外 22 家。

(10) 万豪行政公寓(Marriott Executive Apartments)：为满足在海外出差达一个月或者一个月以上的企业行政人员的需要而设计的企业住宿品牌酒店。致力于给客人提供最好居家设施以及与酒店一样的服务。全球现有万豪行政公寓 14 家。

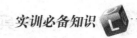

四、雅高国际酒店集团

有着30多年历史的雅高国际酒店集团(Accor Hotels)是全球知名的酒店及旅游服务集团之一,其业务遍及全球140多个国家,现有酒店3973家,客房463 472间,聘用员工近15万人。

(一)国别

法国。

(二)集团标识

ACCOR

(三)主要品牌

(1) 索菲特酒店(SOFITEL):雅高集团旗下的豪华酒店品牌,在全球52个国家有189家酒店,40 109间客房。

(2) 诺富特酒店(NOVOTEL):方便上午和休闲客人的高档酒店品牌,坐落于各个主要商业中心。在全球57个国家拥有400家酒店69 552间客房。

(3) 美居酒店(MERCURE):极具个性化的中档酒店品牌,旗下还分别有品牌。在全球47个国家拥有737家酒店,87 066间客房。

(4) 雅高套房酒店(Suite hotel):三星级的套房酒店品牌,主要集中在法国、德国、卢森堡、比利时、荷兰等国家。现有17家酒店,2369间客房。

(5)宜必思酒店(IBIS):经济型酒店品牌,以其简朴、服务质量高、经济实惠而享誉欧洲,在亚太地区也有较强的品牌效应。宜必思酒店主要坐落于市中心。在全球 36 个国家有 709 家酒店,77 577 间客房。

(6)伊泰普酒店(Etap):主要服务于法国和欧洲市场的经济型酒店,在 11 个国家拥有 328 家酒店,26 533 间客房。

(7)一级方程式酒店(FORMULE 1):简朴而舒适的经济型酒店,分布在欧洲、南非、澳大利亚、巴西、日本等 12 个国家,有酒店 373 家,28 565 间客房。

(8)红屋顶酒店(Red Roof Inn):主要服务于美国市场的经济型酒店品牌。现有酒店 347 家,37 899 间客房。

(9)六号汽车旅馆(Motel 6):创立于 1962 年的六号汽车旅馆是美国和加拿大主要的经济酒店品牌,现有酒店 861 家,88 540 间客房。

(10)六号工作室(Studio 6):经济型常住酒店品牌,在美国和加拿大有 42 家店,5154 间客房。

五、精选国际酒店集团

创始于20世纪40年代的精选国际酒店集团(Choice Hotels International)是全球最大而且最成功的酒店特许商之一。在优质酒店品牌的基础上,精选酒店作为中等价格酒店的先驱,在全球特许的品牌有8个,酒店总数达到了4977家,403 806间客房。

(一)国别

美国。

(二)集团标识

CHOICE HOTELS

(三)主要品牌

(1)康富旅馆(Comfort Inn):康富旅馆因其质量、服务以及合理的价格而著称,业务遍布全球2000多个地方。该品牌包括以下几个子品牌:康富旅馆,康富酒店,康富旅馆及套房,以及康富酒店及套房。

(2)康富套房(Comfort Suites):专为注重超大客房及中档价位的商务及休闲旅行者设计。设施包括高速互联网接入和便利而周到的室内设施,如微波炉、电冰箱等。另外,还包括免费的优质大陆式早餐。

(3)优质酒店(Quality):在60多年的时间里,该品牌因价格适度、物有所值、干净舒适而著称。旗下的附属品牌包括:优质旅馆(Inn)、优质酒店(Hotel)、优质旅馆及套房(Inn&Suite)、优质套房(Suites)。

(4) 顺利客栈(Sleep Inn)：专为商务和休闲旅行者提供价格适度产品的酒店品牌。旗下有顺利客栈、顺利套房。

(5) 客来安酒店(Clarion)：以适度的价格提供高档客房用品及设施的豪华酒店品牌。旗下包括：客来安酒店、客来安度假酒店、客来安套房、客来安客栈以及客来安精品荟萃(Clarion Collection)。

(6) 美时达套房(Main Stay Suites)：提供专为常住客人设计的客用品的常住酒店品牌。

(7) 倚客隆酒店(Econo Lodge)：清洁、舒适、价格适度的客房使该品牌成为注重实惠的旅行者的首选。现有酒店800多家。

(8) 容威客栈(Rodeway Inn)：擅长于满足老年旅行者需要的经济型酒店品牌。

六、希尔顿酒店公司

以酒店业巨匠康拉德·希尔顿先生命名的希尔顿酒店公司(Hilton Hotels Corp.)作为全球第六大酒店集团，有着70余年的历史。现有酒店2259家，客房358 408间。

(一) 国别

美国。

(二) 集团标识

Hilton

第九章 实训必备知识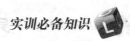

（三）主要品牌

（1）希尔顿酒店（Hilton Hotels）：希尔顿酒店公司引以为自豪的旗舰酒店品牌，在全球酒店业极负盛名。该品牌拥有的酒店超过了500家，客房总数在147 667间以上。

（2）两棵树酒店（Double Tree）：现有酒店154家，40 922间客房。

（3）国宾套房酒店（Embassy Suites Hotels）：全美最大的高档套房酒店品牌，其套房总数也最多。创始于1983年的国宾套房酒店是全套房理念的创导者，在美国、加拿大和拉丁美洲共有178家酒店，43 379间客房。

（4）汉普顿酒店/汉普顿酒店及套房（Hampton Inn/Hampton Inn&Suites）：经济型、常住型酒店品牌，现有酒店1200多家，以其干净舒适著称。

（5）希尔顿花园酒店（Hilton Garden Hotel）：属经济型酒店品牌，在整个北美地区有酒店220家。

（6）好屋套房酒店（Homewood Suites by Hilton）：美国国内知名的高档居家式全套房酒店品牌，专为在外停留较长时间的商务旅客设计。现有酒店150家，还有100家正在建设之中。

七、最佳西方国际

创建于1946年的最佳西方国际（Best Western International）是世界上最大的酒店连锁集团，总部设在美国亚利桑那州的凤凰城。在全球80多个国家和地区拥有4100家独立所有且独立经营的酒店物业，客房总数达到了31万间。

（一）国别

美国。

（二）集团标识

Best Western

（三）主要品牌

（1）最佳西方酒店（Bestwestern）：最佳西方国际集团的旗舰酒店品牌，旗下酒店达40 000多家。

（2）最佳西方首相酒店（Bestwestern Premier）：最佳西方集团于2003年推出的高档国际酒店品牌。目前，最佳西方首相酒店已经达到70多家，主要集中在欧洲和亚洲的重要商业城市。位于中国武汉的五月花酒店即为该品牌的酒店之一。

八、喜达屋国际酒店集团

喜达屋国际酒店集团（Starwood Hotels&Resorts Worldwide）是全球著名的酒店管理公司之一，在80多个国家拥有酒店733家，客房230 667间。

(一)国别

美国。

(二)集团标识

Star.wood

(三)主要品牌

(1)喜来登酒店(Sheraton Hotels & Resorts):作为喜达屋酒店集团所有品牌中最大的酒店品牌,其业务遍布世界各地。目前,在70多个国家有酒店400多家。

(2)威斯汀酒店(Westin Hotels & Resorts):有着75年历史的威斯汀酒店是喜达屋酒店集团的豪华酒店品牌。在20多个国家拥有酒店120多家。

(3)福朋酒店(Four Points by Sheraton):由喜来登酒店公司于1995年推出的福朋酒店是喜达屋酒店集团专为商务及休闲旅行者提供全功能服务的中档酒店品牌。在15个国家拥有141家酒店。

(4)瑞吉酒店(St. REGIS):喜达屋酒店集团的豪华酒店品牌,第一家瑞吉酒店于1902年在美国纽约第五大道与第55街的交会处破土动工,建成后就一直成为世界名流在纽约的下榻处。2000年3月,北京国际俱乐部正式更名为北京瑞吉酒店,从而拉开了该品牌进入亚洲市场的序幕。2001年9月,由云南红塔集团投资兴建的上海红塔瑞吉酒店开门迎宾。

(5)豪华精选(The Luxury Collection):创始于1995年的豪华精选是由25个国家的75家全球最优秀的酒店组成的高级品牌,主要服务于追求豪华的旅行者。

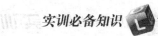

(6) W 国际酒店(W Hotels Worldwide)：第一家 W 国际酒店于 1998 年在纽约开业。W 国际酒店成功地将单体酒店的个性和风格与主流商务酒店的可靠、稳定以及用心服务融合到一起而成为知名的新酒店品牌。

九、凯悦环球公司（Global Hyatt Corp.）

总部设在美国芝加哥的凯悦环球酒店公司，下辖凯悦酒店公司(Hyatt Corporation，负责国内酒店业务)、凯悦国际酒店公司(Hyatt International Corporation，负责国际酒店业务)、凯悦地产公司(负责酒店物业)。在全球 44 个国家拥有和管理酒店 818 家，客房 147 157 间。

（一）国别

美国。

（二）集团标识

HYATT

（三）主要品牌

(1) 柏悦酒店(Park Hyatt)：专为追求私密性、个性化以及高质量服务的旅行者设计的世界级豪华精品酒店品牌，该品牌的每一家酒店地理位置一流。目前在全球有 26 家，还有三家正在建设之中，其中包括将于 2007 年开业的北京柏悦酒店及澳门柏悦酒店。

(2) 君悦酒店(Grand Hyatt)：专为商务和休闲旅行者以及大规模会议活动服务的豪华酒店品牌，以其规模宏大、设施先进而著称。

(3) 凯悦酒店(Hyatt Regency)：凯悦酒店集团的高档旗舰品牌，数量最多。

十、卡尔森国际酒店集团

卡尔逊国际酒店集团(Carlson Hospitality Worldwide)是全球酒店服务业的领导者，旗下有酒店 890 家，客房 147 093 间。

（一）国别

美国。

（二）集团标识

Carlson

（三）主要品牌

(1) 丽晶国际酒店(Regent International Hotels)：豪华酒店品牌，最早在客房设计、建筑以及服务中引入豪华理念。

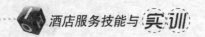

(2) 瑞迪森酒店(Radisson Hotels & Resorts)：在全球经营、管理并特许经营全功能型酒店的品牌，致力于提供个性化的对客服务，在61个国家拥有酒店435家，客房102 000间。

(3) 派克广场酒店(Park Plaza Hotels Resorts)：为休闲和商务旅行者设计的酒店，大多位于机场和市中心，可放数量约在150间左右。

(4) 乡村旅馆(Country Inn Suites)：中档酒店品牌，在美国、加拿大、德国、奥地利等国家拥有酒店320家。

(5) 派克旅馆(Park Inns)：酒店业发展最迅速的品牌之一，2000年加入卡尔逊国际酒店集团。

十大国际酒店集团在中国的发展趋势

在中国，旅游酒店行业是最早对外开放的行业。目前外资的国际酒店管理集团在中国管理的酒店达1000多家，旅游酒店始终是中国开放度最高的行业之一。

2010年5月期间，国家旅游局副局长杜江在全国旅游酒店业发展暨五星级酒店质量提升工作会议上说，旅游酒店业是中国最早对外开放的行业之一，经过30年的发展，旅游酒店业发展空间不断延伸和拓展。国外豪华品牌酒店在基本完成一线城市的酒店布局后，已开始向发达地区的二、三线城市延伸。

1982年北京建国酒店引进香港半岛管理，拉开了国内酒店引进国际酒店管理公司和国际品牌酒店的序幕。截至目前，据不完全统计，已有40多家国际酒店管理集团的70多个品牌进入中国，共管理1000多家酒店。世界上排名前十位的国际酒店管理集团均已进入中国市场，管理酒店480家，客房161 974间。

据介绍，国际酒店管理集团一般都采用管理合同和特许经营的方式进入中国市场，只有极少数公司有投资行为,因此基本上属于低风险、高收益的商业模式。很多地方政府看重国际酒店集团的品牌效应,出台众多的优惠、鼓励、奖励政策,支持引进国际高端品牌酒店。杜江指出,近年来,国际品牌所表现出的国内拔高品牌或专造品牌、国际客源比率下降、同一城市同品牌竞争、管理公司与业主合同纠纷等情况也在不断增多。因此,随着国内酒店发展水平的整体提高,以及国内酒店客源市场的变化,各地应充分结合本地实际情况,更加理性地引导国际酒店管理集团和国际品牌酒店的引进问题。

在众多"疯狂落子"的酒店品牌中,相比较国内酒店,属于外来户的国际品牌以其丰富的管理经验和成熟的管理系统,使所管理的酒店提供的服务水平及盈利水平均高于国内酒店品牌。而且从入住率的角度看,各个城市中公认的最好的一批酒店基本上都是国际品牌的酒店。

不仅忙着扩展,基于强大的自身能力,国际酒店集团将"品牌管理"作为进入中国高端酒店市场的主攻模式。在中国,外资酒店管理公司很少直接投资酒店,甚至带资管理(持有酒店数量股份)的方式也是比较少见的。向品牌管理延伸获取高额稳定的利润,是酒店巨头们不约而同的发展趋势。

1. 未来趋势

众多的利好消息让"急速增长"成为中国酒店业的业界主旋律。中国观光旅游和商务旅行的增长直接导致了中国国内酒店数量的稳定增长。在经济持续增长和国内、国际游客的支撑下,预计2020年中国的酒店行业的发展将达到世界领先水平;作为中国主要的商业、经济和文化中心,北京和上海支撑着顶级酒店的发展,满足不断增长的高端商务和度假旅游的需求。

大趋势所致,众多的国际品牌都希望能够在中国做到更广泛的投资,酒店业之间的竞争逐渐向中国内陆市场延伸。珠江三角洲、长江三角洲和沿海地区以其蓬勃的经济发展,理所当然地吸引各国投资者的视线,市场竞争已经开始呈现白热化。

同时,众多的酒店集团已经将大部分的不同档次的子品牌都引进中国,例如雅高的宜必思、温德姆集团的速8等。

另外,除了希尔顿、凯悦和最佳西方国际等少数主要经营高档酒店的联号以外,世界上规模最大的酒店公司基本上在其品牌系列中都包括了一个甚至多个经济档酒店品牌。如家、锦江之星等经济型品牌背后都有国际酒店管理公司的身影。

2. 中国攻略

目前国际排名前十的酒店集团已经将旗下大部分引入中国。国外投资者看到,在商务客和旅游客持续递增的同时,中国国民经济收入大大提高。目前中国每年国际国内商务旅游市场消费已超过2000亿元人民币,相当于法国、德国等欧洲主要国家的水平。这给很多国际酒店集团带来了新的吸引力和发展机会。

2008年,中国高端酒店市场不断扩大,国际酒店集团对中国的投资扩张也持续,其垄断中国高端酒店业的趋势愈加明显,但是十大国际酒店集团由于进入中国时间的长短不同,拓展能力有强弱之分,所以在中国所占的市场份额也有着较大的差距。因此,十大酒店集团在中国扩大阵容的举措此起彼伏,均不甘落后。而非十大国际酒店集团品牌例如瑞士,中国香港地区,新加坡等国的酒店品牌也纷纷涌入,抢夺中国日益增长的中高端客户群。

根据统计发现,长三角、环渤海、珠三角经济最发达的区域,是国际酒店资本最愿意进入的区域,目前已开业酒店占据了全国73%的市场。西南区域以成都和重庆为首的城市,后来居上成为最新的热土,未来新签约酒店有15%被西南区域所瓜分。由于未来1~2年长三角和珠三角区域已经饱和,国际酒店集团精力除继续加强经济发达省市的投资,还将会重点投资环渤海和西南一些新兴的二、三线城市。天津、四川、山东、广西、海南这样的经济次发达城市及拥有优质旅游资源的区域,也是其重点发展对象。因此,西南区域和环渤海两大区域增长都超过35%,北部区域也达到35%,但是由于绝对数量较小,短期内不会是重点发展的区域。

洲际酒店作为全球排名第一的酒店集团,也是最早开拓中国市场的一批酒店集团,在24年的时间内签约69家酒店,比排名第二位的温德姆酒店高出12个百分点,在中国的占有率也是排名第一。特别是经济发达的长三角和环渤海两大区域,已营业数量达到37家之多,占到总数量的54.4%,可以称为是中国顶级酒店的领跑者。中国的西南地区和珠三角也属于洲际酒店重点布局的区域,占到总数量的29%,而西部和北部区域不是该集团的战略点,从其新签约酒店的数字为0,而已开业的数量也仅仅只有3家,还是在呼和浩特与哈尔滨这样的省会城市等具体措施可以看出来。洲际集团预计在很长的一段时间内,将继续加强环渤海、长三角、珠三角、西南区域的拓展。

温德姆酒店集团目前在中国的开店数量排名第二,和洲际酒店同样看重经济发达地区,其中尤以长三角为重。从其新签约的数量来看,温德姆酒店集团依然看重长三角地区,但是由于长三角酒店资源竞争激烈,而其又不重视环渤海、西南地区、中部地区的项目拓展,所以未来的排名将由第二位下滑到第四位。

万豪集团在中国的知名度很高,但是已营业酒店数量却只能排在第五位,看重长三角及环渤海区域,已营业数量达到20家,占到总数量71%,对于经济欠发达的西部、北部地区未开酒店。

根据目前的签约酒店数量可以看出,万豪集团在非常重视长三角地区的同时,也加大环渤海区域拓展力度,基本放弃中西部地区的开发,未来的市场份额由10%下滑到9%,排名第五位依然未变。

雅高属于最早一批进入中国的国际酒店集团,其非常看好内地快速增长的旅游市场,它继续将索菲特品牌引入各主要城市,与此同时,在全国各地,包括中西部省份大力发展经济型酒店的拓展。雅高集团目前占有十大酒店集团的12%份额,但是未来的几年将会增长至14%,可以看出其逐渐加大拓展力度,特别是环渤海和西南地区的开发更是重中之重。

希尔顿自1988年首次进入中国市场,目前已经营业的酒店主要分布在超大型城市,例如北京、上海、重庆及旅游胜地三亚等。和其他酒店集团相比,发展速度缓慢,市场份额仅占到4%。根据新签约数据分析,未来一段时间希尔顿酒店依然坚持一、二线城市的发展战略,暂时不考虑三线城市的发展,市场份额将由目前4%上升至5%。可以预见,未来希尔顿酒店的发展依然缓慢,市场份额不会有大幅度的增长。

最佳西方集团主要采取的是一种特许经营的方式,通过其全球预定系统,把各个成员酒店联合起来。其品牌档次虽然不高,但其规模较大,曾一度成为世界第一大的酒店品牌,所以本文将其纳入研究范围,此酒店集团进入中国较晚,目前店面数量排名第六位。目前最佳西方集团特许经营的酒店中以长三角最多,占到其总量的39%,北部地区和西部地区并未找到合作伙伴。根据最新数据统计显示,最佳西方新签约只有一家,并且新签约酒店分布在经济比较落后的区域,可见其对于中国市场开拓的数量是十大酒店集团最少的一家。未来市场排名将由目前的第六位下滑到第七位,与第六位的香格里拉集团有9家酒店的差距。最佳西方国际集团正在改变在华经营策略,它希望不再单纯以经济型酒店的传统形象出现在人们面前,并已经取消了其2007年以前在华建成一个经济型酒店网的计划。

喜达屋集团是世界知名的高端奢华酒店集团,喜来登、威斯汀等品牌享誉全中国。目前喜达屋集团已营业酒店数量排名第四位,共有33家酒店,均为中高端品牌,其在长三角的比例占到集团酒店总量的36.4%。根据新签约资料显示,喜达屋集团未来将把大部分精力投入到珠三角和环渤海两大区域,提升幅度均达到100%。新签约的酒店品牌依然以喜来登为主,艾美、瑞吉为辅,W酒店首次引入中国,在上海和广州即将开业。

卡尔森集团进入中国较晚,目前在中国重点进军MICE市场,主要引入品牌为丽晶和丽笙。卡尔森全球酒店集团与阳光100置业集团结成战略合作伙伴关系,共同开发酒店项目,虽然如此,其在中国的酒店数量依然较少,目前只有12家,新签约6家。

凯悦集团已经营业的酒店数量仅8家,从20世纪80年代进入天津,历时20多年,发展速度缓慢,目前排名在十大酒店集团最后一位,市场份额在3%左右。根据已有数据,2008年前,凯悦集团在中国的酒店数量将达到16家,未来拓展的侧重点将放在既有经济基础又有旅游资源的二、三线城市,例如青岛、大连、厦门等。

而香格里拉作为同时和洲际进入内地的酒店集团,经过24年的发展,仅开业24家酒店,仅占十大国际酒店市场份额不到10%。凯悦、希尔顿、卡尔森三大酒店集团在中国发展状况较差,目前三家总市场份额为10%。

根据新签约数字统计,未来十大酒店集团,发展速度最快的是喜达屋。喜达屋集团增长率为94%,从目前的第四位上升至第二位,市场份额上升3个百分点。

雅高酒店集团虽然排名不变,但是市场份额上升2个百分点;而排在最后三位的凯悦、卡尔森、希尔顿三家酒店集团虽然排名不变,但是市场份额均上升1个百分点。其余5家酒店集团,虽然绝对数量依然增加,但是市场份额均有不同程度的减少。未来洲际、喜达屋、雅高、温德姆四家酒店集团将控制中国62%的市场份额,剩余38%的份额由其他六家酒店集团分享。

3. 北京发展状况

洲际、万豪两家酒店集团占据北京47%的市场份额,对北京的垄断程度高于上海。剩余53%的市场份额由其余8家酒店集团所控制,其中希尔顿、凯悦、最佳西方3家酒店集团的市场份额总计仅9%,处于明显劣势地位。目前北京的酒店品牌与上海基本一致,但是北京的高端酒店市场发展和上海相比还是落后的,比如一些酒店集团的高端品牌还在建设中,例如,柏悦、Doubletree、康拉德CONRAD这三大顶级奢华品牌。

根据已知资料的分析,由于奥运会的原因,大量国际酒店集团进入北京,这其中尤以希尔顿酒店和雅高酒店两大集团加大北京的拓展力度,目前已经把旗下最奢华的品牌引入,而最佳西方集团、温德姆酒店、卡尔森集团无任何新项目,未来市场份额将继续减少。预计未来的1~2年内,北京的国际酒店的市场布局将会有以下变化:洲际、万豪、雅高、香格里拉这4家酒店集团分割66%的市场份额,竞争激烈程度进一步加剧,最佳西方、凯悦两家酒店集团未来仅占北京市场8%的份额,长期估计市场份额会逐渐减少。(作者曾任大型地产上市公司下属公司研究部负责人,拥有多年的地产研究策划经验,对商业地产领域和住宅项目均有研究。)

(资料来源:中国酒店管理网 www.hotel120.com,2010)

第二节　酒店集团经营理念

一、酒店集团的愿景

用我们真诚的关爱,拉近世界的距离。
用我们卓越的品质,创造难忘的回忆。

二、酒店集团的价值观

不断地满足和超越客人、同事及业主的期望是我们成功的基础;
我们追求卓越、高品质的完美和真诚;
我们尊重集体中的每一个成员的尊严和价值;
我们为多元化的人才、观念和文化而自豪;
我们倡导助人为乐,并愿为改善所在工作团队而做出各自的贡献;
我们鼓励创新、勇于承担责任和迎接新的变革;
我们乐于学习并在获取新知识中不断成长;
我们分享各种危机、困难、智慧、感觉和意识,并乐在其中。

三、酒店集团品牌定位

热情、健康、个性化。

四、关爱宾客服务计划

STAR 服务标准如下。
(1) 微笑与问候
(2) 交谈与聆听
(3) 回答与预计
(4) 圆满的解决

五、榜样认同计划

(1) 品牌一刻
(2) 品牌之星
(3) 品牌先生/小姐

六、酒店集团经营理念

(1) 我们群策群力,互相尊重,对待同事如同对待自己的家人和贵宾一样。我们坚守"酒店先生"的信念,"同事之间互相关怀照顾,必定能为客人提供更周到体贴的服务"。
We practice teamwork and treat each other with the same respect we afford to our family and best guests. We adhere to Mr. Marriott's belief that: "If we take care of each

other, we will be able to take better care of our guests."

(2) 真诚待客,体贴关怀,以确保客人不断再来光顾是我们最重要的宗旨。对客人表现出真诚热情的态度,时刻全心全意的关注。

Genuine care and comfort of our guests to ensure their return is our highest mission. Display genuine and enthusiastic interest in the guest, and always pay complete attention.

(3) 笑脸迎人,亲切招呼每位客人。以热情有礼、和蔼可亲的态度与客人交谈。尽可能用客人的名字来称呼对方。用适当的言辞,避免使用俗语和酒店术语。

Smile and greet every guest. Speak to the guest in a warm, friendly and courteous manner. Use their name as often as possible. Always use appropriate vocabulary. Avoid slang and hotel jargon.

(4) 感谢客人光临,亲切地向客人说再见,令他们临离开之前对酒店留下温馨难忘的印象。

Thank the guest for their business and bid them a fond farewell. Make their last impression of the hotel warm and positive.

(5) 预先估计客人的需要,灵活配合。贯彻"主动待客"的原则,留心客人的神态,察言观色,以提供体贴周到的服务。

Anticipate guest needs and be flexible in responding to them. Practice "proactive Hospitality". Pick up on nonverbal cues to initiate personalized service and delight all guests.

(6) 对本身工作岗位了如指掌。参加所有工作所需的培训课程。

Be knowledgeable about your job. Attend all training courses required for your position.

(7) 任何同事受到客人的投诉,都有责任尽力处理。运用 L.E.A.R.N. 程序,在自己权利范围内尽力挽回客人的信心,按照跟进程序来处理客人的投诉,确保对方称心如意。

Any associate who received a guest complaint "owns" the complaint. Use the L.E.A.R.N. process to do everything in your power to never lose a guest. Follow guest response procedures to ensure that the guest is delighted.

(8) 每位同事都有责任认识和尊重客人的喜好,使客人在酒店期间得到体贴的服务。

It's everyone's responsibility to learn and honor our guests' preferences so we can personalize their stay.

(9) 任何同事如看到设施和用品损毁或不足,都有责任向上级报告。

It is the responsibility of every associate to report defects in the hotel, including shortages of equipment and supplies.

(10) 一丝不苟地执行清洁标准,是每位同事的责任。所到之处均保持清洁,包括前堂和后堂。

Uncompromising standards of cleanliness are everyone's responsibility. Clean as you go. (Both the Front of the House and the "Heart of the House".)

(11) 我们有一流的工作环境,所以请你不论是在公司内外,都担当本酒店和公司的大使。请勿批评公司,切勿在客人面前抱怨。以积极的态度表达你对工作环境的关注。

This is a great place to word, so please always be an ambassador of your hotel and company, both in and outside of work. Avoid negative comments. Never complain in front of a guest. Express workplace concerns in a constructive manner.

（12）总是能够认出酒店的常客。

Always recognize repeat guests.

（13）对酒店的情况了如指掌。随时能够回答客人的查询。总是首先推荐本酒店的餐饮服务。亲自为客人引路，单是指出方向并不足够。如果走不开，至少陪客人走几步。

Be knowledgeable about hotel information to answer guest inquiries. Always recommend the hotel's food and beverage outlets first. Escort guests rather than pointing out directions. When this is not possible, take the guest the first three steps.

（14）遵守电话礼仪。自我介绍。尽快接听，不要让电话铃声响过三声。用适当的话语问候来电者。若要转拨来电或要对方等候，必须先得到对方同意。尽量不要转拨电话。

Use telephone etiquette. Introduce yourself. Always answer within three rings. Use appropriate greetings. Always request the guest's permission to transfer their call or place them on hold. Eliminate transfers when possible.

（15）遵守制服及仪容标准，包括佩戴自己的铭牌，穿着大方得体的鞋袜，随身携带此卡。保持个人卫生最为重要。

Follow uniform and appearance standards, including name tag appropriate footwear and "the Basics" card. Personal hygiene is the most importance.

（16）客人和同事的安全，是我们最关注的事项。了解在紧急情况时自己应负的责任，并时刻警觉消防和救生程序。

The safety and security of our guests and associates ate top priorities. Know your roles during emergency situations and be aware of fire and life safety response processes.

（17）培养安全工作的习惯。遵守所有工作安全政策。一发现有事故、意外和危险，立即向上级报告。

Practice safe work habits. Abide by all job safety policies. Immediately report incidents, accidents and hazards to your supervisor.

（18）保护和照顾酒店的财产。资源要用得其所。减少浪费，确保妥善保养和维修酒店的物业与设施。

Protect and care for the assets of the Hotel. Use our resources wisely. Eliminate waste. Ensure proper maintenance and repair of hotel property and equipment.

（19）了解本酒店和所属部门的目标。你有责任与同事分享你的意见和建议，尽你所能不断提高营业额、盈利、客人满意度和同事的士气。

Know the goals of your hotel and your department. It is your responsibility to share your ideas, suggestions and energies to continuously improve sales, profit, guest satisfaction, and associate morale.

（20）你得到本酒店授权和信任，尽你所能处理客人的需要。必要时，应请同事帮忙。思考如何以创新的方法说"不"。

You are empowered and trusted to handle guest needs and problems to the best of your

ability. Seek assistance, if needed, think of creative ways to say "no".

世界饭店经营管理成功者是现代饭店管理原理和方法的伟大实践者、创新者。从那些影响世界饭店业发展的巨人身上,我们可以感受到饭店管理者的真实形象和力量,他们的经验与格言将给我们极大的启示。

现代饭店起源于欧洲的贵族饭店。欧洲贵族饭店经营管理的成功者是西泽·里兹(CesarRitz)。英国国王爱德华四世称赞里兹:"你不仅是国王们的旅馆主,你也是旅馆主们的国王。"

西泽·里兹1850年2月23日出生于瑞士南部一个叫尼德瓦尔德(Niederwald)的小村庄里。曾在当时巴黎最有名的沃尔辛餐厅(Voision)当侍者。在那里,他接待了许多王侯、贵族、富豪和艺人,其中有法国国王和王储、比利时国王利奥彼得二世、俄国的沙皇和皇后、意大利国王和丹麦王子等,并了解了他们各自的嗜好、习惯、虚荣心等。此后,里兹作为一名侍者,先后在奥地利、瑞士、法国、德国、英国的几家餐厅和饭店工作,并崭露头角。27岁时,里兹被邀请担任当时瑞士最大、最豪华的卢塞恩国家大旅馆(HotelGrandNational)的总经理。

里兹的经历使他立志去创造旨在为上层社会服务的贵族饭店。他的成功经验之一是:无须考虑成本、价格,尽可能使顾客满意。这是因为他的顾客是贵族,支付能力很高,对价格不在乎,只追求奢侈、豪华、新奇的享受(按现代经营管理理念,这似乎不合时宜,但在当时贵族化生活的立场,的确是成功的条件)。

为了满足贵族的各种需要,里兹创造了各种活动,并不惜重金。例如,如果饭店周围没有公园景色(Park view),他就创造公园景色。在卢塞恩国家大旅馆当经理时,为了让客人从饭店窗口眺望远处山景,感受到一种特殊的欣赏效果,他在山顶上燃起烽火,并同时点燃了1万支蜡烛。还有,为了创造一种威尼斯水城的气氛,里兹在伦敦萨伏依旅馆(SavoyHotel)底层餐厅放满水,水面上漂荡着威尼斯凤尾船,客人可以在二楼一边聆听船上人唱歌,一边品尝美味佳肴。像这样的例子不胜枚举,由此可以看出里兹一个现代流派无法形容的商业创造天才。

里兹的成功经验之二是:引导住宿、饮食、娱乐消费的新潮流,教导整个世界如何享受高品质的生活。

1898年6月,里兹建成了一家自己的饭店:里兹旅馆,位于巴黎旺多姆广场15号院。这一旅馆遵循"卫生、高效而优雅"的原则,是当时巴黎最现代化的旅馆。这一旅馆在世界上第一次实现了"一个房间一个浴室",比美国商业旅馆之王斯塔特勒先生提倡的"一间客房一浴室、一块美元零五十"的布法罗旅馆整整早10年。里兹旅馆的另一创新是用灯光创造气氛。里兹用雪花膏罩把灯光打到有颜色的天花板上,这种反射光使客人感到柔和舒适,餐桌上的灯光淡雅,制造出一种神秘宁静和不受别人干扰的独享气氛。当时,里兹旅馆特等套房一夜房价高达2500美元。

西泽·里兹的格言之一是:客人是永远不会错的(The guest is never wrong)。他十分重视招徕和招待顾客,投客人所好。

多年的餐馆、旅馆服务工作的经验,使里兹养成了一种认人、记人姓名的特殊本领。他与客人相见,交谈几句后就能掌握客人的爱好。把客人引入座的同时,就知道如何招待他们。这也许正是那些王侯、公子、显贵、名流们喜欢他的原因。客人到后,有专人陪同进客房;客人在吃早饭时,他把客人昨天穿皱的衣服取出,等客人下午回来吃饭时,客人的衣服已经熨平放好了。

西泽·里兹的格言之二是:"好人才是无价之宝"(A goodman is beyond price)。他很重视人才,善于发掘人才和提拔人才。例如,他聘请名厨埃斯科菲那,并始终和他精诚合作。西泽·里兹的成功经验对目前豪华饭店和高级饭店中的总统套间、豪华套间、行政楼的经营管理仍然具有指导意义。

(资料来源:钟丽娟.新编饭店经营与管理实务.北京:清华大学出版社,2009)

第三节　星级酒店的评定

一、酒店实行星级标准的意义

1. 使酒店建设科学合理

可以对酒店服务质量、设备设施状况、管理水平有一个比较客观科学的鉴定。

2. 促进酒店管理的规范化

可以让旅游管理部门更好地对酒店的服务质量和硬件设备进行监控与管理。

3. 有利于酒店的市场销售

权威性机构对星级的认定,更容易让酒店获得市场认同、信任,从而拓宽酒店的生存空间。

4. 维护酒店和消费者两者的权益

可以使旅游者在选择酒店时有一个相对统一固定的标准,并对酒店有一个比较全面的了解。

5. 促使中国酒店与国际接轨

可以促使中国酒店更快地与国际接轨,造就一批具有国际标准的知名酒店。

二、评定星级酒店的依据

国家旅游局于1988年制定了《中华人民共和国评定旅游涉外酒店星级的规定和标准》,并于1988年9月1日开始执行。

三、评定星级酒店的主要功能内容

要达到国际的星级标准,其基本功能主要有:供宾客停车的停车场,供宾客集散进出的大堂(包括总服务台、行李服务、商务中心、大堂酒吧等),供宾客垂直上下的电梯,供宾客住宿的各式客房(包括卫生间、空调、热水等),供宾客餐饮享用的餐厅、咖啡厅、酒吧(包括厢房),供宾客娱乐的休闲场所,供宾客健身的康乐健身设施,供宾客购物的商场,供宾客满足其他需要的各种设施等,许多酒店还有供宾客旅游需要的旅行社或旅游服务项目。

星级酒店还设置后台部门为前台和宾客服务,酒店后台的基本功能主要是供电、供冷暖、供水,如配电房、锅炉房、冷冻机房、水池及水泵房等。星级酒店还设置洗衣房为宾客洗涤衣物和洗涤酒店里所有的棉织品。

四、评定酒店等级的方法

目前世界上有80多种评定酒店等级的办法,但用得最多的有5种:法国的1~5星制;意大利的1~4级豪华制;瑞士的1~5级制;奥地利的A1、A、B、C、D五级制;美国汽车协会下辖酒店的五花制。但全球酒店业比较通行的大众认可方式,还是五星制。

案例分析

新版星级饭店评定标准的主要变化

改革开放30年以来,星级饭店评定标准在推动中国饭店产业发展的过程中扮演着重要的角色。为与时俱进,饭店主管部门根据饭店发展中面临的问题和未来发展趋势,及时推出了《旅游饭店星级的划分与评定》(2010年版),于2011年1月1日起正式实施。重新的修编令评定标准焕发出新的生命力,以更好的规范和引导行业的发展。新版星级饭店评定标准与旧版相比主要技术内容变化表现在以下若干方面。

1. 标准的文本结构更为清晰

各星级饭店划分条件包括必备条件(一票否决)、设施设备和饭店运营质量三部分。"设施设备维修保养及清洁卫生评定检查表"分解后融入饭店运营质量相应部分。删除"星级的评定规则",保留白金五星级的概念,但其具体标准与评定办法将另行制定。

2. 对评价机制做出了较大调整

监督管理司制定标准,旅游饭店协会执行标准进行评定;完善监督机制和退出机制,复评周期缩短,星级标志使用有效期为三年,饭店运营中发生重大安全事故,所属星级将被立即取消。

3. 等级划分与国际接轨

将一、二、三星级饭店定位为有限服务饭店,评定星级时应对饭店住宿产品进行重点评价;四、五星级(含白金五星级)定位为完全服务饭店,评定星级时应对饭店产品进行全面评价。一方面与国际饭店等级划分接轨;另一方面吸引中低档饭店申报星级。

4. 更加注重核心产品,弱化配套设施

客房的安全、卫生、安静、设施可用为基本要素,舒适度为提升要素。新版标准注重客房舒适度,并进行了细化考量,分值由以前的10分增加为35分。弱化配套设施主要体现为,对大堂面积未作硬性要求,游泳池不再成为高星级饭店必备项。例外条款中,游泳池从旧版17分降为目前10分;由于国家政策不鼓励大量建设高尔夫球场,"高尔夫球场"分值大幅下调,从旧版20分降为现在5分。对低星级饭店,取消或降低对"餐饮"、"客房小冰箱"、"小商店"、"提供洗衣服务"、"套房"等方面的要求。但停车场成为三星级以上饭店的必备项。

5. 顺应低碳经济发展趋势,突出绿色环保

新版标准倡导绿色设计、清洁生产、节能减排、绿色消费的理念。要求各星级饭店应有

与本星级相适应的节能减排方案并付诸实施。在设备设施项中,节能措施与环境管理分值从2分增加到14分,细分项包括是否采用建筑节能设计、新能源的设计与运用、环保设备和用品、节能产品和采取节能及环境保护的有效措施、中水处理系统、污水、废气处理设施以及垃圾房等。

6. 强化安全与突发事件管理

星级饭店应增强突发事件应急处置能力,突发事件处置的应急预案应作为各星级饭店的必备条件。例如对四、五星级饭店,要求应有突发事件(包括火灾、自然灾害、饭店建筑物和设备设施事故、公共卫生和伤亡事件、社会治安事件等)处置的应急预案,有年度实施计划,并定期演练。饭店营运中一旦发生重大安全责任事故,星级将被取消。安全设施要求分值由8分提高到16分,新增公共区域和食品安全,如是否有符合规范的逃生通道、安全避难场所及食品留样送检机制等。

7. 提高饭店设备设施和服务质量评价的可操作性

例如,对前厅总机、预订、住宿登记、行李服务、礼宾和问询服务、结账以及前厅维护保养与清洁卫生等,对客房浴缸及淋浴的照明、水龙头出水升温速度及稳定性、水压、水质、下水及安全性等,对床单、被套、枕套、毛巾、浴巾等的纱织规格、含棉量及床垫硬度等,对公共区域与客房区域温差和相对湿度、客房门、墙、窗、天花、卫生间的隔音措施、照明效果等,都进行了细化和量化评价。

8. 鼓励对新技术和新设备的应用

如五星级饭店应有运行有效的计算机管理系统,前后台联网,有饭店独立的官方网站或者互联网主页,并能够提供网络预订服务。信息管理系统以前分为"硬件"和"软件"两项进行评价,现从覆盖范围、采取确保饭店信息安全的有效措施和系统供应商三方面进行评价。互联网则从覆盖范围和应用两个大的方面进行衡量。公共系统是否配备先进、有效的火灾报警与消防联动控制系统(含点报警、面报警、消防疏散广播等;环保节能方面是否采用先进的楼宇自动控制系统,如新风/空调监控、供配电与照明监控、给排水系统监控等)。

9. 注重饭店内外部环境、氛围营造及布局合理

建筑结构及功能布局,旧版强调平均每间客房的建筑面积,新版则强调各功能区位置、分隔合理及方便宾客使用。五星级饭店要求室外环境整洁美观,绿色植物维护良好;饭店后台区域设施完好、卫生整洁、维护良好,前后台的衔接合理,导向清晰。建筑物外观和建筑结构应具有鲜明的豪华饭店的品质,饭店空间布局合理;内外装修应采用高档材料,符合环保要求,工艺精致,整体氛围协调,风格突出;要求客房装修豪华,具有良好的整体氛围,套房布局合理。前厅整体舒适度,从颜色、光线、温度、声音、味道等方面评价。餐饮方面旧版过于强调数量,如餐厅数量、面积,新版更为关注风格、氛围、设计、装饰等。

10. 增加例外条款,引导特色经营

新标准增加特色类别项,对商务会议型和休闲度假型旅游饭店设施分别单独评价。对于以住宿为主营业务,建筑与装修风格独特,拥有独特客户群体,管理和服务特色鲜明,且业内知名度较高旅游饭店的星级评定,可参照五星级的要求。为主题饭店、精品饭店等新型业态评五星级饭店预留一个口子。

11. 体现以人为本的理念

将"残疾人"改称为"残障人士",关注对残障人士的服务及设施,门厅及主要公共区域应

有残障人士出入坡道,高星级饭店还要求有残障人士房间。五星级饭店送餐车应有保温设备。关注员工发展,强调员工培训规划和制度及员工培训设施。各星级饭店要求有系统的员工培训规划和制度,五星级还应有专门的教材、专职培训师及专用员工培训教室。

12. 强调饭店设施设备标准的整体性和一致性

评定星级时不应因为某一区域所有权或经营权的分离,或因为建筑物的分隔而区别对待,饭店内所有区域应达到同一星级的质量标准和管理要求。

(资料来源:旅交汇 http://www.17u.net,2011)

第四节 酒店的等级

为了促进酒店行业的发展,保护客人的利益,增强员工的责任感、荣誉感和自豪感,便于行业的管理与监督,不同的国家和地区采取不同的评定方式对酒店进行等级评定。酒店的定级或等级制度是指酒店根据自己的位置、环境、设施、服务、管理等情况,按照一定的标准和要求对酒店进行分级,并用某种标志表示出来,在酒店的显著地方公之于众的管理方式。

一、国内外酒店的等级形式

酒店等级是指酒店在规模、实施设备水平、服务范围、服务质量、管理水平等方面所反映的综合水准。分级制度目前在世界上已较为广泛,尤其在欧洲更为普遍。但不同的国家和地区采用的分级制度各不相同,用以表示等级的标志与名称也不一样。目前国际上采用的酒店等级制度与表示方法大致有以下四种。

1. 星级制

星级制是酒店根据一定的标准分别用星号(★)的数量和设色来表示,以区别其等级的制度。星级分为五个等级,即一星级、二星级、三星级、四星级、五星级(含白金五星级)。最低为一星级,最高为白金五星级,星的数量越多,等级越高。这种星级制在世界上,尤其在欧洲,采用最为广泛。我国国家旅游局也采用这种方式进行酒店星级评定。

2. 字母表示方法

一些国家将酒店的等级用英文字母表示,即 A、B、C、D、E 五级,E 为最低级,A 为最高级,有的虽然是五级却用 A、B、C、D 四个等级表示,最高级用 A1 或特别豪华级来表示。

3. 数字表示法

用数字表示酒店的等级,一般用豪华表示最高级,即豪华之后由高到低依次为1、2、3、4,数字越大,等级越低。

4. 钻石表示法

在美国,没有专门为酒店评定等级的政府部门。不过,美国汽车协会(简称 AAA)从1977年开始通过授予钻石的形式来评定美国、加拿大和墨西哥的酒店的等级,最高级别的酒店是五颗钻石,最低级别的酒店是一颗钻石。

国际上也有把酒店分为五个等级:最高等级为豪华(Luxury Hotels),第二等级为高级(First Class Hotels),第三等级的中等价位(Middle-Price Hotel),第四等级的为经济型

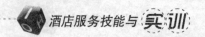

(Economy Hotel),第五等级的为预算型(Budget Hotel)。

在不同的等级表示方法中,我们不能把它们简单的一一对比起来,不能简单地把 A 级等同于国内标准的五星级,或者把 4 级等同于国内标准的一星级,在不同的国家和地区,从硬件和软件两个方面,都有不小的差别。目前在我国也存在同样国际品牌酒店,在不同的城市归属不同星级的事实。

二、国内外酒店等级的评定方式

酒店等级评定工作,是从技术、服务、设备实施、质量、管理等方面对评定方进行综合评价。

等级制度的划分和评定是一件十分严肃与重要的工作,一般由国家政府或权威机构做出评定,但不同国家评定酒店等级的机构不完全一样。国外比较多的是由行业协会评定;也有些地方由几个国家的行业协会联合制定统一的标准,共同评定。

我国酒店等级的评定主要由旅游主管部门——国家旅游局和地方旅游局根据各自所管理和监督的范围进行评定。

无论用哪种方法评定等级,无论由谁评定必须按照等级划分的有关要求和标准来进行,还要有一套完备的申请、调查、暗访、复查与抽查的鉴定程序。酒店等级评定单位有权根据规定对已定级的酒店进行降级或除名处理。

三、我国酒店星级评定工作的开展

近年来,我国酒店管理日益规范。目前,按照国家标准化的要求,商务部和国家旅游局正在共同制定新的酒店星级国家标准,从而结束国内酒店业长期以来两套国家标准并存的局面,以实现酒店业的规范化管理。

由于历史的原因,中国酒店业等级评定方面存在两套国家标准,其中一套是原内贸部指定的《酒家酒店分等定级规定》,此标准在 1992 年分布,在 2000 年进行修订;另一套是国家旅游部门的《旅游涉外酒店的星级划分与评定》,在 1993 年发布,并在 1997 年和 2003 年进行两次修订,现为《旅游酒店星级的划分与评定》。

即将颁布的《中国酒店星级标准新规定》将酒店星级标准和酒店等级标准合并为一套酒店国家标准,为中国酒店业创造了一个对外对内公平竞争的市场环境。并且酒店的星级不再作为行政审批事项,星级评定工作不再由行政机关承担,而是由旅游协会组建的旅游酒店星级评定机关来负责。

旅游饭店星级评定与复核将全面执行《旅游酒店星级的划分与评定》(GB/T 14308—2003)新的国家标准,同时,星级饭店将采用新的标志牌。

中华人民共和国《旅游涉外酒店星级标准》于 1988 年首次公布实施。后来又经过 6 次不同程度的修改,在最近的《旅游酒店星级的划分与评定》标准中,首次提出了在原有设定的五个星级的基础上,在五星级酒店中增加和包含一个新的等级——白金五星级。

在最近的《旅游酒店星级的划分与评定》标准中对四星级以下酒店的餐饮服务要求适当简化,但对四星级以上的酒店在前厅、客房和餐厅等核心区域强化了要求,增加了整体舒适度等内容。形成了以下 6 个方面的规定:

(1) 将旅游涉外酒店改为旅游酒店;

(2) 规定星级酒店的五年期限制，打破了酒店星级的终身制；
(3) 实行预备星级制，同时增加了五星级的附加等级，即白金五星级；
(4) 设定了饭店品牌、总经理资质、环境保护等内容的评定标准；
(5) 确立了星级评定制度；
(6) 增加了"某些特色突出或极具个性化的饭店，可以直接向国家旅游局星级评定机构审评星级"的条款。

"白金五星"酒店的定位处于中国酒店业金字塔的顶端，在总体数量上控制的极为严格。酒店要获得"白金五星"必须先符合以下6个必备条件：
(1) 已具备两年以上五星级酒店资格；
(2) 地理位置处于城市中心商务区或繁华地带；
(3) 对行政楼层提供24小时管家式服务；
(4) 外观造型独具一格、整体氛围豪华气派；
(5) 内部功能布局与装修装饰与所在地历史相结合；
(6) 内部功能布局与装修装饰与所在地自然环境相结合。

在下列6项参评条件中至少达标5项，6项标准分别为：
(1) 普通客房至少不小于36平方米；
(2) 有符合国际标准的高级西餐厅可以提供正规的西式正餐和宴会；
(3) 有高雅的独立式封闭式酒吧；
(4) 可容纳500人以上的宴会厅；
(5) 每件可供出租客房平均收入连续3年居于所在地同星级酒店前列；
(6) 各项配套设施出类拔萃。

阅读材料

全球酒店业等级评定情况

有消息称，英国政府的旅游管理机构打算不再支持一直执行的酒店星级评定系统。随着官方的星级酒店评定系统的终结，酒店将可以自由选择一个自己的标准或者利用客户数据或观点来建立自己的系统。

等级和标准除了其内容会随着时代变化而变化外，其形式也同样会发生变化。随着信息社会带来的"地球村"、多元化、多样化、个性化等趋势，酒店业的等级评定模式也将顺应这一趋势。

欧美国家很多是由汽车协会对住宿设施进行级别评定，如英国的皇家汽车俱乐部与英国汽车俱乐部，荷兰的皇家汽车俱乐部与美国的汽车协会都制定出自己饭店评级制度，对评定出来的级别也颁发证书与标志，定期进行复查、核查。总体来说，等级评定主体以民间协会为主，酒店等级标准呈现多元状况：

美国的五星、四星、三星、二星、一星，由美孚汽车协会评定；五钻石、四钻石、三钻石、二钻石、一钻石由美国汽车协会评定；超豪华、豪华、一般豪华、超一级、一级、一般一级、豪华旅游级、旅游级、一般旅游级、二级由美国饭店协会评定。

英国的五星、四星、三星、二星、一星由皇家汽车俱乐部评定；五皇冠、四皇冠、三皇冠、二皇冠、一皇冠由英国旅游局评定。

意大利的豪华、第一级、第二级、第三级、第四级由政府与饭店协会评定。

澳大利亚的五星、四星半、四星、三星半、三星、二星半、二星、一星半、一星由全国饭店与旅游者协会评定。

挪威的旅游、城镇、乡村、山区由饭店业协会评定。

葡萄牙的旅游、商业由饭店业协会评定。

日本则不实行酒店星级评定制度。日本境内住宿酒店可分为都市酒店、商务酒店、度假酒店、温泉旅馆、普通旅馆、民宿、公寓式酒店等。

(资料来源：同程网 http://www.17u.cn,2011)

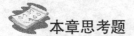

本章小结

本章主要首先介绍了著名酒店管理集团，然后叙述了著名酒店集团经营理念，最后学习了酒店星级评定等方面的知识。了解酒店的相关知识是做好酒店实务的根本与必要条件。

本章思考题

1. 著名酒店管理集团有哪些？
2. 酒店集团的价值观是什么？
3. 酒店集团的经营理念是什么？
4. 酒店实行星级标准的意义是什么？
5. 评定星级酒店的依据是什么？
6. 评定星级酒店的主要功能内容有哪些？
7. 评定酒店等级的方法有哪些？
8. 国际上采用的酒店等级制度与表示方法有哪些？

实战演练

实战演练一　客人走错餐厅

1. 情景介绍

一天晚上，下榻在某三星级宾馆的一位外宾来餐厅用餐。引位员很有礼貌地用英语向他问候说："您好，先生！请问您有没有预订？"

客人微微一愣，笑着回答道："晚上好。我就住在你们饭店，现在想用餐。"

引位员没有听明白，仍问客人有没有预订。客人不耐烦地告诉引位员，前台让他来这里用餐，并拿出住宿卡让她看。引位员看后，忙带客人走进餐厅。

"请坐。"引位员把客人引到一张靠窗的餐桌前。

奇怪的是，客人不肯坐下，并摇着头说出一串引位员听不懂的英语。

引位员愣愣地看着客人，不知所措。

这时，一位英语比较好的服务员走过来帮忙。经过询问才搞清楚，原来客人要在饭店的西餐厅用餐，但他没有找到西餐厅，错来到了中餐厅。而引位员在没有搞清楚的情况下，就

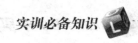

把客人引了进来。

引位员听明白后,忙向客人道歉,并主动引领客人去西餐厅。

"晚上好,先生。欢迎您来这里。请问您是否住在我们饭店?"西餐厅的引位员微笑着问候客人。

"晚上好,小姐。这是我的住宿卡。"客人满意地回答。

临进餐厅前,客人又转过身对中餐厅的引位员说:"你应该像这位小姐那样服务。"

2. 评析

此例中,引位员外语水平还没有达标,没有听懂客人的问话,没有搞清客人是否在本餐厅用餐,就将客人带入餐厅,造成了误会。作为引位员要做到:

学会正确地使用问候中的各种敬语,并注意使用的时间和场合。此例中用"您好,先生",虽然还过得去,但不如用"晚上好,先生"。如用"晚上,先生"就会闹大笑话。这种笑话在饭店服务接待中并不是没有发生过。

在接待中一定要搞清客人是否住在本饭店,采取什么方式用餐,是否在本餐厅用餐。在了解清楚后,再将客人引入餐厅。

引位员的外语水平一定要达标,即使是中餐厅的服务员,也应不断提高外语的听说能力,才能保证服务的质量和水平。

(资料来源:旅研网 http://www.cotsa.com,2010)

实战演练二　热闹的宴会

1. 情景介绍

一天,上海某饭店的宴会厅内正在举办一个大型的宴会。席间气氛热烈,参与者不停地走动,敬酒,说笑,向新人祝贺,整个大厅充满了喜庆的气氛。

宴会在热烈进行,一位服务员手托一盆刚出锅的热汤向主桌走去。刚到桌旁停住,新郎突然从座位上站起准备向别人敬酒,一下子撞到了服务员的身上。服务员出于职业本能和潜意识的支配,将汤盆向自己身上拉来,高温的热汤泼到了他的胳膊上。顿时,他感到剧痛钻心,但他却强忍疼痛,不哼一声,脸上仍带着微笑,并向新郎道歉。

宴会还在进行,这位服务员继续忙着为客人们上酒上菜,直到大家一一离席为止。当新人向接待婚宴的服务员时才发现,这位服务员的手臂上烫起了几十个水泡。大家问他为什么被烫伤的时候不说?服务员回答,如果被烫时表现出反常神情,便会影响婚宴喜庆的气氛。新郎和新娘听后,异常感动,半天都说不出话来。

2. 评析

本例中的服务员体现了很高的职业素养。为了迎合婚宴的喜庆气氛,达到客人满意的服务效果,他能够克服难以忍受的肉体痛苦,仍然面带微笑,不动声色地继续为客人服务,实在难能可贵。服务员在为客人服务时,有时会遇到一些意想不到事情,并给他们带来精神甚至肉体上的痛苦,能不能忍受这些痛苦,继续坚守岗位,是需要有一种精神的。从这个案例中,我们可以发现:

忍耐是一种职业素养的体现。当服务员遇到使自己身心蒙受痛苦和委屈的情况时,应考虑到饭店的利益,忍让为先,将责任揽到自己身上来,把"正确"让给客人。本案例中,服务员由于客人突然站起碰到撒了汤而被烫伤,但他却忍受痛苦,反向客人道歉。这种做法既保全了客人的面子,又保持了宴会的气氛,使婚宴得以圆满进行。如果没有很高的职业素养,这位服务员是做不出这种行动来的。

防范事故应永不松懈。本案例中的服务员因客人的突然行为而被烫伤,来不及防范,这说明我们应增强一定的预防和防范能力。如看到场面热闹,客人常起身敬酒时,要马上考虑到汤是不是可能被碰撒,要让客人意识到你来上菜或上汤;这样就能最大限度地避免一些可能出现的事故。

饭店提倡和表彰服务员在服务中的忍让精神,对他们因忍让和奉献所受的委屈、痛苦、损失,应尽可能地让其释放出来,并给他们以更多的温暖和关心,必要时,应找人替下伤员。这样能让服务员感受到饭店的关怀,使他们真心实意地甘愿为企业和客人的利益奉献。

(资料来源:酒店餐饮网 http://www.canyin168.com,2010)

附录一　实训实习报告与工作日志封面

饭店管理专业
实训实习报告与工作日志

实习单位/部门：　　　　职务：
实　习　期　间：自　　年　　月　　日起，
　　　　迄　　年　　月　　日
总周数/总时数：　　周　　时

姓　　名：
学　　号：
班　　级：

附录二 工作日志记录表

工作日志

目前周次：第　　　周，第　　篇
上班时间：　年　　月　　日，自上、下午　时　分，上、下午　时　分

备注：1. 每周至少撰写两篇，依日期先后顺序排列，附于实习报告后面，装订好一同上交。
2. 请注意段落分明，用纸及字号同实习报告。
3. 请记录工作内容及目前学习进度，再描述与工作相关的事物，自我省思检讨与工作环境中发生的对话点滴，或当时心情故事。

附录三 实训实习工作证明书

实习机构：

姓名：_____ 班级：_____ 学号：_____

工作期间：自___年___月___日起至___年___月___日

实习机构：_____

公司地址：_____

实习部门：_____

单位主管：_____ 联络电话：_____

工作性质：1. _____

2. _____

（请盖实习机构印章） （酒店专业办公室核印章）

备注：请贵单位依序填写并于实训实习结束后一周内返回饭店管理专业教研室，谢谢！

学院(系)电话：

地址：

附录四 酒店实训学员实训实习表现评价表

Student Performance Evaluation for Internship Program

实习名称 Name of internship program			
实习学生姓名 Name of student	实习场所联络人 Leader of the department	姓名 Name	
	职称 Position title	电话 Telephone	
实习单位 Practicing department	实习单位负责人 Man in charge of	实习期间 Practicing period	

评价参考 Criterion instruction
Excellent 优—5、Good 好—4、Fair 可—3、Improvement 需改进—2、Poor 差—1、Very poor 劣—0

评价项目 Items assessing	等级 Score scale					
	5	4	3	2	1	0
专业知识 Adequate knowledge						
学习能力 Learning ability						
学习态度 Inspiration for learning						
工作进度 Achieve scheduled progress						
工作效率 Performance accuracy & efficiency						
协调能力 Cooperate with peers						
沟通技巧 Communication skill						
出席情况 Attending rate & punctuality						
仪容外表 Pleasing & suitable appearance						
工作态度 Modest manner						
责任心 Sense of responsibility						
主动积极 Working initiative & prompting						
团队精神 Consciousness of teamwork						
整体评价 Conclusive evaluation						

评语 Comments of statement	建议 Suggestion

评价人 Evaluation given by the   评价日期 Date of evaluation
教师意见 Opinions of teacher in charge of internship program

附录五　饭店管理专业实训实习报告撰写方式及内容说明

1. 计算机打字。

版面基本要求如下。

纸型：A4 纸（或 16 开），单面打印；页边距：上 2.54cm，下 2.54cm，左 2.5cm，右 2.5cm；页眉 1.5cm，页脚 1.75cm，左侧装订；行距：固定值 20；页眉、页码字体均为宋体、小五、居中。

2. 标明目录、页码。

3. 封面注明：班级、姓名、学号、实训实习单位、实习起止日期、实习总周数及总时数、实习指导老师。

4. 缴交日期：毕业前一个月。

5. 实训实习报告内容应包含下列各项重点：

(1) 对专业知识和工作上的认知（描述对本职职场应具备的专业知识和技能的准备、个人工作兴趣及对工作性质的认识与了解、对实习期间时间的管理等期望）。

(2) 对实训实习单位的了解（请就实习单位的基本数据的事前认识：如历史沿革、公司经营理念、公司营业性质、管理制度、公司的环境和地理位置、组织文化和商誉等加以详述）。

(3) 实训实习中自我评估（请至少撰写 10 周，每周两篇）。

① 本周工作内容。

② 本周实训实习心得与收获。

③ 本周实训实习检讨与期望：遭遇的疑难问题。

(4) 实训实习后整体评估（请就实习期间，工作环境、学以致用、进修与训练、人际关系、主管领导方式、工作内容和认知、公司发展远景、工作中最难忘的人、事物、工作中难忘的事和认为有好建议的事情、对学校教学的建议等加以叙述）。

(5) 请附上至少四张以上实训实习场所工作时的相关图片、照片并说明。

(6) 实训实习后对未来的生涯规划、期望和目标。

附录六 饭店管理专业毕业设计撰写方式及内容说明

饭店管理专业学生在完成实训实习报告的同时必须结合自己的专业特征和所学课程撰写5000字左右的毕业设计。毕业设计内容必须突出专业性,例如:饭店管理专业的学生可以设计一项某服务管理岗位的管理方案,一个创新服务等。

一、撰写模版

> 页眉按毕业设计实际题目改写

题 目

(二号、黑体、居中)

摘 要:五号楷体(要求中英文;各200字左右)

关键词:五号楷体(文章中提到的重要词汇)

第一章 标题

(三号、黑体、居中)

1.1节标题(四号、黑体、居左)

1.1.1标题(小四、宋体、居左)

正文(宋体、小四)

版面基本要求:

纸型:A4纸(或16开),单面打印;

页边距:上2.54cm,下2.54cm,左2.5cm,右2.5cm;

页眉1.5cm,页脚1.75cm,左侧装订;

行距:固定值20;

页眉、页码字体均为宋体、小五、居中。

第二章 标题

(三号、黑体、居中)

2.1节标题(四号、黑体、居左)

2.1.1标题(小四、宋体、居左)

正文(宋体、小四)

第三章 标题

(三号、黑体、居中)

3.1节标题(四号、黑体、居左)

3.1.1 标题(小四、宋体、居左)
正文(宋体、小四)

结　论
（三号、黑体、居中）

正文(宋体、小四)

> 结论包括对整个毕业设计工作进行归纳和综合而得出的总结,包括所得结果与已有结果的比较和尚存在的问题,以及进一步开展研究的见解与建议。结论集中反映作者的研究成果,表达作者对所研究的课题的见解,是全文的思想精髓,是文章价值的体现,结论要写的概括、简短。

参考文献
（小四、黑体、居中）

期刊类
　　[序号]作者1,作者2,……作者n.文章名[J].期刊名(版本),出版年,(期次):（五号、宋体）

图书类
　　[序号]作者1,作者2,……作者n.书名[M].版本.出版地:出版者,出版年.（五号、宋体）

会议论文集
　　[序号]作者1,作者2,……作者n.论文集名[C].出版地:出版者,出版年.（五号、宋体）

报刊类
　　[序号]作者1,作者2,……作者n.文章名[N].报刊名,出版年月日,版面（五号、宋体）

网络类
　　[序号]作者1,作者2,……作者n.文章名.网址,发表年月日(五号、宋体)

> 参考文献的着录,按文中引用顺序排列,统一列在全文后部,并在文内相应位置用上标标注引用序号。参考文献总数论文类不少于10篇、设计类不少于6篇。

致　谢
（三号、黑体、居中）

正文(宋体、小四)

> 谢词应以简短的文字对课题研究与论文撰写过程中曾直接给予帮助的人员(例如指导教师、评阅教师及其他人员)表示自己的谢意,这不仅是一种礼貌,也是对他人劳动的尊重,是治学者应有的思想作风。

二、交稿时间要求

1. 学生应在本年度 2 月 25 日前将所选实习报告的题目和毕业设计题目发送到带队老师邮箱：johnnycaijp@yahoo.com。
2. 3 月 20 日前交一稿（电子稿）。
3. 4 月 20 日前交二稿（电子稿）。
4. 5 月 20 日前学生完成论文最后定稿，按毕业设计格式要求交打印稿一式三份和（电子稿）给老师。
5. 6 月 9 日、10 日，论文答辩。
6. 交电子稿时应标清学生的姓名、专业和班级，写清题目。

三、毕业设计评定

1. 考核成绩分为优、良、中、及格、不及格五等；
2. 毕业设计非优良成绩者，不能评为优秀毕业生。

四、考查要素及评分标准

考查要素	观察要点	评分标准
语言表达	普通话标准；语速适中；用词准确、恰当、有分寸；内容有条理，富有逻辑性；表情及其他身体语言运用得当	10
讲述	内容全面、正确，条理清晰，详略得当，重点突出；讲述方法运用得当；讲述生动、有感染力	30
仪表礼仪	穿着打扮得体、整洁，言行举止大方，符合礼仪礼貌规范	10
应变能力	在有压力的情况下，思维反应敏捷，情绪稳定，考虑问题周到；能够妥善、及时处理突发事件和特殊问题	10
回答问题准确、全面，逻辑性强	简单难度	8
	中等难度	12
	难点难度	20

五、注意事项

每个学生的实习报告和毕业设计的内容必须自己独立及时完成，如发现抄袭、雷同等现象，该生的实习报告和毕业设计作废。

参考文献

1. 蔡洪胜.酒店服务技能实训手册.长春：东北师范大学出版社,2008
2. 钟丽娟.新编饭店经营管理与实务.北京：清华大学出版社,2009
3. 谢苏.酒店管理专业综合实训教程.重庆：重庆大学出版社,2009
4. 瞿立新.酒店服务标准：理论与实务.上海：复旦大学出版社,2008
5. 傅生生.酒店管理.上海：上海交通大学出版社,2011
6. 叶鹏.现代酒店经营管理实务.北京：清华大学出版社,2010
7. 俞圆.酒店英语项目实训指导书.大连：大连理工大学出版社,2010
8. 贾海芝.饭店服务基本功实训.北京：清华大学出版社,2008
9. 唐志国.饭店服务实训教程.济南：山东大学出版社,2011
10. 刘红春,李伶娆,张凯.现代饭店管理基础：理论、实务、案例、实训.大连：东北财经大学出版社,2011
11. 毛江海,刘立民.旅游饭店服务技能与形象竞赛规范化标准实训教程.南京：东南大学出版社,2009
12. 王玉.前厅部实训教程.西安：西安交通大学出版社,2011
13. 赵萍.餐饮部实训教程.西安：西安交通大学出版社,2011
14. 刘玲.客房部实训教程.西安：西安交通大学出版社,2011
15. 新编现代酒店服务流程标准化培训实务全书

参考网站

1. 中华人民共和国国家旅游局.www.cnta.com
2. 北京市旅游发展委员会.www.bjta.gov.cn
3. 中国饭店业协会.www.chinahotel.org.cn
4. 酒店业管理网.www.hotel120.com
5. 最佳东方酒店网.www.veryeast.cn